Biosphäre

Einführungsphase Niedersachsen

Biosphäre

Einführungsphase Niedersachsen

Herausgeber: Prof. Dr. Anke Meisert, Hannover

Beraterin: Dr. Tanja Brüning, Düsseldorf

Autorinnen und Autoren: Joachim Becker, Dormagen; Prof. Dr. Anke Meisert, Hannover; Delia Nixdorf, Velbert; Martin Post, Arnsberg

Teile dieses Buches sind anderen Ausgaben der Lehrwerksreihe Biosphäre entnommen.

Autorinnen und Autoren dieser Ausgaben sind: Robert Felch, Dr. Horst Janz, Dr. Karl-Wilhelm Leienbach

Redaktion: Dr. Ilka Noß

Technische Umsetzung der Gefahren- und Gebotszeichen: Atelier G, SOFAROBOTNIK GbR, Augsburg & München
Designberatung: Britta Scharffenberg
Umschlaggestaltung: Klein & Halm Grafikdesign; SOFAROBOTNIK GbR, Augsburg & München
Layoutkonzept und Layout: Klein & Halm Grafikdesign
Technische Umsetzung: Reemers Publishing Services
Titelbild: Wasserfloh (Daphnia cf. pulex); dpa Picture-Alliance/blickwinkel/A. Hartl

Begleitmaterialien zum Lehrwerk:

Schulbuch als E-Book	1100030396
Lösungen zum Schulbuch	978-3-06-011340-8
Unterrichtsmanager Plus online inkl. E-Book als Zugabe und Begleitmaterialien auf cornelsen.de	1100030401
Kopiervorlagen zu den Themen Zellbiologie und Stoffwechsel	978-3-06-015787-7
Kopiervorlagen zu den Themen Genetik und Ökologie	978-3-06-015780-8
Kopiervorlagen zu den Themen Neurobiologie und Evolution	978-3-06-015788-4

www.cornelsen.de

1. Auflage, 1. Druck 2023

Alle Drucke dieser Auflage sind inhaltlich unverändert und können im Unterricht nebeneinander verwendet werden.

© 2022 Cornelsen Verlag GmbH, Berlin

Druck und Bindung: Mohn Media Mohndruck, Gütersloh

ISBN 978-3-06-011339-2

PEFC zertifiziert
Dieses Produkt stammt aus nachhaltig bewirtschafteten Wäldern und kontrollierten Quellen.
www.pefc.de

PEFC
PEFC/04-31-1033

INHALTSVERZEICHNIS

Inhalt

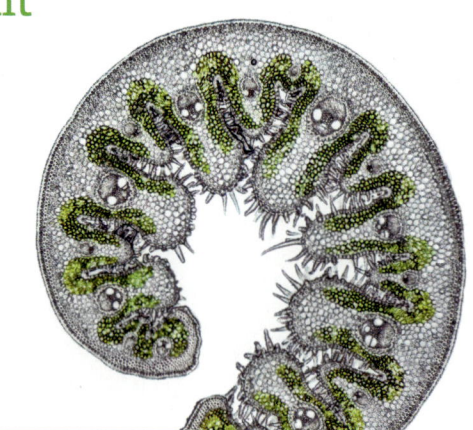

1

Biologie der Zelle

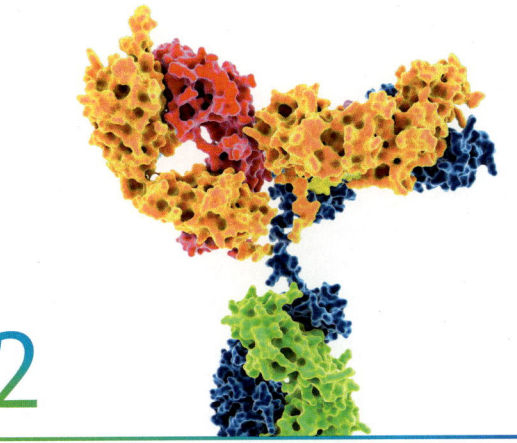

2

Zelluläre und molekulare Vorgänge der Immunabwehr

Immunsystem

Anhang

Die Arbeit mit dem Schulbuch

1
Biologie der Zelle

▸ Der Bau tierischer und pflanzlicher Zellen wird verglichen und die Zellbestandteile werden mithilfe von verschiedenen Mikroskopietechniken betrachtet und identifiziert sowie ihre Funktion erklärt.

▸ Unterschiede zwischen prokaryotischen und eukaryotischen Zellen werden aufgezeigt und das Zusammenwirken der Zellbestandteile eukaryotischer Zellen sowie die Bedeutung der Kompartimentierung erläutert.

▸ Einzellige und vielzellige Lebewesen werden verglichen und die Vor- und Nachteile jeweils erläutert. In einem mehrzelligen Organismus haben verschiedene Zellarten unterschiedliche Aufgaben. Die Entwicklung von Zellarten wird beschrieben und sie können identifiziert werden.

▸ Biomembranen grenzen Kompartimente in der Zelle ab. Modelle zum Bau von Biomembranen werden vorgestellt sowie passive und aktive Transportvorgänge an Biomembranen untersucht.

▸ Biologische Reaktionen sowie deren Abläufe und Einflüsse werden eingeführt. Enzyme und deren Funktionsweisen werden erläutert und die Funktion des ATP-ADP-Systems wird dargestellt.

Die lichtmikroskopische Aufnahme eines Blattquerschnitts des Strandhafers zeigt seinen zellulären Bau und lässt Rückschlüsse auf die Funktion zu. Das Rollblatt ist außen von Zellschichten mit verdickten Zellwänden umgeben, an der Innenseite erkennt man Einfaltungen und Haare. Diese Strukturen ermöglichen es der Pflanze, Wasserverlust zu reduzieren.

16   17

Kapiteleinstieg
Jedes Kapitel beginnt mit einem großen Bild und einer Übersicht. Die Inhalte des Kapitels werden kurz beschrieben.

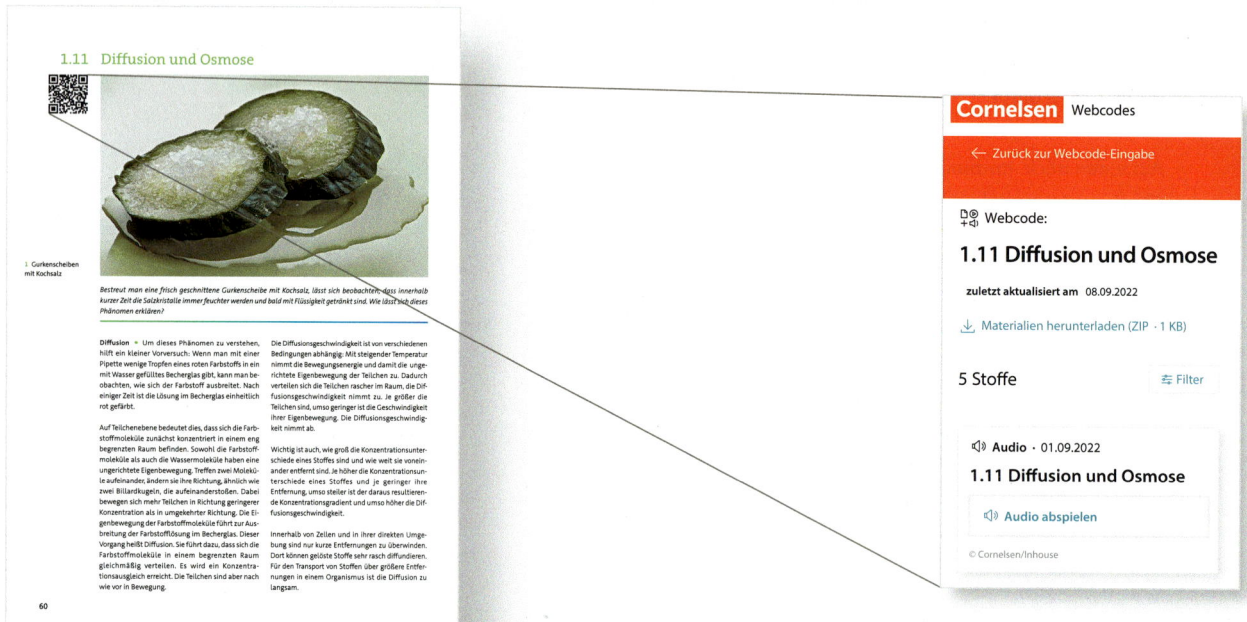

Inhaltsseiten
Ein Bild und eine Frage leiten jedes Unterkapitel ein. Auf den Inhaltsseiten werden die Grundlagen vermittelt und die Eingangsfrage wird beantwortet. Die Aufgaben unterstützen beim Lernen und Üben. Auf der ersten Seite kann sich ein QR-Code befinden. Dieser enthält zusätzliche Materialien. Nach dem Scannen des QR-Codes öffnet sich eine Seite mit den Materialien, die sich dort angesehen werden können.

Hinter dem QR-Code auf dieser Seite findet sich eine Gesamtübersicht über alle digitalen Materialien zu diesem Buch.

Material

Zu jedem Unterkapitel gehört eine Materialseite. Dort sind Aufgaben zu finden, die mithilfe verschiedener Materialien wie Abbildungen, Tabellen und Diagrammen gelöst werden können.

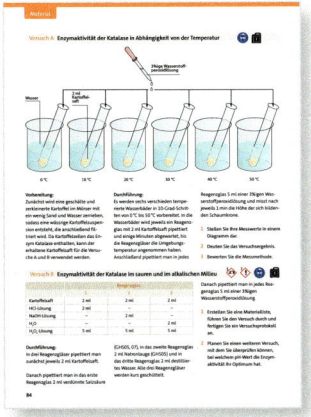

Blickpunkt

Auf den Blickpunktseiten werden interessante Informationen aus anderen Fachgebieten vorgestellt oder es wird auf vertiefende Informationen zu einem Thema eingegangen.

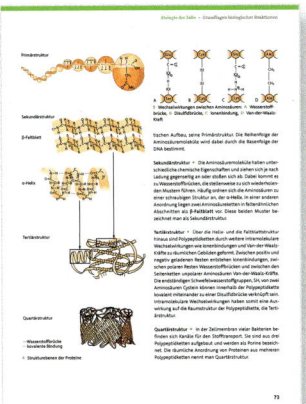

Klausurtraining

Das Klausurtraining unterstützt bei der Vorbereitung auf Klausuren und auf das Abitur. Es sind weitere materialgebundene Aufgaben, die nach prüfungsdidaktischen Vorgaben erstellt wurden.

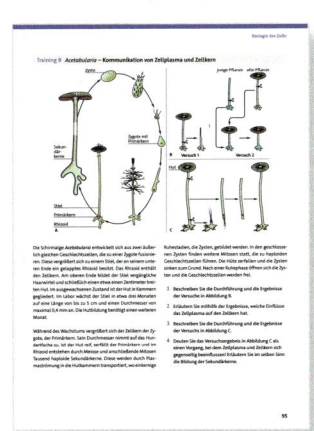

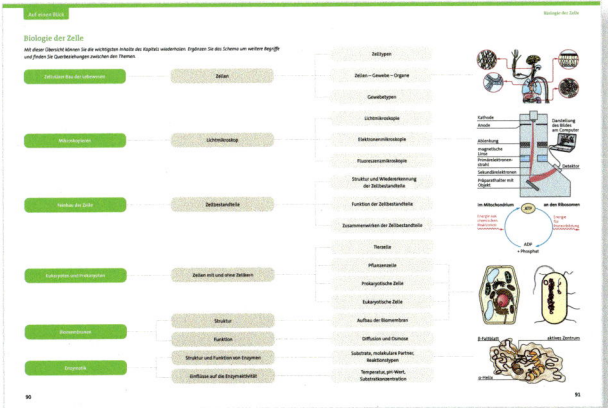

Auf einen Blick

Jedes Kapitel schließt mit einer Übersicht ab, die die wichtigsten Themen und Begriffe enthält. Dieser Überblick über das Gelernte hilft dabei die Inhalte zu wiederholen.

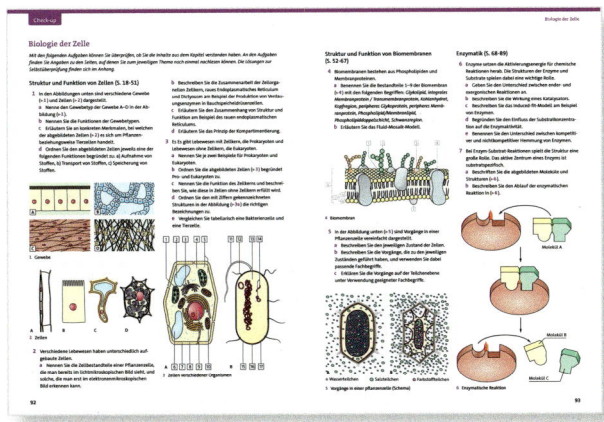

Check-up

Am Ende eines jeden Kapitel finden Sie Aufgaben, mit denen Sie überprüfen können, ob Sie die Inhalte verstanden haben. Im Anhang des Buches finden Sie die Lösungen zu diesen Aufgaben.

Vom Mikroskopieren zur Zellbiologie

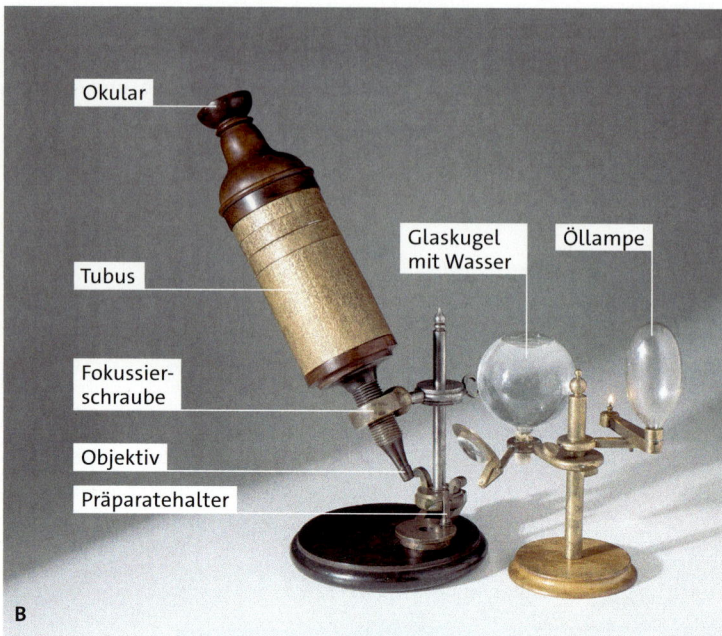

Okular

Tubus

Fokussier-
schraube

Objektiv

Präparatehalter

Glaskugel
mit Wasser

Öllampe

1 Hookes Untersuchung von Kork:
A Hookes Zeichnung eines Präparats vom Flaschenkork,
B Nachbau von Hookes Mikroskop

Der englische Physiker Robert Hooke (1635–1703) interessierte sich für die Abbildungsqualität seiner Mikroskope. Für seine Tests benutzte er unter anderem dünn geschnittene Scheiben eines Flaschenkorkens. Dabei entdeckte er zufällig eine regelmäßige Struktur, die er mit kleinen Kammern, lateinisch cellulae, *verglich. Wie kam es von dieser ersten Benennung von Zellen zur Zellbiologie?*

Erste Mikroskope ● Robert Hooke war nicht der Erste, der Lebewesen und ihren Bau mikroskopisch untersuchte. Aber genau wie bei ihm war bei einigen bekannten Forschern das Interesse an Lebewesen ein Nebeneffekt bei der Qualitätsverbesserung der optischen Geräte.

Als Entdecker mikroskopisch kleiner Lebewesen gilt der holländische Tuchhändler Antony van Leeuwenhoek (1632–1723). Er benötigte möglichst gute Lupen, um die Qualität gewebter Stoffe sehen zu können. Daher testete er die Abbildungsqualität seiner Lupen und entdeckte dabei in Wasserproben Lebewesen, die vor ihm niemand gesehen hatte. Seine Entdeckungen begeisterten auch die Biologen der Royal Society, einer führenden naturwissenschaftlichen Vereinigung in London. Sie ließen sich regelmäßig Berichte von seinen Beobachtungsergebnissen schicken.

Mit seinen besten Lupen hat Van Leeuwenhoek bei etwa 200-facher Vergrößerung als Erster einzellige Gewässerorganismen sowie Spermienzellen und

rote Blutkörperchen entdeckt. Über die Funktionen dieser Zellen wurden allerdings aus heutiger Sicht nicht mehr haltbare Theorien aufgestellt. Ein besseres Verständnis der Zellfunktionen war erst mithilfe weiterer naturwissenschaftlicher Erkenntnisse möglich.

In der Folgezeit wurden verbesserte Mikroskope entwickelt, die aus mindestens zwei Linsen zusammengesetzt waren. Mithilfe eines solchen Mikroskops entdeckte Robert Hooke regelmäßige kammerähnliche Strukturen im Kork sowie in dünn geschnittenen Präparaten von Farnen und vom Sonnentau. Er nannte sie *cellulae* und prägte damit den Namen **Zelle**.

Trotz dieser Verallgemeinerung fand Hooke keine biologische Erklärung für den mikroskopischen Bau von Lebewesen. Zellen waren für ihn Höhlungen in einem Grundgewebe. Die Idee, dass sie den pflanzlichen Körper bilden oder aufbauen, entstand später.

Zellentheorie ● Trotz der noch nicht so guten Mikroskope wurden seit den Anfängen der Mikroskopie viele Erkenntnisse über Zellen zusammengetragen. In der Botanik interessierte man sich zu Beginn des 19. Jahrhunderts dafür, welche Bestandteile von Pflanzen aus Zellen bestehen oder gebildet werden. Es entstand eine *Zellenlehre*.

Nachdem Robert Brown (1773–1858) den Zellkern entdeckt hatte, vermutete der Botaniker Matthias Schleiden (1804–1881) im Jahr 1837, dass dieser in einer näheren Beziehung zur Entstehung einer Zelle stehen müsste. Zellen waren für ihn nicht mehr nur Bauelemente der Pflanzen, sondern er suchte nach einem einheitlichen Entstehungsprinzip aller Zellen.

Dadurch angeregt übertrug sein Studienfreund, der Mediziner Theodor Schwann (1810–1882), diese Idee auf tierische Zellen und formulierte im Jahre 1839 die *Zellentheorie*. Sie besagt, dass die Bildung von Organen auf der Bildung von Zellen beruht. Allerdings bedurfte es weiterer Forschungen und Ideen, bis der Mediziner Rudolf Virchow (1821–1902) im Jahr 1855 behaupten konnte: „Omnis cellula e cellula" - Jede Zelle entsteht aus einer Zelle.

Schließlich fasste der Mediziner Max Schultze (1825–1874) im Jahr 1861 die Kenntnisse zu einer Definition der Zelle zusammen: *„Eine Zelle ist ein Klümpchen Protoplasma, in dessen Innerem ein Kern liegt."*

Verbesserte Mikroskope ● Obwohl im späten 18. Jahrhundert großes Interesse an mikroskopischen Untersuchungen bestand, konnte die Abbildungsqualität von Mikroskopen nicht deutlich verbessert werden. Dies hat unter anderem einen Grund, der damals noch nicht physikalisch durchschaut wurde: Linsen brechen das Licht und zerlegen es dabei in Spektralfarben. Das führt zu unscharfen Bildern. Gute Handwerker konnten durch Kombination verschiedener Linsen diesen Fehler teilweise korrigieren. Aber erst der Mathematiker und Physiker Ernst Abbe (1840–1905) konnte den Bau von Linsen berechnen, die in allen Farben korrigiert sind. Die daraufhin gebauten Mikroskope ließen starke Vergrößerungen bei guter Abbildungsqualität zu. Das förderte die mikroskopische Zellforschung.

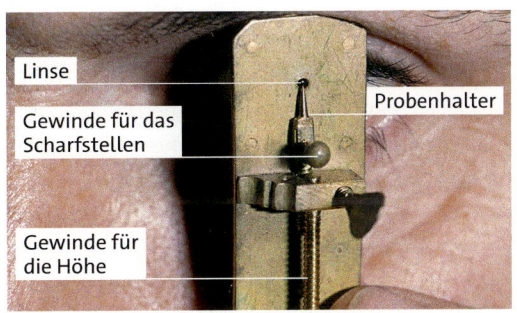

2 Einlinsiges Mikroskop von Van Leeuwenhoek

Mit einem heutigen Lichtmikroskop betrachtete angefärbte Mundschleimhautzellen zeigen folgende Details: Der Zellkern ist umgeben von Zellplasma, in dem einige wenige Strukturen zu erkennen sind. Die gefärbten Zellen sind scharf gegenüber ihrer Umgebung abgegrenzt. Das Zellplasma muss also von einer im Mikroskop nicht sichtbaren Hülle, der Zellmembran, umschlossen sein. Mit den drei Bestandteilen Kern, Plasma und Membran ist die Mundschleimhautzelle aus heutiger Sicht ein Prototyp einer Zelle. Da man nun weiß, was eine Zelle ist, kann man sie erforschen. Das macht die *Zellbiologie*.

Zelltheorie des Lebens ● Seit den Erkenntnissen aus dem 19. Jahrhundert wurde für alle Lebewesen bestätigt, dass neue Zellen ausschließlich aus Zellen entstehen. Außerdem wurde nachgewiesen, dass einzelne vollständige Zellen alleine lebensfähig sind. Sie sind die kleinsten lebensfähigen Einheiten. Viele weitere Beobachtungen ergaben, dass die Körper aller heutigen Lebewesen aus Zellen und den Produkten dieser Zellen aufgebaut sind. Die heutige Zelltheorie fasst man daher in drei Sätzen zusammen:

> Alle heutigen Lebewesen bestehen aus Zellen.
> Neue Zellen entstehen nur aus vorhandenen Zellen.
> Die kleinsten lebensfähigen Einheiten sind Zellen.

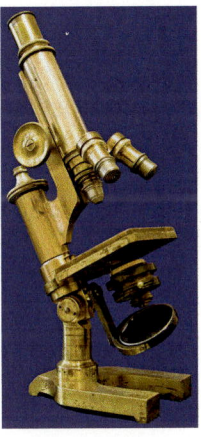

3 Mehrlinsiges Mikroskop mit berechneter Optik

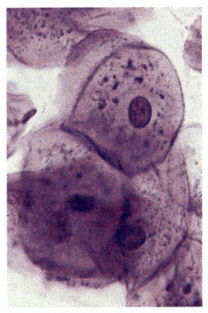

4 Zellen der Mundschleimhaut, gefärbt

1 Erläutern Sie die Bedeutung des Mikroskopierens bei der Entstehung der Zellbiologie.

2 Erklären Sie die Begriffe Zellenlehre, Zellentheorie, Zelltheorie und Zellbiologie.

Die Biologie beschreibt und erklärt Eigenschaften von Lebewesen. Aufgrund der großen Vielfalt und Komplexität von Organismen ist es nicht einfach, ihre wesentlichen Organisationsmerkmale zu erkennen und zu verstehen. So scheinen eine Grünalge und ein Elefant zunächst kaum Gemeinsamkeiten aufzuweisen. Untersucht man diese jedoch genauer, wird deutlich, dass beide abgetrennte Reaktionsräume wie Organe oder Zellbestandteile aufweisen. Diese ermöglichen es ihnen, jeweils spezifische Funktionen wie Verdauung oder Fotosynthese vollziehen zu können. Diese Abgrenzung von Reaktionsräumen in Organismen nennt man *Kompartimentierung*.

Solche Erklärungen, die ein Verständnis für ähnliche Zusammenhänge bei vielen verschiedenen Lebewesen ermöglichen, bezeichnet man als **biologische Prinzipien**. Besonders bekannt ist das *Schlüssel-Schloss-Prinzip*, das die Spezifität vieler biologischer Wechselwirkungen erklärt, zum Beispiel die Antigen-Antikörper-Reaktion. Auch das *Prinzip der Oberflächenvergrößerung*, das die Funktionalität großer Oberflächen bei relativ geringem Volumen durch die hohe Effizienz für passive Transportprozesse erklärt, lässt sich auf verschiedenste Strukturen wie die menschliche Lunge, die Wurzelhaare von Pflanzen oder den Aufbau von Chloroplasten anwenden.

Vergleicht man die Prinzipien *Kompartimentierung*, *Schlüssel-Schloss* und *Oberflächenvergrößerung*, fällt ein ähnliches Erklärungsmuster auf: Sie interpretieren biologische Strukturen jeweils im Zusammenhang mit ihrer Funktion. Solche übergeordneten Erklärungsmuster nennt man im Biologieunterricht **Basiskonzepte**.

Zusammen mit den Basiskonzepten **Stoff- und Energieumwandlung, Steuerung und Regelung, Information und Kommunikation** sowie **individuelle und evolutive Entwicklung** stehen mit dem Basiskonzept **Struktur und Funktion** fünf Basiskonzepte als *übergeordnete Erklärungsansätze* zur Verfügung. Sie ermöglichen ein Wiedererkennen biologietypischer Zusammenhänge und helfen dabei, diese trotz der immensen biologischen Vielfalt besser zu verstehen. Darüber hinaus können Basiskonzepte auch als *Strukturierungsansätze* genutzt werden, um in neuen Phänomenen biologietypische Zusammenhänge systematisch zu erkennen.

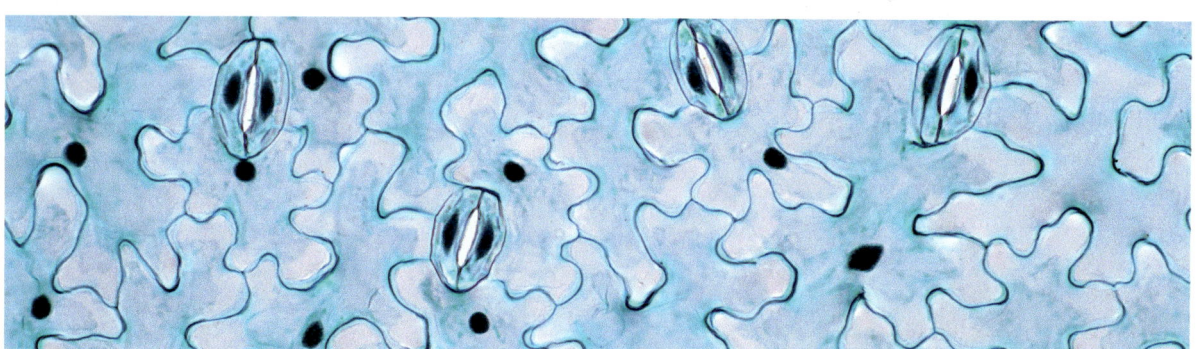

Basiskonzept Struktur und Funktion

Die Unterseiten vieler Laubblätter weisen wellenförmige Umrisse auf, die wie Puzzleteile miteinander verbunden sind, dies sind die Epidermiszellen. So entsteht eine große Kontaktfläche zwischen den Zellen und dadurch eine große Festigkeit der Zell-Zell-Verbindungen. So kann die Epidermis ihre Funktion als Schutzschicht effektiv erfüllen, da sie Druck- und Zugkräften zum Beispiel durch Wind gut standhalten kann. Dies ist ein Beispiel für den Zusammenhang zwischen **Struktur und Funktion.**

Basiskonzept Steuerung und Regelung

Zwischen den Epidermiszellen sind schmale Spaltöffnungen zu erkennen, die von zwei bohnenförmigen Schließzellen umschlossen sind. Diffundieren Wassermoleküle in diese Schließzellen, so wölben sie sich nach außen und der Spalt öffnet sich. Diffundieren die Wassermoleküle aus den Zellen heraus, schließt er sich wieder. Diese Diffusion des Wassers und damit die Bewegung der Spaltöffnungen kann über die Konzentration von Kaliumionen in den Schließzellen aktiv gesteuert werden und ist damit ein Beispiel für das Basiskonzept **Steuerung und Regelung.**

Basiskonzept Stoff- und Energieumwandlung

Das Augentierchen *Euglena* ist ein Einzeller, der in heimischen Teichen und Tümpeln vorkommt. Wie alle Lebewesen ist es auf eine ständige Stoff- und Energiezufuhr angewiesen. In seinen vielen Chloroplasten betreibt Euglena Fotosynthese, in deren Verlauf absorbierte Lichtenergie in chemisch gebundene Energie umgewandelt wird. Die Energie ist dann in Form von chemischen Bindungen in Glucosemolekülen fixiert. Diese chemische Energie wird in Mitochondrien im Zuge der Zellatmung auf andere Moleküle übertragen, die dann energieaufwendige Transportprozesse oder chemische Reaktionen ermöglichen. Diese Prozesse sind ein Beispiel für das Basiskonzept **Stoff- und Energieumwandlung**.

Basiskonzept Information und Kommunikation

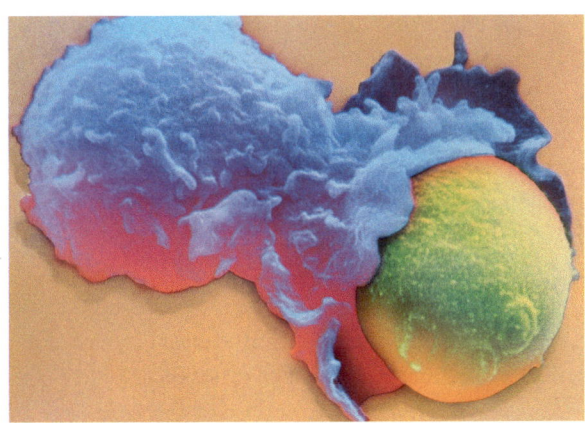

Eine Immunreaktion im Körper gegen Krankheitserreger setzt erst ein, wenn sich verschiedene Immunzellen untereinander aktivieren. Manche Immunzellen nehmen hierbei die Erreger in sich auf und zeigen deren äußere Merkmale, die Antigene, auf ihrer Zelloberfläche als Information für andere Immunzellen. Diese anderen Immunzellen können an diese Antigene binden und werden dadurch aktiviert. Zusätzlich werden auch Signalstoffe ausgeschüttet, die als weitere Information an andere Immunzellen binden. So können Immunzellen mit unterschiedlichen Informationen auf vielfältige Weise kommunizieren und sind ein Beispiel für das Basiskonzept **Information und Kommunikation.**

Basiskonzept individuelle und evolutive Entwicklung

Vergleicht man die Blätter einer Stieleiche, so kann man feststellen, dass manche Blätter dicker und kleiner sind als andere. Diese findet man in den Bereichen der Baumkrone mit viel Sonnenlicht. Sie nutzen die hohe Lichtintensität besonders effektiv zur Fotosynthese. Die Unterschiede zwischen den Blättern prägen sich je nach Standort als individuelles Merkmal jeder Stieleiche aus.
Die Blätter der Steineiche, die im Mittelmeerraum verbreitet ist, sind kleiner und dicker als jene der Stieleiche.

Dies resultiert aus ihrer Entwicklung an sonnenreichen, trockenen Standorten. Pflanzt man eine Steineiche an einen feuchten Standort mit mittlerer Sonnenintensität, bildet sie trotzdem kleinere und dickere Blätter aus als eine danebenstehende Stieleiche. Die Unterschiede zwischen beiden Eichen sind das Ergebnis einer evolutiven Entwicklung. Unterschiede im Aufbau von Blättern innerhalb einer Art oder eines Individuums oder zwischen verschiedenen Arten sind Beispiele **individuelle und evolutive Entwicklung**.

Aufgaben verstehen und lösen – Operatoren

Um Aufgaben entsprechend ihren Anforderungen lösen zu können, muss man zunächst verstehen, was die Operatoren – die Verben, die zu Beginn einer Aufgabenstellung stehen – bedeuten und fordern. Dies ist nicht nur für die Arbeit mit dem Schulbuch wichtig, sondern auch für die Klausuren und Abiturprüfungen relevant. Im Folgenden finden Sie eine Übersicht über häufig genutzte Operatoren mit jeweils einer kurzen Erklärung, einer Beispielaufgabe und einer passenden Beispiellösung.

Auswerten • Der Operator „Auswerten" verlangt, dass aus Ergebnissen relevante Teildaten ausgewählt und im Zusammenhang interpretiert werden, zum Beispiel bei der Auswertung von Experimenten oder Diagrammen.

Beispielaufgabe: Werten Sie das Diagramm zur Massenveränderung von Hühnereiern ohne Schale aus.

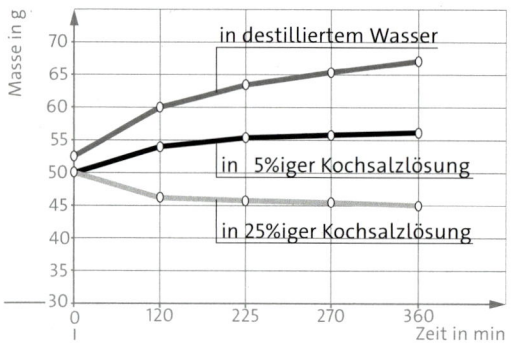

1 Massenveränderung von Hühnereiern

Beispiellösung: Durch das Entfernen der Kalkschalen der rohen Hühnereier sind diese nur noch von einer Eihaut umgeben, die semipermeabel und demzufolge durchlässig für Wassermoleküle, aber undurchlässig für Salzionen ist. Die Massenveränderungen der Hühnereier lassen darauf schließen, dass diese einen osmotischen Wasserverlust bzw. eine osmotischen Wasserzunahme erfahren haben. Sowohl das destillierte Wasser als auch die 5%ige Kochsalzlösung sind im Vergleich zu den Hühnereiern hypoton. Dementsprechend sind die Salzkonzentrationen der Hühnereier höher als in deren Umgebung. Da Salzionen nicht durch eine Biomembran diffundieren können, diffundieren die Wassermoleküle entlang des Konzentrationsgefälles aus der jeweiligen Flüssigkeit in die Hühnereier. Die Massenveränderung bei dem Hühnerei aus Versuchsansatz A ist höher als bei dem aus Ansatz B, weil der Konzentrationsgradient bei Ansatz A mit dem destillierten Wasser höher

ist als bei Versuchsansatz B. Die 25%ige Kochsalzlösung stellt eine hypertone Umgebung für das Hühnerei dar. Die Konzentration der Salzionen ist in der Umgebung des Hühnereies höher als in diesem. Daher diffundieren die Wassermoleküle entlang des Konzentrationsgefälles durch die semipermeable Membran aus dem Hühnerei in die Kochsalzlösung. Folglich ist eine negative Massenveränderung zu erkennen, die durch den beschriebenen osmotischen Wasserverlust bewirkt wird.

Begründen • Der Operator „Begründen" fordert, dass Sachverhalte auf Regeln und Gesetzmäßigkeiten hinsichtlich der Ursache und Wirkung zurückgeführt werden.

Beispielaufgabe: Begründen Sie, dass bei Diffusionsvorgängen ein Konzentrationsausgleich erreicht wird, bei osmotischen Prozessen aber nicht.

Beispiellösung: Nach genügend Zeit kann es bei Diffusionsvorgängen zu einem völligen Konzentrationsausgleich kommen, da die ständige, ungerichtete Eigenbewegung der vorhandenen Teilchen und ihre gleichmäßige Verteilung nicht behindert wird. Bei osmotischen Prozessen wird die Bewegung von Teilchen aufgrund ihrer Größe durch eine semipermeable Membran behindert. Sie breiten sich nie völlig frei und gleichmäßig im gesamten Raum aus und es kann kein völliger Konzentrationsausgleich hergestellt werden.

Beschreiben • Der Operator „Beschreiben" fordert, dass man Sachverhalte oder Zusammenhänge strukturiert, unter Verwendung der korrekten Fachsprache und in der Regel vollständig wiedergibt.

Beispielaufgabe: Beschreiben Sie die Entstehung der Eukaryotenzelle.

Beispiellösung: Der ursprüngliche Eukaryot besteht aus DNA, Zellplasma und einer Plasmamembran. Im Laufe der Zeit entwickelte sich aus Einfaltungen der Membran das Endoplasmatische Reticulum. Um den Zellkern ist eine Kernhülle vorhanden. Später wird ein aerober heterotropher Prokaryot in die Zelle aufgenommen. Aus diesem entwickelt sich das Mitochondrium. In weiteren Zellen wird auch ein fotoautotropher Prokaryot aufgenommen, der zum Chloroplasten des ursprünglichen fotosynthetischen Eukaryoten wird.

Beurteilen • Bei dem Operator „Beurteilen" geht es darum, unter Verwendung von Fachwissen und -methoden ein begründetes selbstständiges Urteil zu einem Sachverhalt zu formulieren.

Beispielaufgabe: Beurteilen Sie, inwieweit sich das Modell einer Zelle als Fabrik zum Verständnis der Funktionen der Zellbestandteile eignet.

Beispiellösung: Das Modell einer Zelle als Fabrik kann im Kontext der Auseinandersetzung mit den Zellbestandteilen genutzt werden, wodurch ein besseres Verständnis hinsichtlich der Funktionen dieser Bestandteile erzielt werden soll.
Ein bedeutender Aspekt, der an die Zelltheorie anknüpft, ist, dass alle Zellen im Wesentlichen den gleichen Grundbau haben. Dies lässt sich auch auf Fabriken und Fabrikgelände übertragen. Zwischen einzelnen Fabriken gibt es zum Beispiel hinsichtlich der vorhandenen Gebäude oder der Größe des Fabrikgeländes Unterschiede, die auch zwischen pro- und eukaryotischen Zellen erkennbar sind. Das Modell ist demzufolge im Allgemeinen und nicht in Bezug auf bauliche Details zu betrachten.

Die Zellorganellen lassen sich bei diesem Modell der Zelle als Fabrik den einzelnen Bestandteilen einer Fabrik zuordnen. Wie bei den Zellorganellen, die eine Kompartimentierung der Zelle durch das Schaffen verschiedener Reaktionsräume bewirken, sind auf einem Fabrikgelände ebenfalls unterschiedliche Bereiche und Gebäude, die verschiedene Aufgaben übernehmen, vorzufinden. Jene können mehr oder weniger deutlich abgegrenzt sein, was sich wiederum auf die Zellorganellen ohne eine Membran und mit mindestens einer Membran als Abgrenzung vom Cytoplasma übertragen lässt.

Die genannten Aufgabenbereiche einer Fabrik können ebenso vielfältig sein, wie die Funktionen der einzelnen Zellorganellen. So werden zum Beispiel Mitochondrien häufig als Kraftwerke von Zellen bezeichnet, da sie die Energieversorgung der Zellen gewährleisten. Vorratsbehälter einer Fabrik können mit der Speicherfunktion von Vakuolen verglichen werden und die Umzäunung eines Fabrikgeländes lässt sich mit der Biomembran einer Zelle in Verbindung setzen.
Die mithilfe des Modells herausstellbaren Analogien zwischen einer Fabrik und einer Zelle können also dabei helfen, ein besseres Verständnis hinsichtlich der Funktion der einzelnen Zellorganellen zu bewirken.

Bewerten • Bei dem Operator „Bewerten" geht es darum, unter Berücksichtigung von Fakten und individuellen Interessen oder gesellschaftlichen Normen ein begründetes Urteil zu möglichen Handlungsoptionen zu formulieren.

Beispielaufgabe: Bewerten Sie den Einsatz von Enzymen in der Lebensmittelindustrie im Hinblick auf Chancen und Risiken.

Beispiellösung: Der Einsatz von Enzymen in Waschmitteln hat zu einer Verringerung der Wassertemperatur, der Waschmittelmenge und des Waschwassers beim Waschen geführt. Dadurch wird die ökologische Bilanz verbessert. Andererseits können Enzyme allergen wirken und es besteht die Gefahr, dass die Gewässer durch die eingesetzten Enzyme belastet werden könnten. Auch unter dem Gesichtspunkt der Hygiene könnten die niedrigen Waschtemperaturen auf Dauer zu einer Keimbildung in der Waschmaschine führen.

Menschen mit Allergien gegen Enzyme sollten von einer Nutzung absehen. Ein sicherer Einsatz von Enzymen in Waschmitteln kann unter Beachtung einiger Vorsichtsmaßnahmen erfolgen — regelmäßige Hygienewaschgänge bei hohen Temperaturen sowie Befolgung der empfohlenen Waschmittelmengen.

Erklären • Der Operator „Erklären" fordert, dass man einen Sachverhalt in einen Zusammenhang einordnet oder ihn auf Regeln und Gesetzmäßigkeiten zurückführt und dabei in eigenen Worten nachvollziehbar und verständlich darstellt.

Beispielaufgabe: Erklären Sie, warum sich die Einordnung von *Euglena* als tierische oder pflanzliche Zelle schwierig gestaltet.

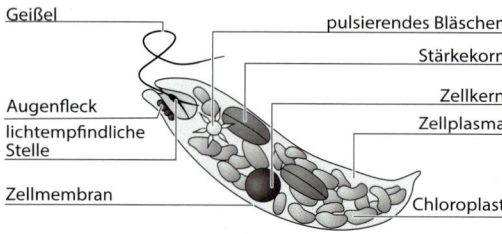

2 *Euglena*

Beispiellösung: *Euglena* besitzt Chloroplasten und kann somit Fotosynthese betreiben. Die Gattung teilt diese Fähigkeit mit den pflanzlichen Zellen. *Euglena* kann aber auch auf eine heterotrophe Ernährungsweise umstellen und weist keine Zellwand auf. Somit kann man die Gattung eher den tierischen Zellen zuordnen. Die Fortbewegung mittels einer Geißel erinnert hingegen an Bakterien, also Prokaryoten. *Euglena* weist Eigenschaften von eukaryotischen tierischen und pflanzlichen Zellen sowie von prokaryotischen Zellen auf.

Erläutern • Im Vergleich zum Operator „Erklären" fordert der Operator „Erläutern", dass ein Sachverhalt durch zusätzliche Informationen verständlich gemacht wird. Dies kann z.B. durch einen Vergleich mit einem anderen Phänomen oder durch Einordnung in ein übergeordnetes Prinzip bzw. eine Theorie erfolgen.

Beispielaufgabe: Erläutern Sie den Einfluss der Substratkonzentration auf die kompetitive Hemmung eines Enzyms.

Beispiellösung: Enzyme sind wirkungs- und substratspezifisch, wodurch nur bestimmte Substratmoleküle an das aktive Zentrum eines Enzyms binden können. Neben den Substratmolekülen gibt es weitere Substanzen, deren Struktur den Substraten ähnelt. Sie können ebenfalls an das aktive Zentrum eines Enzyms binden. Die Umsetzung des Substrats wird inhibiert, da es nicht mehr an das besetzte aktive Zentrum binden kann. Diese kompetitive Hemmung kommt aufgrund einer Konkurrenz zwischen Inhibitor und Substrat zustande. Dabei haben die Konzentrationen des Inhibitors und des Substrates Einfluss auf die Hemmung. Steigt die Konzentration des Hemmstoffes an, erhöht sich die Hemmwirkung. Steigt hingegen die Substratkonzentration an, nehmen die Konkurrenz mit dem Inhibitor sowie die Hemmwirkung ab. Die maximale Reaktionsgeschwindigkeit bleibt dementsprechend erhalten, obgleich diese in Anwesenheit eines Hemmstoffes bei einer höheren Substratkonzentration als ohne Inhibitor erreicht wird.

Hypothese aufstellen • Beim Aufstellen einer Hypothese wird gefordert, dass man auf der Grundlage bekannter Phänomene, Prinzipien oder Theorien eine begründete Vermutung zur Erklärung eines bisher unbekannten Phänomens formuliert.

Beispielaufgabe: Stellen Sie eine Hypothese zur Temperaturabhängigkeit von Enzymen auf.

Beispiellösung: Enzyme sind Proteine. Diese weisen je nach Protein unterschiedlich komplexe Strukturen auf, die durch verschiedenartige Bindungen miteinander verknüpft und dadurch aufrechterhalten werden. Durch das Einwirken von Wärme ändern sich diese Strukturen aufgrund der steigenden Wärmebewegung. Diese kann dazu führen, dass Strukturen zerstört werden – man spricht von einer Denaturierung. Demzufolge können Enzyme ebenfalls denaturieren und ihre Funktion verlieren.

Interpretieren/Deuten • Der Operator „Interpretieren/Deuten" verlangt das Erklären bzw. Erläutern von Ergebnissen bzw. Messdaten vor dem Hintergrund einer Fragestellung oder Hypothese.

Beispielaufgabe: In einer Studie wurde der ATP-Umsatz verschiedener Laufdisziplinen verglichen und die Ergebnisse in Abbildung 3 dargestellt. Deuten Sie die Ergebnisse des Versuchs, nutzen Sie dazu auch Abbildung 4.

Beispiellösung: Die Abbildung 3 stellt den ATP-Umsatz in mmol pro Sekunde in Abhängigkeit von der Laufdisziplin dar. Der ATP-Umsatz sinkt mit länger werdender Strecke ab. Beim 100-m-Lauf wird ungefähr die Hälfte der Energie über anaeroben Nährstoffabbau, ein Drittel der Energie durch die Spaltung von Kreatinphosphat und nur ein geringer Anteil wird aus aeroben Nährstoffabbau gewonnen. Je länger die Strecke wird, desto mehr Energie wird über aerobem Nährstoffabbau gewonnen, bis schließlich beim Marathon die Energie nur noch aus aerobem Nährstoffabbau bereitgestellt wird.

Wie man aus Abbildung 4 erkennen kann, wird der ATP-Bedarf anfänglich durch den Abbau des ATP-Speichers abgedeckt. Es folgt der Abbau des Kreatinphosphats. Beide sind nach ca. 1 min aufgebraucht und nach 10 min wird die Energie fast gänzlich aus dem aeroben Nährstoffabbau gewonnen. Prozentual ist daher der anfängliche ATP-Umsatz durch den ATP-Speicher und Kreatinphosphat bei länger anhaltender Belastung im Vergleich zum aeroben Nährstoffabbau vernachlässigbar, was sich bei längeren Laufstrecken zeigt.

Weiterhin ist die Energiebereitstellung bei maximaler Belastung unter 10 s insgesamt am höchsten und sinkt dann kontinuierlich ab, bis nach ca. 10 min ein konstant bleibender Wert erreicht wird. Dies erklärt das Absinken des ATP-Umsatzes mit länger werdender Strecke in Abbildung 4.

Nennen ● Der Operator „Nennen" fordert dazu auf, einfache Informationen wie Formeln, Regeln, Sachverhalte, Begriffe oder Daten ohne weiterführende Erklärung oder Erläuterung wiederzugeben. Gleichbedeutend zur Aufforderung „Nennen Sie ..." ist die Aufgabe „Geben Sie an ..." zu verstehen.

Beispielaufgabe: Nennen Sie die Bestandteile eines Mitochondriums in Abbildung 5.

Beispiellösung: 1 = Doppelmembran, 2 = mitochondriale DNA, 3 = Cristae, 4 = Matrix, 5 = Ribosomen

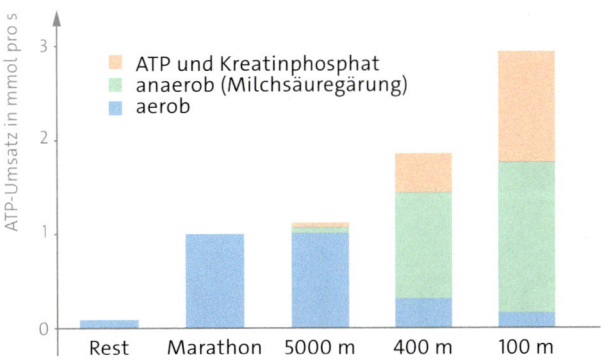

3 ATP-Umsatz bei unterschiedlichen Laufdisziplinen

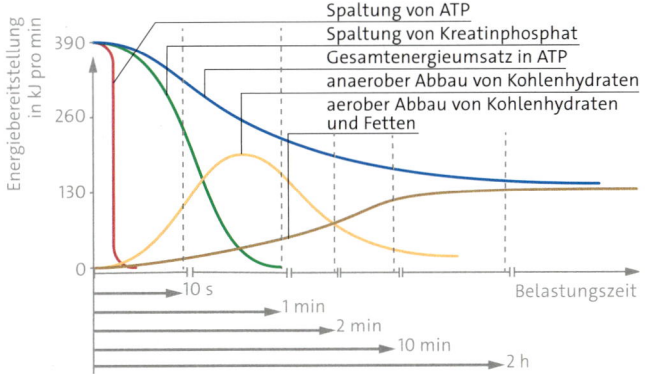

4 Energiebereitstellung bei maximaler Belastung in Abhängigkeit von der Belastungszeit

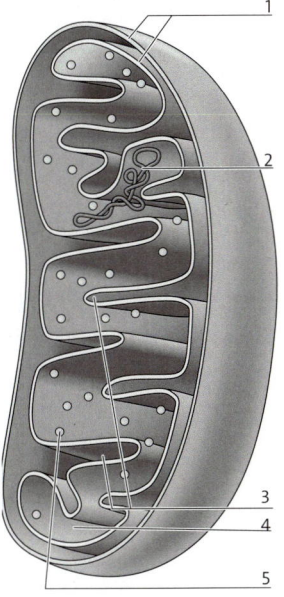

5 Aufbau eines Mitochondriums

1

Biologie der Zelle

▶ Der Bau tierischer und pflanzlicher Zellen wird verglichen und die Zellbestandteile werden mithilfe von verschiedenen Mikroskopietechniken betrachtet und identifiziert sowie ihre Funktion erklärt.

▶ Unterschiede zwischen prokaryotischen und eukaryotischen Zellen werden aufgezeigt und das Zusammenwirken der Zellbestandteile eukaryotischer Zellen sowie die Bedeutung der Kompartimentierung erläutert.

▶ Einzellige und vielzellige Lebewesen werden verglichen und die Vor- und Nachteile jeweils erläutert. In einem mehrzelligen Organismus haben verschiedene Zellarten unterschiedliche Aufgaben. Die Entwicklung von Zellarten wird beschrieben und sie können identifiziert werden.

▶ Biomembranen grenzen Kompartimente in der Zelle ab. Modelle zum Bau von Biomembranen werden vorgestellt sowie passive und aktive Transportvorgänge an Biomembranen untersucht.

▶ Biologische Reaktionen sowie deren Abläufe und Einflüsse werden eingeführt. Enzyme und deren Funktionsweisen werden erläutert und die Funktion des ATP-ADP-Systems wird dargestellt.

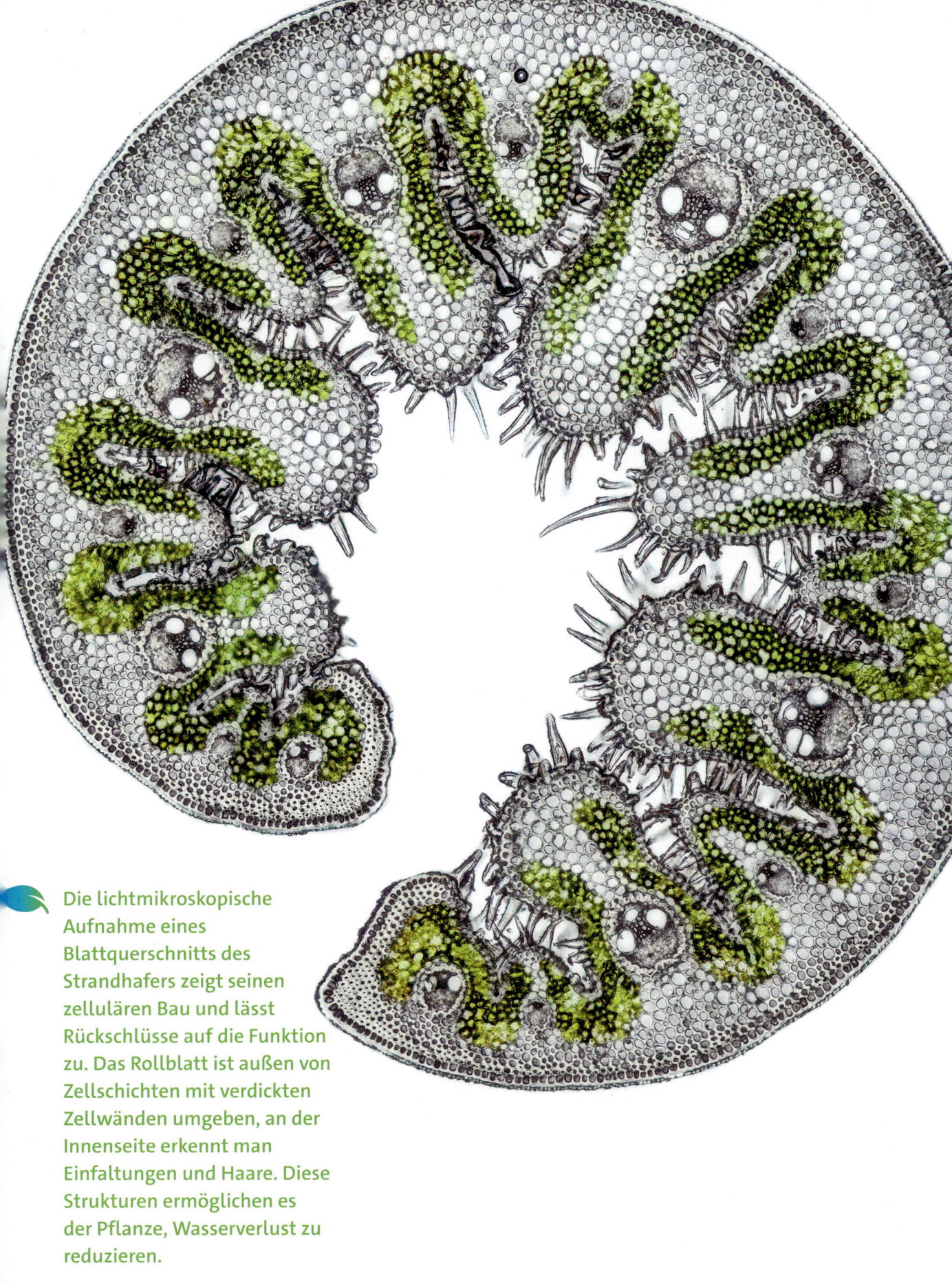

Die lichtmikroskopische Aufnahme eines Blattquerschnitts des Strandhafers zeigt seinen zellulären Bau und lässt Rückschlüsse auf die Funktion zu. Das Rollblatt ist außen von Zellschichten mit verdickten Zellwänden umgeben, an der Innenseite erkennt man Einfaltungen und Haare. Diese Strukturen ermöglichen es der Pflanze, Wasserverlust zu reduzieren.

1.1 Zellulärer Bau der Lebewesen

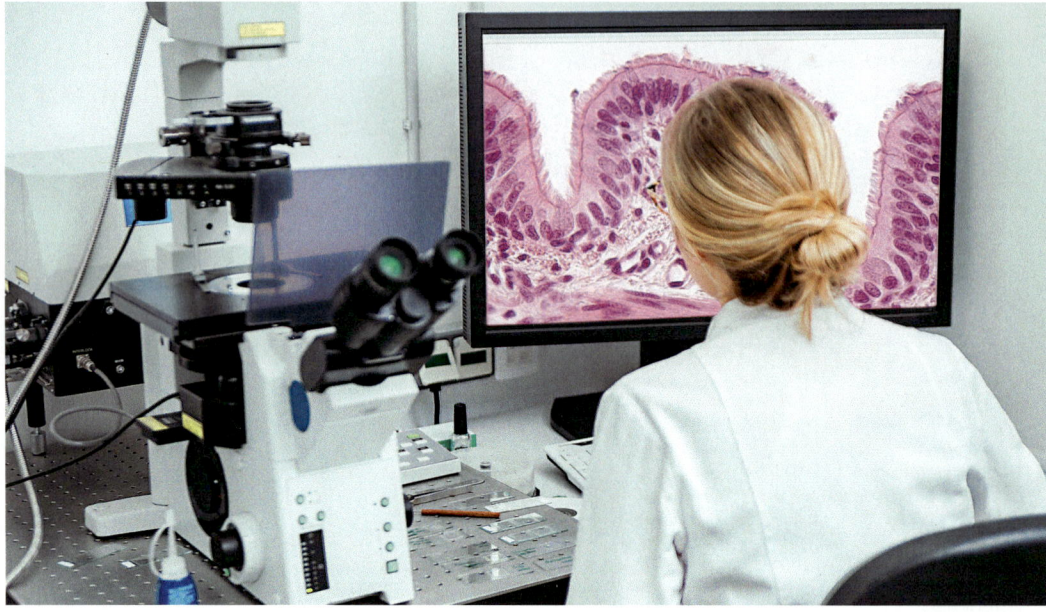

1 Studentin betrachtet mikroskopisches Bild

Eine Medizinstudentin betrachtet am Monitor den mikroskopisch sichtbaren Bau menschlicher Zellen. Wie hilft ihr das beim Verständnis des menschlichen Körpers?

Vielfalt der Zellen ● Wenn man dünn geschnittene Proben aus menschlichen Organen färbt und mikroskopisch betrachtet, erkennt man ihren Aufbau aus Zellen. Im Laufe jahrzehntelanger Forschung hat man Farbstoffe gefunden, die Zellen und ihre Bestandteile so anfärben, dass charakteristische Strukturen hervorgehoben werden.

In den Zellen der Bronchienwand sind der Zellkern und das Zellplasma durch Färbung hervorgehoben. Die Zellen, die mit dem Luftraum in Berührung kommen, liegen dicht an dicht. Sie bilden ein Deckgewebe, ein Epithel, das das Innere der Bronchien auskleidet. Einige Epithelzellen haben Flimmerhärchen, andere sondern Schleim ab, der mit den Härchen

zum Rachen transportiert wird. Gemeinsam erfüllen sie die Aufgabe, kleine Partikel, die beim Atmen bis in die Bronchien gelangt sind, wieder aus der Lunge herauszubefördern. Diese Kenntnis vertieft das Verständnis darüber, wie die Lunge Fremdkörper entfernt, die in sie hineingelangt sind.

Bei der mikroskopischen Betrachtung eines Blutausstrichs erkennt man ebenfalls Zellen mit unterschiedlichem Bau. Die roten Blutkörperchen sind rund und relativ klein. Die größeren Zellen mit violett angefärbtem Zellkern sind weiße Blutzellen. Rote Blutkörperchen haben keinen Zellkern. Das deutet darauf hin, dass der Besitz eines Zellkerns mit der jeweiligen Funktion zusammenhängt.

Rote Blutkörperchen transportieren Sauerstoff und werden in den einzelnen Organen in sehr engen Blutgefäßen, den Kapillaren, an Körperzellen vorbeigeführt. Hierbei werden sie verformt, sodass ihre Gestalt der Umgebung angepasst ist. Ohne Zellkern ist eine Zelle relativ klein und leicht. Sie schwimmt daher gut im Blutstrom mit. Rote Blutkörperchen können also ihre Hauptaufgabe, Sauerstoff zu transportieren, ohne Zellkern gut erfüllen. Sie altern allerdings relativ schnell und verlieren dabei ihre

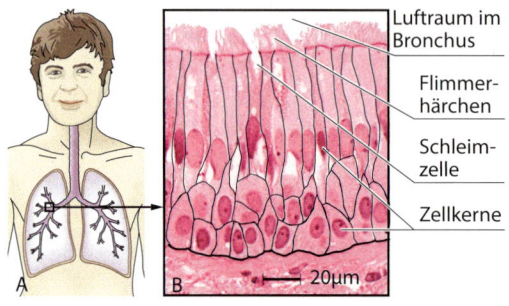

2 Bronchienepithel: **A** Lage, **B** mikroskopisches Bild (gefärbt, Zellmembranen nachgezeichnet)

Luftraum im Bronchus

Flimmerhärchen

Schleimzelle

Zellkerne

20µm

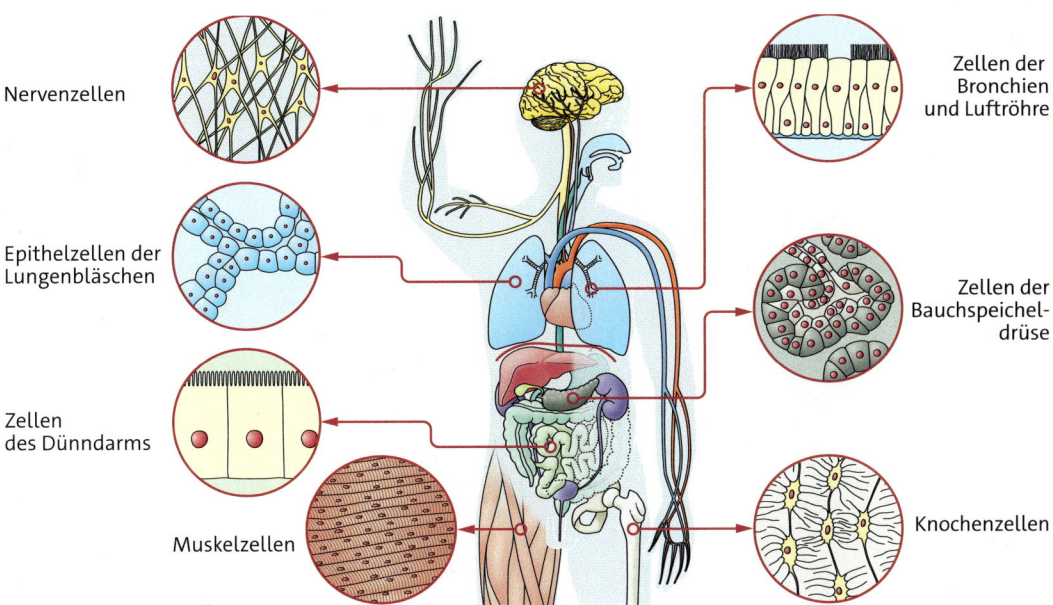

Nervenzellen

Epithelzellen der Lungenbläschen

Zellen des Dünndarms

Muskelzellen

Zellen der Bronchien und Luftröhre

Zellen der Bauchspeicheldrüse

Knochenzellen

3 Zellen in verschiedenen Organen (Schema)

Elastizität. Nach etwa 120 Tagen werden sie im Körper abgebaut und durch neue ersetzt.

Weiße Blutzellen sind Bestandteil des Immunsystems und kommen im gesamten Organismus vor. Sie werden im Blut und in der Lymphflüssigkeit transportiert. Einige dringen in das umliegende Gewebe ein. Treffen sie auf Krankheitserreger, körperfremde Stoffe oder Verletzungen im Gewebe, beginnen sie mit ihrer jeweiligen Abwehrreaktion. Dafür ist der Zellkern notwendig.

In allen Organen gibt es jeweils typische Zellen, die zur Gesamtfunktion des Organs beitragen. Muskelzellen zum Beispiel sind meistens länglich und können sich zusammenziehen, Nervenzellen sind verzweigt und leiten elektrische Impulse zu anderen Zellen weiter, und Drüsenzellen geben Sekrete ab.

Die Strukturen der verschiedenen Zellen und ihre Funktionen passen zueinander. Dass dies häufig so ist, sagt das Basiskonzept **Struktur und Funktion**.

Organisationsebenen • Die Beispiele zeigen, dass die Gesamtfunktion eines Organismus mithilfe der Funktion verschiedener Zellen verständlich wird. Systematisch betrachtet man Zusammenhänge zwischen Zellen und Organismus mithilfe der Unterscheidung verschiedener Organisationsebenen: Der Organismus Mensch besitzt ein Atmungssystem mit dem Organ Lunge. Die Lunge enthält Bronchien, die mit einem Deckgewebe ausgekleidet sind. Dieses besteht aus Zellen, die bewirken, dass Fremdkörper beseitigt werden. Dadurch, dass die Zellen ihre Aufgabe erfüllen, tragen sie dazu bei, dass die Atemwege frei sind und alle anderen Zellen im menschlichen Körper genügend Sauerstoff bekommen.

4 Blutausstrich: rote Blutzellen (Ø ≈ 7,5 µm) und vier weiße Blutzellen, Zellkerne blauviolett gefärbt

1 Beschreiben Sie am Beispiel der Zellen des Atmungssystems den Zusammenhang zwischen Struktur und Funktion.

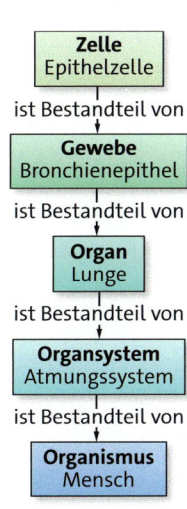

Zelle
Epithelzelle

ist Bestandteil von

Gewebe
Bronchienepithel

ist Bestandteil von

Organ
Lunge

ist Bestandteil von

Organsystem
Atmungssystem

ist Bestandteil von

Organismus
Mensch

5 Organisationsebenen am Beispiel der Atmung

1 Christrose: **A** Habitus, **B** Laubblattquerschnitt (LM-Aufnahme), **C** Laubblattquerschnitt (Schema), **D** Blattstielquerschnitt (LM-Aufnahme), **E** Blattstielquerschnitt (Schema)

Zellen im Organismus Pflanze ● Der Körper einer Samenpflanze wird ebenso wie der Körper des Menschen in Organe unterteilt. Diese sind genau wie die Organe des Menschen aus Geweben, die gemeinsam eine spezifische Aufgabe erfüllen, aufgebaut. Gewebe wiederum bestehen aus Zellen, die die gleiche Funktion haben.

Eine Samenpflanze besteht aus den Hauptorganen Wurzel, Sprossachse und Blatt. Die Wurzeln sind im Boden verankert. Sie nehmen Wasser und Mineralstoffe auf und speichern Reservestoffe. Die Sprossachse verbindet Wurzeln und Blätter. Der Stofftransport erfolgt durch Zellen, die länglich gebaut sind und in langen Bahnen durch die verschiedenen Organe ziehen.

Im Querschnitt durch die Blattspreite sieht man, dass die Zellen zu Geweben angeordnet sind. Die Epidermis bildet ein Abschlussgewebe. Ihre Zellen liegen dicht an dicht und sind außen mit einer Wachsschicht überzogen. Ihre Funktion ist der Schutz gegen Verdunstung von Wasser aus dem Blatt. Darunter liegt das Palisadengewebe. Die dicht beieinanderstehenden Zellen des Palisadengewebes enthalten viele Chloroplasten und sind auf Fotosynthese spezialisiert. In den Zellen des Schwammgewebes findet ebenfalls Fotosynthese statt. Die Hohlräume zwischen ihnen erleichtern den Gasaustausch der Pflanze. Sie sind über Spaltöffnungen mit der Umgebung verbunden. Durch das Öffnen und Schließen der Spaltöffnungen wird die Verdunstung von Wasser geregelt. Gemeinsam bewirken die verschiedenen Zellen und Gewebe die Hauptfunktion des Blattes: die Herstellung von energiereichen Stoffen mithilfe der Fotosynthese. Sie bilden also ein Organ.

Im Blattstielquerschnitt der Christrose fallen die zahlreichen fast runden Zellen auf. In der Epidermis liegen die Zellen dicht an dicht und schließen den Stiel nach außen ab. In der Nähe des Zentrums des Blattstiels lassen sich Zellen mit besonders großem Durchmesser beobachten. Im mikroskopischen Längsschnitt erkennt man, dass sie lange Röhren bilden. Bei einigen lassen sich die Zellwände mit einem geeigneten Farbstoff rot anfärben. Dies ist ein Nachweis dafür, dass sie den Holzstoff, das Lignin, enthalten. In diesen Röhren erfolgt der Wassertransport. Auch bei Pflanzen passen Struktur und Funktion häufig gut zueinander

1 Erläutern Sie anhand von zwei Beispielen die Begriffe Gewebe und Organ.

Material A Stärkenachweis in speziellen Zellen

Stärkenachweis mit Iod-Kalium-iodid-Lösung

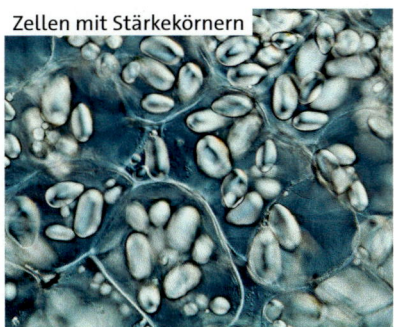

Zellen mit Stärkekörnern

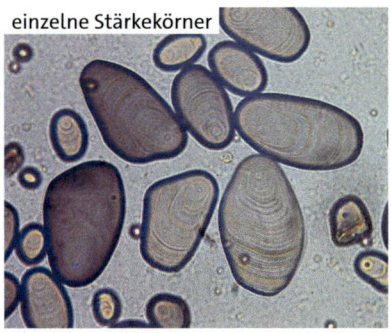

einzelne Stärkekörner

Die Knollen der Kartoffelpflanze sind verdickte, unterirdische Sprosse. Mithilfe einiger Tropfen Iod-Kaliumiodid-Lösung, die auf die angeschnittene Oberfläche einer Kartoffel geträufelt werden, kann die Stärke nachgewiesen werden. Wenn man mit einer Rasierklinge von der Schnittfläche einer durchgeschnittenen Kartoffelknolle etwas Material abschabt und dies mi-

kroskopiert, sieht man Zellen, die dicht mit Stärkekörnern gefüllt sind. Einige Zellen werden beim Schaben zerstört. Daher können einzelne Stärkekörner außerhalb von Zellen beobachtet werden. Die Stärkenachweisreaktion ist unter dem Mikroskop sichtbar.

1 Beschreiben Sie die Zellen in der Kartoffelknolle. Gehen Sie dabei

darauf ein, wie diese Zellen zur Gesamtfunktion der Kartoffelpflanze beitragen.

2 Beschreiben Sie mithilfe des linken Bildes den Stärkenachweis mit Iod-Kaliumiodid-Lösung.

3 Begründen Sie, wie die Stärkekörner beim Stärkenachweis vermutlich aussehen.

Material B Nervenzellen

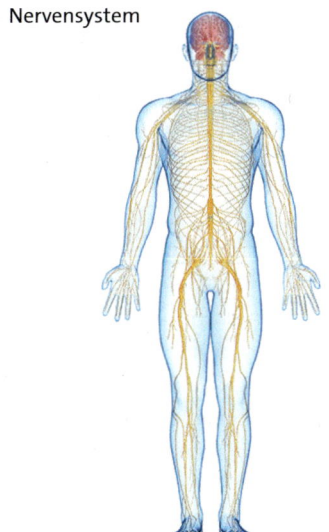

Nervensystem

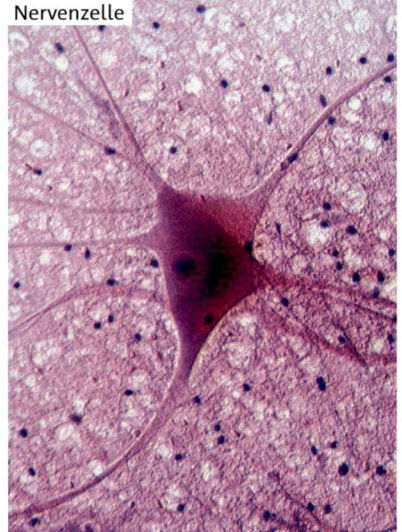

Nervenzelle

Der menschliche Körper ist von Nerven durchzogen. Diese bestehen aus Nervenzellen. Viele Nervenzellen sind sehr lang. Sie reichen vom Gehirn oder vom Rückenmark bis in die verschiedenen Organe des Menschen. Wenn man

von den Nerven außerhalb des Rückenmarks ein mikroskopisches Präparat erstellt, findet man nur sehr selten Zellkerne. Wenn man aber das Rückenmark geeignet präpariert, sind im mikroskopischen Bild große Nerven-

zellen und weitere kleine Zellen zu sehen. Die dunklen Punkte sind Kernkörperchen, Bestandteile der Zellkerne. Die größeren Zellen sind motorische Nervenzellen, von denen jeweils ein hier nicht sichtbarer Fortsatz aus dem Rückenmark bis zu den Skelettmuskeln führt. Die Zellen sind jeweils komplett von einer Zellmembran umhüllt. Diese ist sowohl mit als auch ohne Färbung nicht sichtbar.

1 Beschreiben Sie den Bau der Nervenzelle.

2 Recherchieren Sie den typischen Bau einer motorischen Nervenzelle.

3 Begründen Sie, warum der Bau dieser Nervenzellen gut dazu geeignet ist, dass Nervenzellen Informationen im Körper verarbeiten und weitergeben.

1.2 Mikroskopieren und Dokumentieren

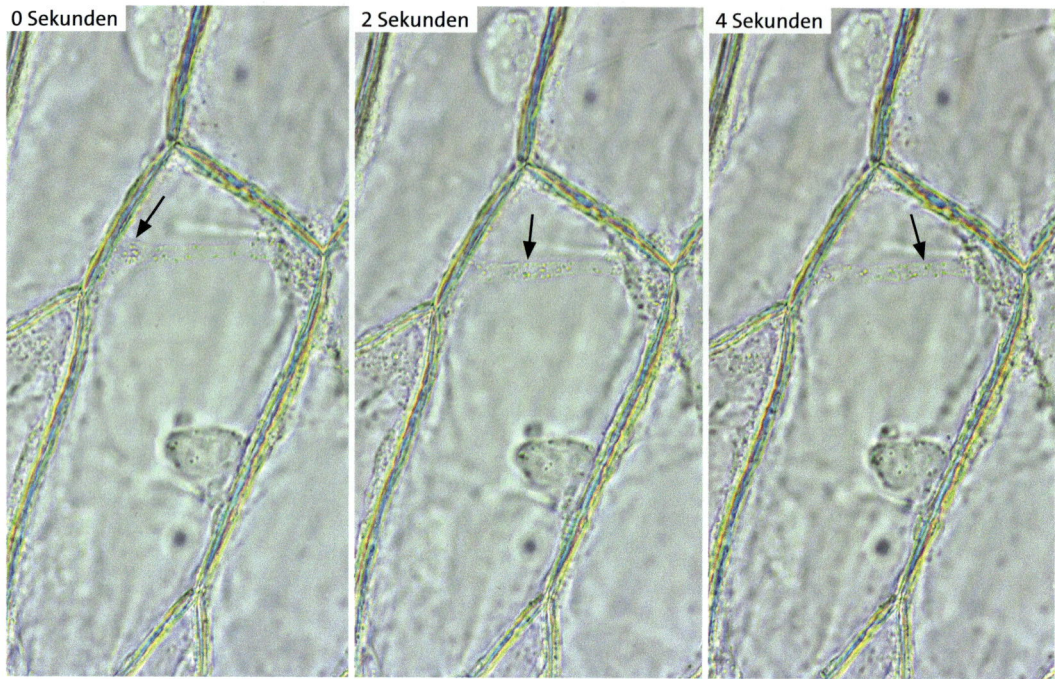

0 Sekunden   **2 Sekunden**   **4 Sekunden**

1 Lichtmikroskopische Aufnahmen der Strömung des Zellplasmas in einer Zwiebelzelle (Ausschnitt)

In einer Zelle aus der oberen Epidermis einer Zwiebelschuppe lassen sich Bewegungen des Zellplasmas erkennen. Besonders gut sieht man sie in Plasmasträngen. Wie kann man solche Beobachtungen machen?

Herstellen von Präparaten ● Zunächst wird eine Küchenzwiebel längs halbiert. Dann trennt man mit den Fingern eine Zwiebelschuppe heraus. Man ritzt mit einer scharfen Rasierklinge oder einem Skalpell Felder mit 0,5 Zentimetern Seitenlänge in die obere Epidermis und nimmt eines davon mit einer spitzen Pinzette ab. Anschließend gibt man es sofort in einen kleinen Wassertropfen auf einen Objektträger, den man mit einer Pipette dort aufgetragen hat. Dann wird ein Deckglas aufgelegt. Dazu wird es zunächst

Hinweis: Im Unterricht darf menschliches Blut nicht mikroskopiert werden.

an zwei nebeneinanderliegenden Ecken mit Daumen und Zeigefinger einer Hand festgehalten und schräg an den Wassertropfen gestellt, sodass das Wasser am Deckglas aufsteigt. Dann senkt man das Deckglas langsam, wobei eine Präpariernadel hilfreich ist.

Ein solches **Abziehpräparat** ist fertig für das Mikroskopieren. Es erfüllt die Voraussetzungen für gute Beobachtungsergebnisse: Es ist dünn, sodass es von Licht durchstrahlt werden kann. Zudem ist es eben, sodass wenige störende Lichtbrechungen auftreten. Es enthält lebende Zellen, sodass Bewegungen in diesen Zellen sichtbar werden.

Andere Objekte werden auf andere Weise präpariert. Vom Fruchtfleisch einer Banane verrührt man eine stecknadelkopfgroße Menge auf einem Objektträger in einem Wassertropfen. Das aufgelegte Deckglas drückt man sehr vorsichtig an, sodass ein dünnes **Quetschpräparat** entsteht.

Ein Bluttropfen wird auf einen Objektträger mit der Kante eines zweiten Objektträgers verstrichen. Man spricht von einem **Ausstrichpräparat**.

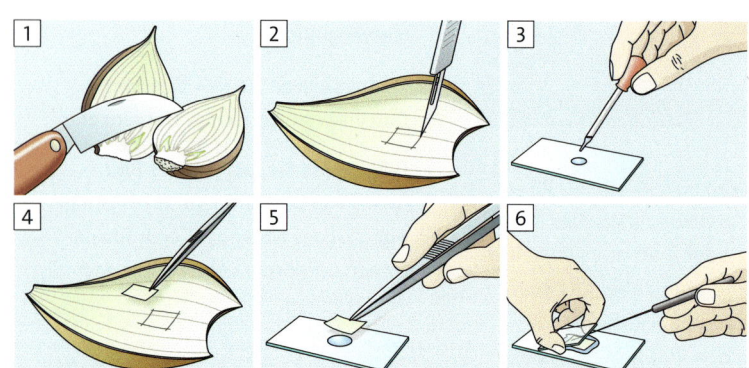

2 Herstellen eines mikroskopischen Präparats

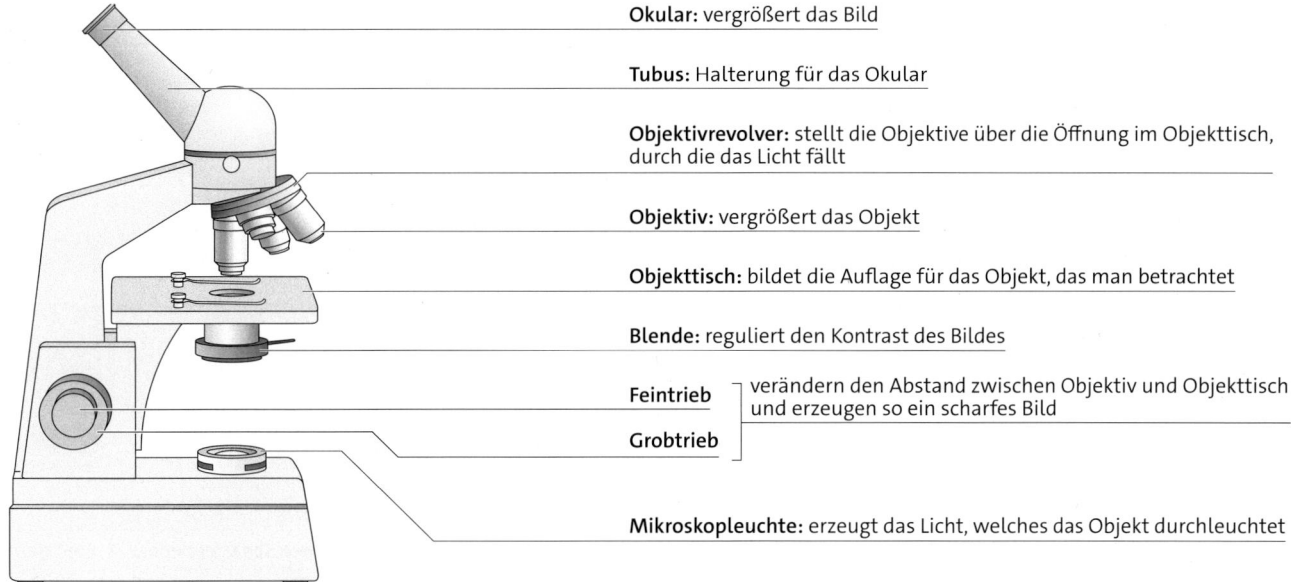

Okular: vergrößert das Bild

Tubus: Halterung für das Okular

Objektivrevolver: stellt die Objektive über die Öffnung im Objekttisch, durch die das Licht fällt

Objektiv: vergrößert das Objekt

Objekttisch: bildet die Auflage für das Objekt, das man betrachtet

Blende: reguliert den Kontrast des Bildes

Feintrieb — verändern den Abstand zwischen Objektiv und Objekttisch und erzeugen so ein scharfes Bild

Grobtrieb

Mikroskopleuchte: erzeugt das Licht, welches das Objekt durchleuchtet

3 Bau und Bedienung eines Lichtmikroskops

Bedienung des Mikroskops • Das Mikroskop wird sicher auf einen Tisch gestellt. Der Objekttisch wird etwas nach unten gedreht. Am Objektivrevolver wird das Objektiv mit der geringsten Vergrößerung über die Öffnung im Objekttisch gedreht. Der Objektträger mit dem Präparat wird auf den Objekttisch gelegt und so verschoben, dass das Präparat mittig über der Öffnung im Objekttisch liegt. Nun wird das Licht eingeschaltet und die Blende fast geschlossen.

Mithilfe des Grobtriebs wird der Objekttisch nach oben gedreht. Während man durch das Okular sieht, wird der Objekttisch langsam so weit nach unten gedreht, bis ein scharfes Bild des Präparats sichtbar wird. Nun stellt man die Blendenöffnung so ein, dass das Bild kontrastreich und dabei nicht zu hell und nicht zu dunkel ist.

Anschließend schiebt man den Teil des Präparats in die Mitte des Bildes, der betrachtet werden soll, zum Beispiel eine Zelle, auf der weder Luftblasen noch Schmutzpartikel zu sehen sind. Nun wechselt man vorsichtig zum Objektiv mit der nächsten Vergrößerung, indem man am Objektivrevolver dreht. Schon leichtes Drehen am Grobtrieb oder Feintrieb ergibt wieder ein scharfes Bild. Die Blende muss allerdings neu eingestellt werden. Für jede weitere Vergrößerung, wiederholt man die Arbeitsschritte.

Mikroskopische Beobachtung • Bei der Suche nach einer für das Zeichnen oder Fotografieren geeigneten Zwiebelzelle sieht man vielleicht zufällig, dass das Zellplasma in Bahnen durch eine Zelle strömt. Diese Zufallsbeobachtung kommt wahrscheinlich deshalb zustande, weil die Wahrnehmung eine Erwartung stört — hier die Erwartung eines unbewegten Objekts, das ein gutes Bild abgibt. Für gezielte Beobachtungen wird dagegen vorab eine Frage gestellt oder eine Hypothese formuliert.

Wenn man zum Beispiel wissen möchte, wie schnell die Bestandteile des Zellplasmas in der Zelle transportiert werden, misst man die pro Zeit zurückgelegte Strecke. In Zwiebelzellen sind 19 Mikrometer pro Sekunde ein typischer Wert. Die Plasmaströmung transportiert also Zellbestandteile in relativ kurzer Zeit quer durch eine Zwiebelzelle.

Aus Beobachtungen können genauso wie aus Experimenten neue Hypothesen abgeleitet werden. Zum Beispiel kann hier eine Hypothese sein, dass wichtige Stoffe mithilfe der Plasmaströmung in der Zelle ihren Bestimmungsort erreichen. Um diese Hypothese zu überprüfen, benötigt man verschiedene Färbe- und Markierungsmethoden, weil man die Moleküle von Stoffen im Lichtmikroskop nicht sehen kann.

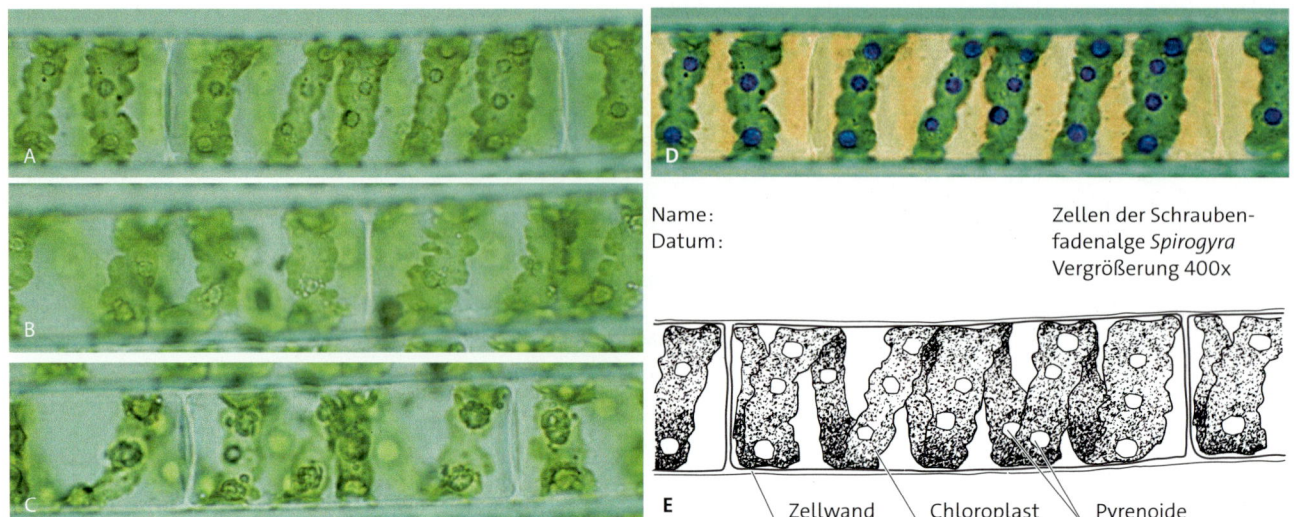

Name:
Datum:

Zellen der Schrauben-
fadenalge *Spirogyra*
Vergrößerung 400x

E

Zellwand | Chloroplast | Pyrenoide

1 Zellen der Schraubenfadenalge *Spirogyra* unter dem Lichtmikroskop: **A–C** Fotos der Zelle in verschiedenen Schärfeebenen, **D** Foto der mit Iod-Kaliumiodid-Lösung gefärbten Zelle, **E** mikroskopische Zeichnung

Dokumentieren und Färben • Das beim Mikroskopieren Beobachtete kann auf verschiedene Weise festgehalten werden. Dabei können mit unterschiedlichen Dokumentationsmethoden verschiedene Erkenntnisinteressen verbunden sein. Die drei Fotos der Zelle der Schraubenfadenalge *Spirogyra* belegen, dass ein Lichtmikroskop bei stärkerer Vergrößerung immer nur eine Ebene geringer Dicke scharf abbildet. Das lichtmikroskopische Bild hat eine geringe Schärfentiefe. Nur in dieser Schärfeebene sieht man interessierende Details wie die Ränder des Chloroplasten. In einer **mikroskopischen Zeichnung** kann man dagegen die Bilder der unterschiedlichen Schärfeebenen eines mikroskopischen Objekts zu einem räumlichen Gesamtbild zusammenfassen, sodass der gesamte Chloroplast scharf abgebildet ist.

Dass genau die fotografierte Zelle gezeichnet wurde, kann man zum Beispiel am Verlauf des schraubigen Chloroplasten und der beibehaltenen Proportionen kontrollieren.

Wenn man im mikroskopischen Bild weitere Details hervorheben möchte, kann man solche Farbstoffe und Reagenzien benutzen, deren Eigenschaften und Reaktionsmöglichkeiten man kennt. Iod-Kaliumiodid-Lösung färbt Proteine braun und lässt sie verklumpen. Die Zelle stirbt, weil die Proteine ihre Funktion verlieren. Stärke wird blauviolett bis schwarz gefärbt. Färbt man ein *Spirogyra*-Präparat mit Iod-Kaliumiodid-Lösung, wird das Zellplasma

körnig und braun. Es enthält also Protein. Die stärkespeichernden Bereiche im Chloroplasten, die Pyrenoide, werden deutlich sichtbar.

Für die Anfertigung einer mikroskopischen Zeichnung ist es wichtig, dass die Proportionen stimmen. Man erreicht dies durch Nachmessen und Abzählen beobachteter Strukturen. Zudem sollen mit einem spitzen Bleistift klare, durchgängige Linien zur Begrenzung der Strukturen gezeichnet werden. Es wird nur das gezeichnet, was man wirklich sieht und was wichtig erscheint. In der Zeichnung des *Spirogyra*-Präparats ist kein Zellplasma abgebildet. Daran erkennt man, dass dieses Detail für die Zeichnung nicht interessant war.

Mit Methylenblau und Karminessigsäure erhält man jeweils kontrastreiche mikroskopische Bilder, in denen die Zellkerne deutlich zu erkennen sind. Bei der Behandlung mit Karminessigsäure sterben die Zellen, ihr Zustand wird fixiert. Methylenblau kann dagegen zur Lebendfärbung eingesetzt werden. Nur durch sorgfältigen Vergleich von unbehandelten lebenden Zellen mit gefärbten Zellen erkennt man, dass die Färbung nichts Wesentliches in einer Zelle verändert. Mit diesem durch langjährige Forschung erhaltenen Wissen lassen sich die Bilder korrekt auswerten.

1 Vergleichen Sie zwei Färbetechniken mit ihren Vor- und Nachteilen.

Versuch A Herstellen und Mikroskopieren von einfachen Präparaten

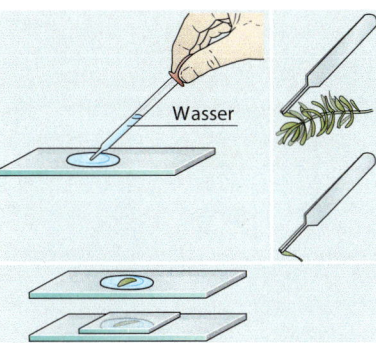

A1 Präparieren eines Wasserpestblattes

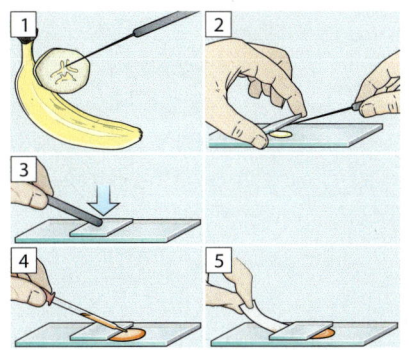

A2 Präparieren von Bananenfruchtfleisch

1 Stellen Sie anhand der abgebildeten Anleitung die Präparate vom Blatt der Wasserpest und das Quetschpräparat vom Fruchtfleisch der Banane her und mikroskopieren Sie diese.

2 Zeichnen Sie bei stärkster Vergrößerung zwei verschiedene Zellen des Blattes der Wasserpest. Beschriften Sie die Strukturen.

3 Beobachten Sie die Plasmaströmung bei der Wasserpest und dokumentieren Sie diese fotografisch.

4 Zeichnen Sie gefärbte und ungefärbte Stärkekörner des Bananenpräparats und vergleichen Sie die sichtbaren Strukturen.

Material B Färbung betont Zelleigenschaften – Leitbündel

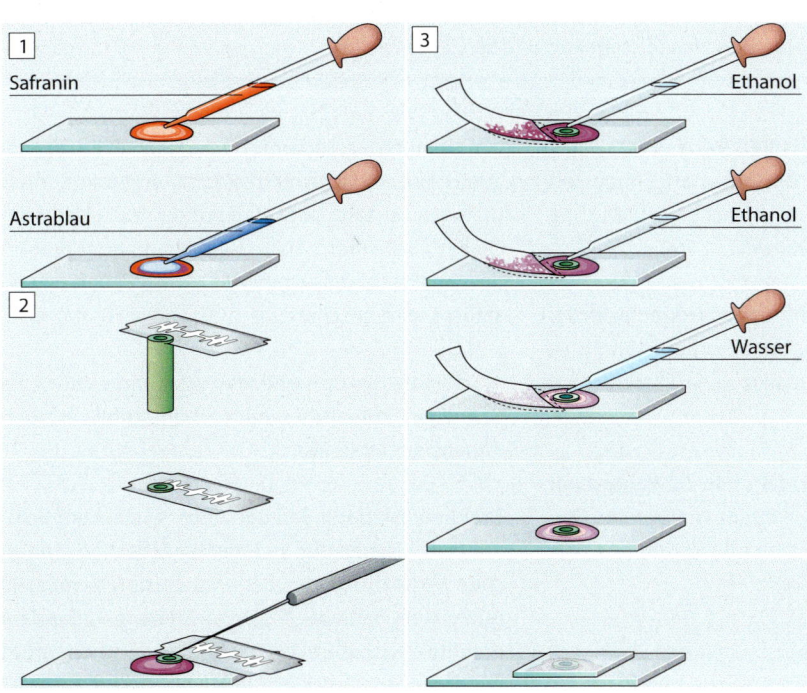

B1 Färbung eines Präparates

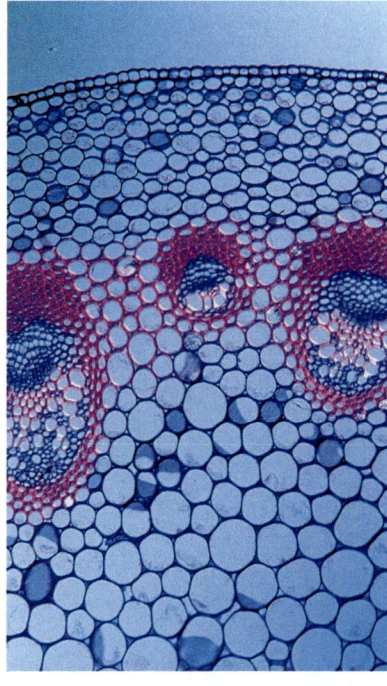

B2 Querschnitt vom Hahnenfußstängel

Vom Stängel des Hahnenfußes fertigt man einen Querschnitt an. Zur Färbung rührt man Safranin, das Holz rot färbt, und Astrablau, das unverholzte Zellwände blau färbt, ineinander und legt den Schnitt hinein. Wenn dieser gut Farbe angenommen hat, wird die Färbelösung mit Ethanol ausgewaschen und durch Wasser ersetzt. Die Zellwände sind nun kräftig gefärbt.

Die kräftig gefärbten Bereiche im Stängel sind die quer geschnittenen Leitungsbahnen. Sie werden von verholzten Zellen umgeben.

1 Beschreiben Sie den Bau verschiedener Zellen. Beachten Sie dabei die Zelldurchmesser, die Dicke der Zellwände und die Färbung der Wände.

2 Deuten Sie das Ergebnis so weit wie möglich.

1.3 Lichtmikroskopisches Bild der Zelle

1 Lichtmikroskopische Aufnahme von Zellen der Wasserpest

Betrachtet man ein Blatt der Wasserpest mit dem Lichtmikroskop, sind immer nur einige Bereiche der Zellen scharf abgebildet. Wie erhält man ein vollständiges Bild der Zellen?

Bildeigenschaften • Alle Zellen der Wasserpest sind von einer Zellwand umschlossen. Einige Zellwände sind im lichtmikroskopischen Bild klar begrenzt, andere verschwommen.

Im Inneren der Zellen sieht man viele kleine, linsenförmige, kräftig grün gefärbte Chloroplasten. Einige erscheinen im Lichtmikroskop scharf, andere unscharf.

Es gibt Zellen, in denen kreisrunde Zellkerne zu erkennen sind, und Zellen, in denen man keinen Zellkern sieht. Dennoch besitzen alle Zellen des Wasserpestblattes einen Zellkern.

Um die nicht sichtbaren oder unscharfen Zellbestandteile im Lichtmikroskop zu erkennen, muss man den Abstand des Objekts, hier der Zellen, vom Objektiv verändern. Dann wird ein anderer Bereich des Objekts scharf abgebildet. Vorher scharf Dargestelltes wird unscharf.

Im Lichtmikroskop sieht man also immer nur eine Ebene des Präparats scharf. So entsteht ein zweidimensionaler Eindruck.

Dreidimensionaler Bau der Zelle • Um vom lichtmikroskopischen Bild zu einer realistischen räumlichen Vorstellung der Zelle zu kommen, müssen Bilder unterschiedlicher Schärfeebenen zu einem dreidimensionalen Gesamtbild zusammengefügt werden.

Man kann diese Bilder auf jeweils eine Folie drucken und mit geringem Abstand übereinanderlegen. Das dreidimensionale Ergebnis wird schließlich in ein Modell übertragen.

Das Modell zeigt besonders anschaulich den Bau und die Ausmaße der Vakuole. Die Löcher in der Zellwand sind Verbindungsstellen des Zellplasmas benachbarter Zellen, die Plasmodesmen.

Nucleus mit Chromatingerüst
Mitochondrium
Zellwand
Cytoplasma
Chloroplast
Plasmodesmos
Nucleolus
Vakuole
Chloroplast in Teilung

2 Dreidimensionales Modell der Zelle

Zellschemata ● Durch den Vergleich vieler pflanzlicher Zellen stellt man fest, dass alle eine feste Zellwand, einen Zellkern und auch eine Vakuole haben. Die meisten pflanzlichen Zellen besitzen Chloroplasten.

Um das Typische an pflanzlichen Zellen zu beschreiben, kann man von einer Wasserpestzelle ausgehen, weil sie alle genannten Bestandteile hat.

Die davon abgeleitete Schemazeichnung ist ein vereinfachtes Bild. Chloroplasten, Vakuole und Zellkern sind möglichst übersichtlich angeordnet.
Die Form der Zelle, die Anzahl der Chloroplasten und die Größe der Vakuole sind nicht originalgetreu übernommen. Mitochondrien sieht man im Lichtmikroskop nur bei stärkster Vergrößerung.

Pflanzen- und Tierzelle im Vergleich ● Auch das Bild einer typischen tierischen Zelle kann in einer Schemazeichnung dargestellt werden.
Zellen, die diesem Typus gut entsprechen, sind Mundschleimhautzellen des Menschen.

Die Schemata zeigen übersichtlich Gemeinsamkeiten und Unterschiede pflanzlicher und tierischer Zellen.
Beide haben Zellkern, Mitochondrien und Zellmembran gemeinsam. Im Unterschied zu tierischen Zellen findet man in pflanzlichen Zellen zusätzlich Chloroplasten und eine Vakuole.

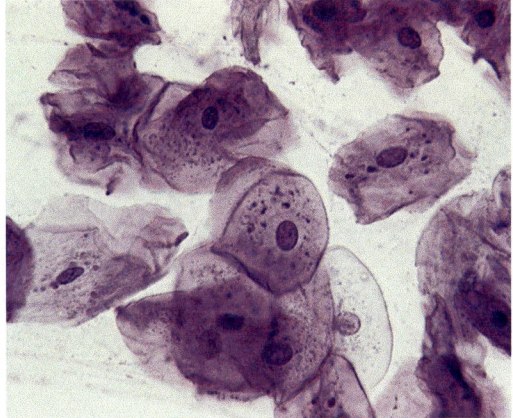

3 Zellen der menschlichen Mundschleimhaut, gefärbt

1 Nennen Sie die Zwecke, die ein dreidimensionales Modell einer Zelle und die Schemazeichnungen einer Tier- und einer Pflanzenzelle erfüllen sollen.

2 Vergleichen Sie die Schemata der verschiedenen Zelltypen aus den Abbildungen 3 auf Seite 19 und 1C auf Seite 20 mit den beiden Schemata von dieser Seite. Erklären Sie, welche Zelleigenschaften bei der Verallgemeinerung zum Schema einer Pflanzen- oder Tierzelle nicht berücksichtigt wurden.

3 Beschreiben Sie den Erkenntnisweg von der lichtmikroskopischen Untersuchung von Zellen bis zu einer Schemazeichnung.

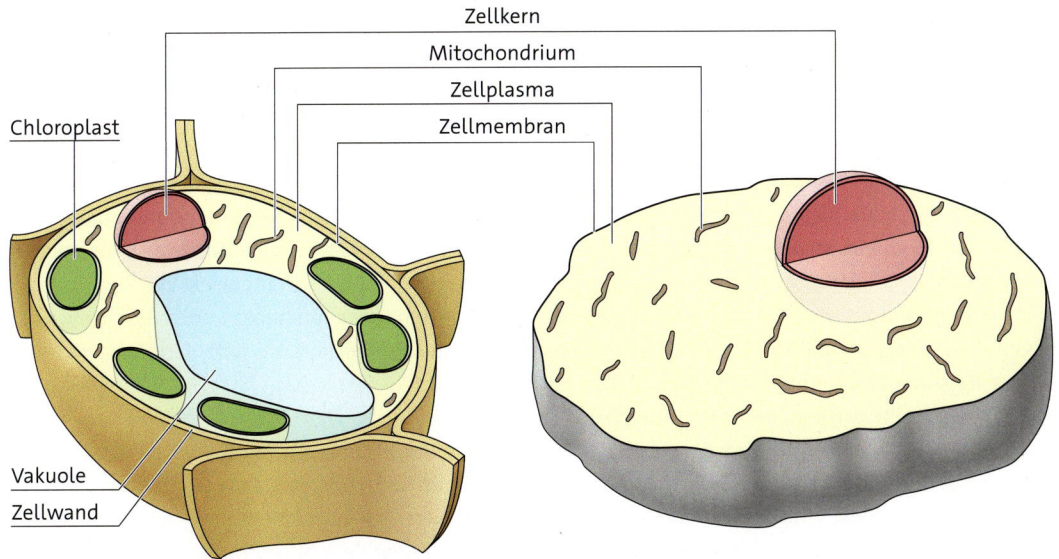

4 Schemazeichnungen zum lichtmikroskopischen Bild einer Pflanzenzelle und einer Tierzelle

1.4 Moderne mikroskopische Verfahren

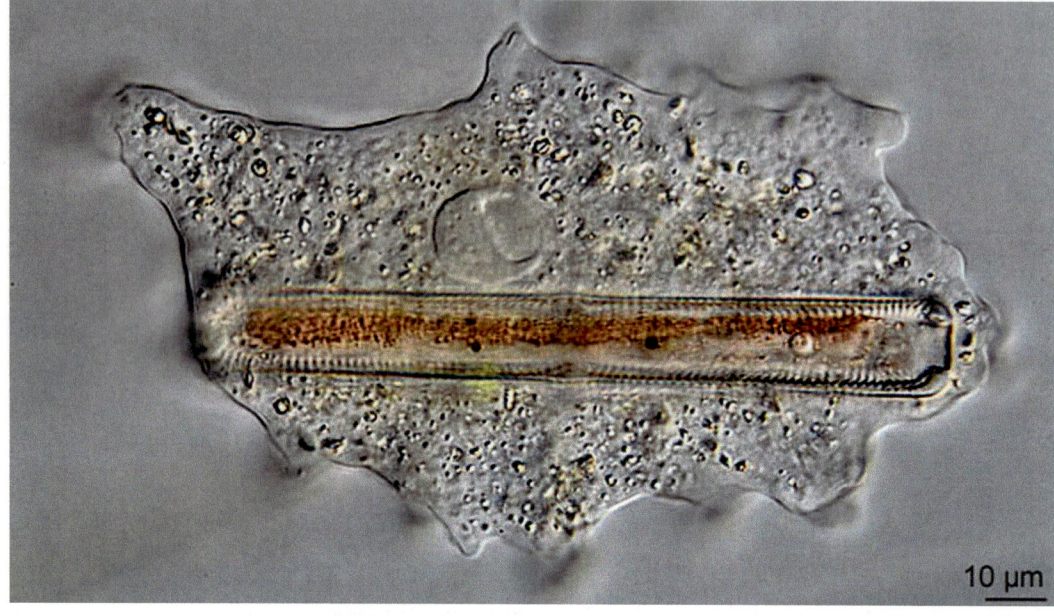

10 µm

Mit einem modernen Lichtmikroskop erhält man ein detailreiches Bild einer Amöbe. Man erkennt deutlich die Kieselalgenzelle, die der Einzeller gefressen hat, sowie den Zellkern, umgeben von Zellplasma. Was aber sind die vielen kleinen Einschlüsse im Zellplasma und wie kann man ihren Bau und ihre Funktion erforschen?

Zellbestandteile erkennen ● Zellbestandteile sind so klein, dass man sie mit dem bloßen Auge nicht sehen kann. Die Erforschung ihres Baues erfordert daher Verfahren zur Vergrößerung. Ein **Lichtmikroskop** ermöglicht die Untersuchung lebender Objekte und liefert farbige Bilder. Es kann jedoch nur solche Strukturen scharf darstellen, die mindestens 0,2 µm auseinanderliegen. Feinere Strukturen lassen sich mithilfe von **Elektronenmikroskopen,** kurz **EM,** erkennen. Anstelle einer Lichtquelle benutzt man eine Elektronenquelle. Mit hoher elektrischer Spannung bringt man Elektronen dazu, aus einer negativen Elektrode, einer Kathode, auszutreten und zur Anode zu fliegen. Da diese ein Loch hat, fliegen sie hindurch. Sie werden bei einem **Transmissionselektronenmikroskop,** kurz **TEM,** durch das Objekt geleitet. Auf dem Bildschirm entstehen je nach Durchlässigkeit unterschiedlich starke Schattierungen. Bei einem **Rasterelektronenmikroskop,** kurz **REM,** wird ein Strahl aus Elektronen, der Primärelektronenstrahl, gemäß einem bestimmten Raster meist zeilenweise über die Oberfläche des Präparats geführt. Aus einer dünnen Goldschicht, die man bei der Präparation auf das Objekt aufgedampft hatte, werden Sekundärelektronen freigesetzt. Er erzeugt daraus

Daten, die im Computer zu einem Bild zusammengesetzt werden.

Herstellen von elektronenmikroskopischen Präparaten ● Damit Elektronen fliegen können, herrscht im Elektronenmikroskop ein Vakuum. Die Elektronen durchdringen nur sehr dünne Schichten. Daher muss man so dünne Präparate herstellen, dass diese überall fast gleich gut von Elektronenstrahlen durchdrungen werden können.

Da im Vakuum das Wasser aus lebenden Zellen sofort verdampfen würde, werden die Zellen abgetötet und mit Stoffen behandelt, die ihren Zustand im Moment des Abtötens erhalten, sie also fixieren. Als Fixiermittel eignen sich Aldehyde, die Proteinmoleküle miteinander verknüpfen und festhalten. Auch schnelles Tiefgefrieren erhält den Zustand eines Präparats.

Dem fixierten Präparat wird Wasser entzogen. Es wird mit Kunstharz getränkt und durch Erhärten stabilisiert. Danach kann man es mit dem Ultramikrotom schneiden. Abgeschnittene Präparate werden von einer kleinen Wasserfläche aufgefangen

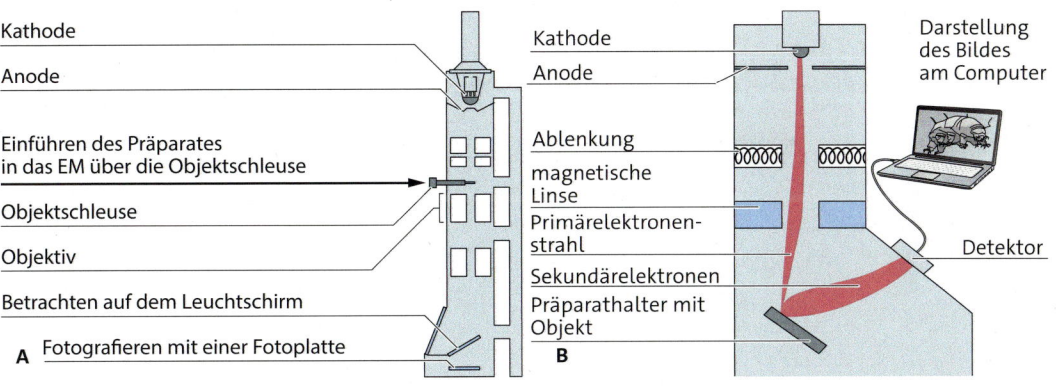

2 Elektronen-
mikroskope:
A Transmissions-
elektronenmikros-
kop (TEM),
B Rasterelektronen-
mikroskop (REM)

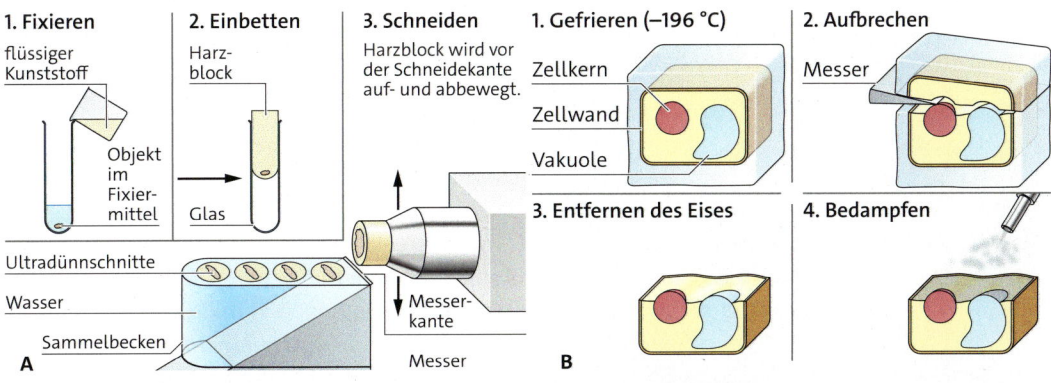

3 Elektronenmikro-
skopische Präparati-
onsmethoden:
A Ultradünnschnitt
(Transmissionselek-
tronenmikroskopie,
TEM), B Gefrier-
bruchtechnik
(Rasterelektronen-
mikroskopie, REM)

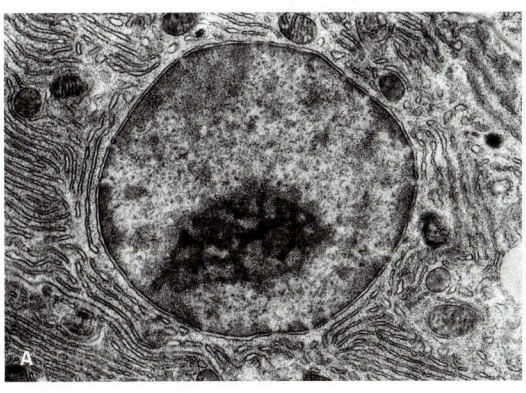

4 Elektronen-
mikroskopische
Bilder eines
Zellkerns:
A TEM-Bild,
B REM-Bild

und danach in das Mikroskop eingeschleust. Einen besseren Kontrast erhält man mit Stoffen, die Schwermetallatome enthalten. Diese sind für Elektronenstrahlen schlecht zu durchdringen. Einige dieser Kontrastmittel reagieren bevorzugt mit bestimmten Zellinhaltsstoffen und zeigen damit deren Vorhandensein und ihre Lage an.

Im REM erhält man Bilder von dreidimensionalen Objekten, indem man die Oberflächen der Objekte mit Metallatomen bedampft, die Sekundärelektronen freisetzen.

Tiefgefrorene Präparate brechen beim Schneiden. Es entstehen gewölbte Flächen, die mit dem REM betrachtet werden können. Diese Präparationsmethode heißt **Gefrierbruchtechnik**.

Bei jeder Präparation kann sich das Präparat ungewollt verändern, sodass Artefakte entstehen. Nur durch sorgfältigen Vergleich von Bildern, die mit verschiedenen Verfahren erhalten wurden, kann man Artefaktbildung erkennen.

1 Erläutern Sie für die verschiedenen Mikroskopieverfahren die Notwendigkeit der jeweiligen Präparationsmethoden.

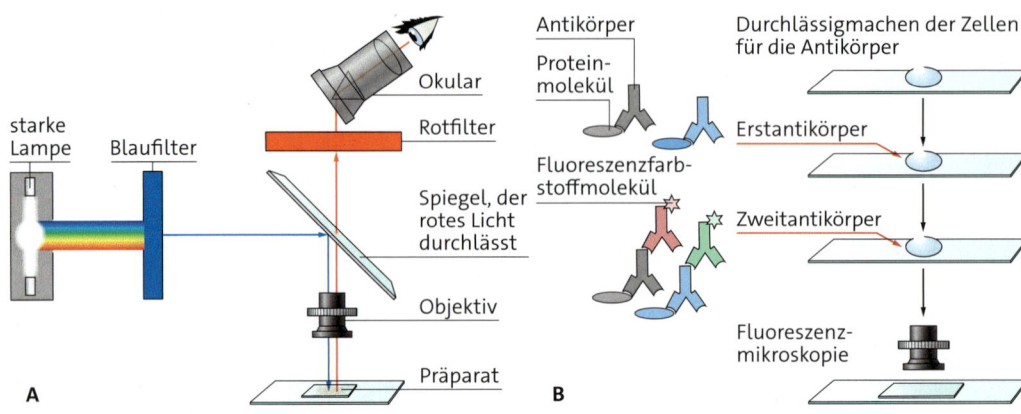

1 Fluoreszenzmikroskopie:
A Strahlengang im Auflichtfluoreszenzmikroskop,
B Markierung von Zellinhaltsstoffen mit zwei verschiedenen Fluoreszenzfarbstoffen

A: starke Lampe, Blaufilter, Okular, Rotfilter, Spiegel, der rotes Licht durchlässt, Objektiv, Präparat

B: Antikörper, Proteinmolekül, Fluoreszenzfarbstoffmolekül, Durchlässigmachen der Zellen für die Antikörper, Erstantikörper, Zweitantikörper, Fluoreszenzmikroskopie

2 Menschliche Zelle, mit drei Fluoreszenzfarbstoffen gefärbt

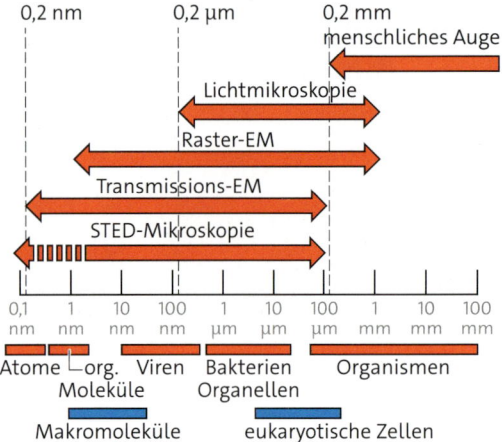

3 Anwendungsbereiche verschiedener mikroskopischer Verfahren im Vergleich zur Leistung des menschlichen Auges

0,2 nm 0,2 µm 0,2 mm

menschliches Auge
Lichtmikroskopie
Raster-EM
Transmissions-EM
STED-Mikroskopie

0,1 nm, 1 nm, 10 nm, 100 nm, 1 µm, 10 µm, 100 µm, 1 mm, 10 mm, 100 mm

Atome, org. Moleküle, Viren, Bakterien Organellen, Organismen
Makromoleküle, eukaryotische Zellen

STED-Mikroskop siehe Seite 31.

Fluoreszenzmikroskopie • Es gibt verschiedene Stoffe, die Licht einer bestimmten Farbe aussenden, wenn sie mit einer anderen Lichtfarbe beleuchtet werden. Dieses Aufleuchten heißt Fluoreszenz.

Mithilfe eines **Fluoreszenzmikroskops** kann man in einer Zelle zum Beispiel Stoffe lokalisieren, die rot fluoreszieren, wenn man sie mit blauem Licht beleuchtet. Ein Rotfilter stellt sicher, dass nur das rote

Fluoreszenzlicht durchgelassen wird. So gelingt es auch im Lichtmikroskop, feinere Zellbestandteile sichtbar zu machen. Während in Elektronenmikroskopen nur tote Zellen betrachtet werden können, lassen sich im Fluoreszenzmikroskop lebende Zellen untersuchen.

Nicht alle Stoffe fluoreszieren. Man kann aber die Moleküle vieler Stoffe mit fluoreszierenden Molekülen verbinden. Dazu benutzt man zum Beispiel Moleküle, die sich spezifisch fest an andere Moleküle binden, die Antikörper, so wie man sie aus dem Immunsystem kennt. Für das Mikroskopieren werden zum Beispiel Antikörper gegen ein bestimmtes Protein in eine Zelle eingeschleust. Diese binden an die Proteinmoleküle. An diese Erstantikörper binden weitere Antikörper, die Zweitantikörper, die mit einem Fluoreszenzfarbstoffmolekül verknüpft sind. So fluoresziert das Protein indirekt.

In einer mit Fluoreszenzfarbstoffen gefärbten Zelle sieht man einen Zellkern, in dem Stoffe blau fluoreszieren, sodass er sich deutlich von Fäden im Zellplasma abhebt, die grün, und von Mitochondrien, die rot fluoreszieren.

In einem gewöhnlichen Fluoreszenzmikroskop sieht man zwar, wo in einer lebenden Zelle bestimmte Stoffe sind, aber das Bild kann nicht beliebig genau sein. Erst mit moderneren Techniken ist es gelungen, einzelne Moleküle in der Zelle im Lichtmikroskop zu verfolgen. Eines dieser Verfahren ist die **STED-Mikroskopie**.

1 Erläutern Sie die Vorteile der Fluoreszenzmikroskopie.

Material A Mitochondrien bei verschiedenen mikroskopischen Verfahren

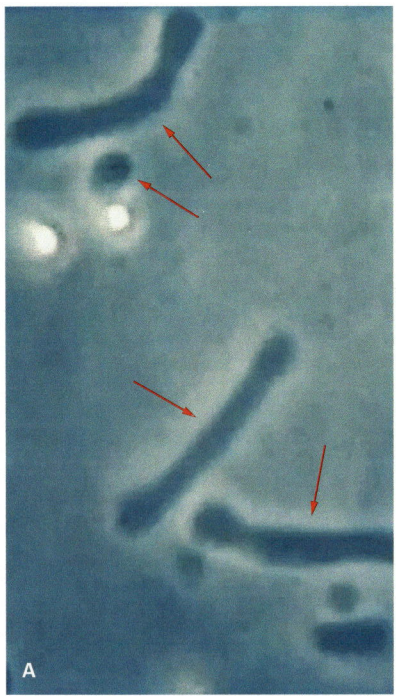

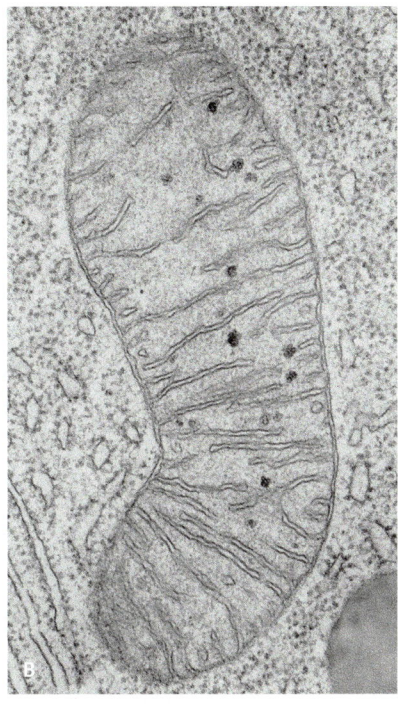

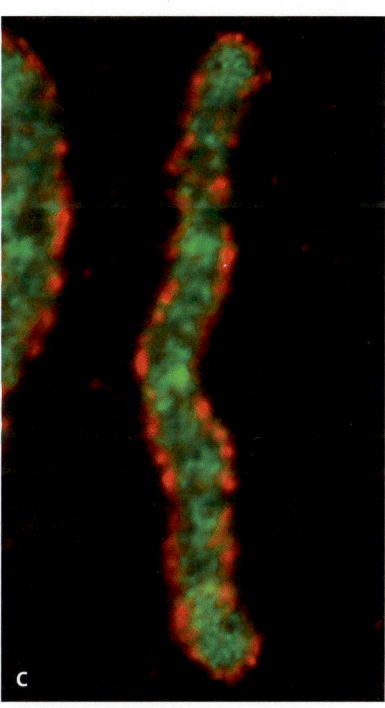

A1 Lichtmikroskopische Aufnahme von Mitochondrien

A2 TEM Aufnahme eines Mitochondriums

A3 Fluoreszenzmikroskopische Aufnahme eines Mitochondriums

Mitochondrien kommen in großer Anzahl in der Zelle vor. Sie sind unterschiedlich breit und lang und ändern ihre Form zwischen länglich und körnchenförmig. Mitochondrien können sich teilen und auch fusionieren. Mithilfe verschiedener mikroskopischer Verfahren lassen sich unterschiedliche Bilder der Mitochondrien erzeugen.

Abbildung A zeigt eine lichtmikroskopische Aufnahme von Mitochondrien bei stärkster Vergrößerung.

In Abbildung B ist eine Aufnahme mit einem Transmissionselektronenmikroskop dargestellt. Das Mitochondrium ist pantoffelförmig und von weiteren feinen Strukturen des Zellplasmas umgeben. Das Präparat wurde kontrastiert.

Abbildung C zeigt eine Aufnahme mit einem besonderen Fluoreszenzmikroskop. Ein Protein in der äußeren Hülle

des Mitochondriums wurde mit einem roten Fluoreszenzfarbstoff markiert, ein anderes Protein innerhalb des Mitochondriums wurde grün fluoreszierend markiert. Das mikroskopische Bild zeigt ausschließlich das Licht der fluoreszierenden Moleküle. Der Rest der Zelle erscheint schwarz.

Bei diesem Fluoreszenzmikroskop benutzt man für jeden Fluoreszenzfarbstoff zwei Laser mit unterschiedlicher Farbe. Der erste regt die Moleküle an, der zweite, ringförmige Laserstrahl zwingt die angeregten Moleküle, ihre Energie anders abzugeben als durch die Fluoreszstrahlung. Man spricht von stimulierter Emission. Nur die Moleküle im Zentrum des Ringes fluoreszieren. Die Technik erlaubt es, den Ring so eng zu ziehen, dass einzelne Moleküle getrennt abgebildet werden. Dadurch wird ein hochaufgelöstes lichtmikroskopisches Bild erzeugt. Dieses Mikroskop bezeichnet man

daher als **STED-Mikroskop,** abgeleitet aus dem Englischen für Stimulated Emission Depletion.

Der Erfinder des STED-Mikroskops, der deutsch-rumänische Physiker Stefan Hell, erhielt im Jahr 2014 den Nobelpreis für Chemie.

1 Beschreiben Sie den in den Abbildungen A bis C sichtbaren Bau der Mitochondrien.

2 Erläutern Sie die besonderen Beiträge der jeweils eingesetzten mikroskopischen Verfahren zur Kenntnis über den Bau der Mitochondrien.

3 Nennen Sie die wesentlichen Neuerungen, die das STED-Mikroskop auszeichnen.

4 Vergleichen Sie am Beispiel der Mitochondrien die Erkenntnismöglichkeiten der beschriebenen Mikroskopietechniken.

1.5 Feinbau der Zelle

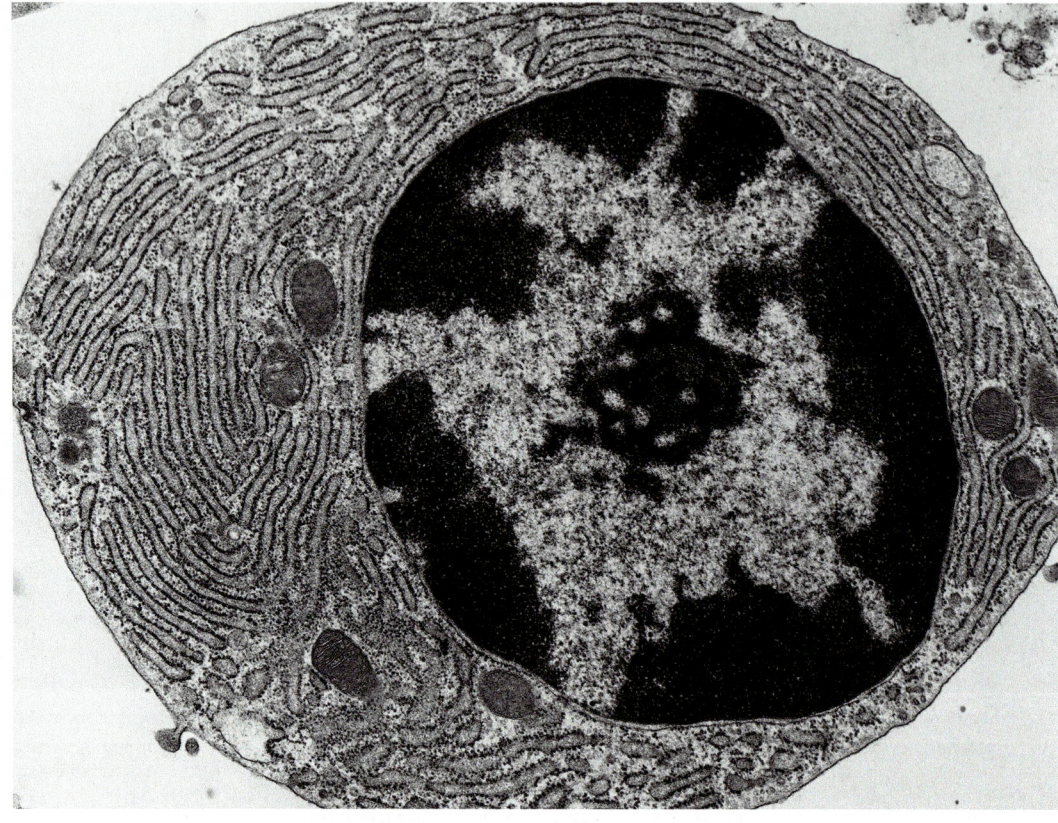

1 Plasmazelle aus dem Knochenmark eines Meerschweinchens (elektronenmikroskopische Aufnahme, bei 18 000-facher Vergrößerung)

Plasmazellen produzieren Antikörper gegen Krankheitserreger. Vergleicht man ein elektronenmikroskopisches mit einem lichtmikroskopischen Bild, kann man vermuten, dass der große Bereich im Inneren der Zellkern ist. Was aber sind die anderen Strukturen?

Orientierung im Bild ● In einem Frischpräparat von Plasmazellen sind die Zellbestandteile im Lichtmikroskop schwer zu erkennen. Mit geeigneten Färbemitteln lässt sich das Cytoplasma blau einfärben. Einige helle Punkte werden darin sichtbar.

Auch im gleichzeitig deutlich violett erscheinenden **Zellkern** ist die Farbe nicht gleichmäßig verteilt. Untersuchungen an unterschiedlich aktiven Zellen haben ergeben, dass schwächer gefärbte Bereiche zum Chromosomenmaterial gehören, das locker angeordnet ist und dessen Erbinformation gerade verwendet wird, dem Euchromatin. Die stärker gefärbten Bereiche entsprechen verdichtetem Chromosomenmaterial, das gerade nicht verwendet wird, dem Heterochromatin. Mit diesem Vorwissen kann man das elektronenmikroskopische Bild deuten: Der Zellkern enthält in der Mitte und am Rand Heterochromatin, dazwischen Euchromatin. Das elektronenmikroskopische Bild wird nur dann deutlich, wenn geeignete Kontrastierungsmittel das Chromatin sichtbar machen, zum Beispiel Uranylacetat, das Uranatome enthält.

Die vielen parallelen Linien außerhalb des Zellkerns, die größtenteils mit kleinen schwarzen Punkten besetzt sind, gehören zu einem Zellbestandteil, der erst im Elektronenmikroskop und mit besonderen Methoden auch im Lichtmikroskop identifiziert wur-

2 Plasmazelle (lichtmikroskopische Aufnahme, gefärbt, bei 600-facher Vergrößerung)

de. In diesem zeigt er sich netzförmig und durchzieht große Teile des Zellplasmas. Man nennt ihn daher **Endoplasmatisches Reticulum,** kurz **ER.** Die schwarzen Körnchen sind **Ribosomen.** Schneidet man aus einer einzigen Zelle eine Serie von etwa 50 Präparaten und fotografiert sie unter dem Elektronenmikroskop, kann man aus der entstehenden Bilderserie ein dreidimensionales Modell rekonstruieren. Dieses zeigt, dass das ER aus taschenförmigen Kammern besteht, deren äußere Begrenzung eine dünne Haut, eine Membran, ist. Nahe dem Zellkern ist sie häufig mit Ribosomen besetzt, man spricht vom rauen ER. Bereiche ohne Ribosomen nennt man glattes ER.

Weitere Zellbestandteile • Im elektronenmikroskopischen Bild der Plasmazelle liegen zwischen dem Endoplasmatischen Reticulum acht eiförmige Gebilde, die mit einer Breite von 0,6 µm zu den großen Zellbestandteilen gehören. Das benachbarte ER ist 0,06 µm breit.

Unter dem Lichtmikroskop kann man beobachten, dass diese Zellbestandteile ständig ihre Gestalt ändern. Sie können sich teilen und miteinander fusionieren. Ihre Form wandelt sich von fädig zu körnig und umgekehrt. Diesen Zellbestandteil nennt man daher **Mitochondrium,** abgeleitet von den altgriechischen Wörtern *mitos* für Faden und *chondrion* für Körnchen.

Im elektronenmikroskopischen Bild fällt auf, dass das Mitochondrium eine doppelte Membran hat. Die innere Membran ist an vielen Stellen in den Innenbereich des Mitochondriums eingebuchtet. Die Mitochondrien sind also stark untergliedert.

In der Zelle gibt es Stapel paralleler Membranen, die **Dictyosomen.** Die Gesamtheit aller Dictyosomen einer Zelle nennt man **Golgi-Apparat,** abgeleitet aus dem Namen seines Entdeckers Camillo Golgi. Im oberen Teil der abgebildeten Dictyosomen ist der Zwischenraum der Membranen mit einer körnigen Struktur ausgefüllt, die auch in den Sekretbläschen zu finden ist. Daher hat der Golgi-Apparat wahrscheinlich etwas mit der Sekretbildung zu tun.

1 Erläutern Sie, wie verschiedene Vorgehensweisen und Techniken dazu beitragen, den Feinbau der Zelle zu erkennen.

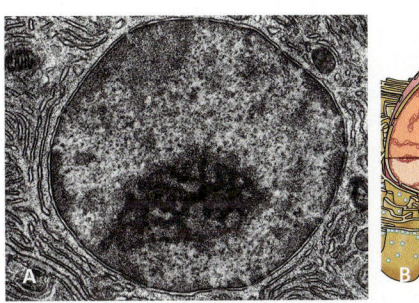
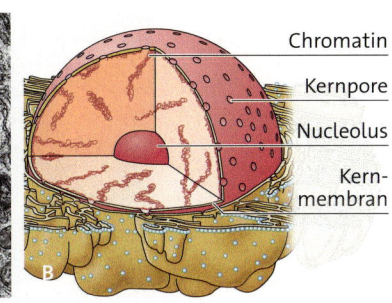

3 Zellkern: **A** elektronenmikroskopisches Bild, **B** dreidimensionales Schema

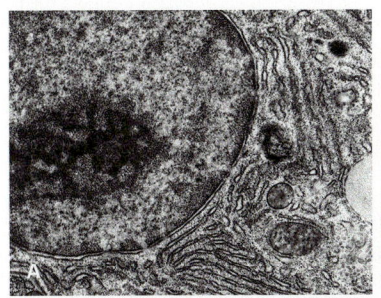
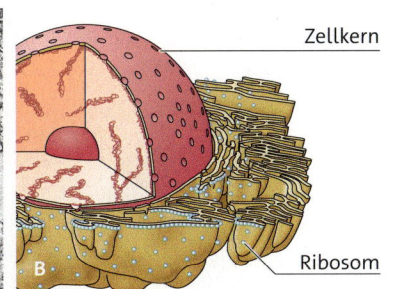

4 Endoplasmatisches Reticulum: **A** elektronenmikroskopisches Bild, **B** dreidimensionales Schema

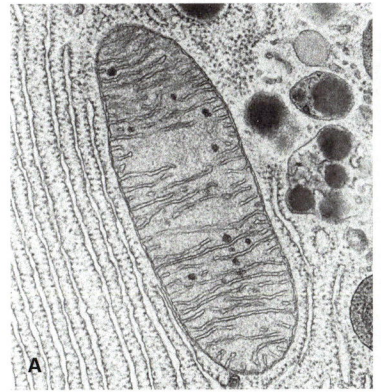
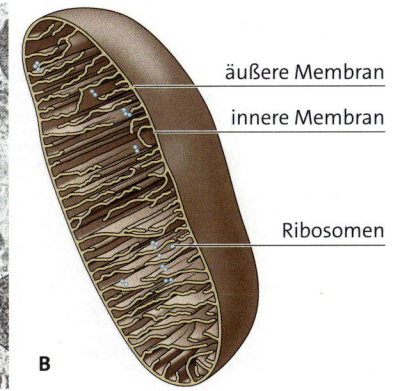

5 Mitochondrium: **A** elektronenmikroskopisches Bild, neben Endoplasmatischem Reticulum, **B** dreidimensionales Schema

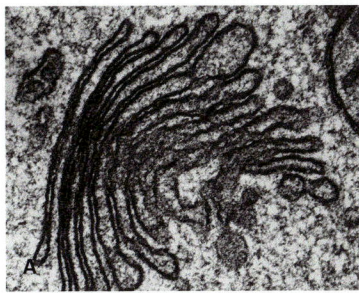
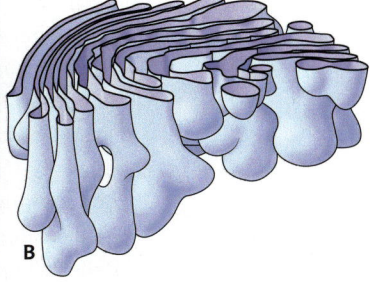

6 Dictyosom mit Vesikeln und Sekretbläschen: **A** elektronenmikroskopisches Bild bei 54 000-facher Vergrößerung, **B** dreidimensionales Schema

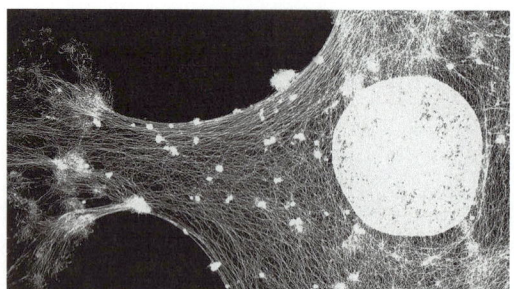

1 Proteinfilamente des Cytoskeletts im hochauflösenden Elektronenmikroskop

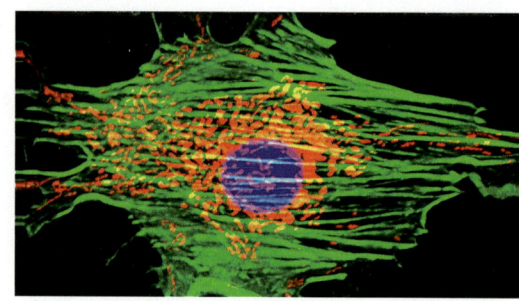

2 Aktinfilamente in Grün im Fluoreszenzmikroskop, Gesamtansicht einer Tierzelle

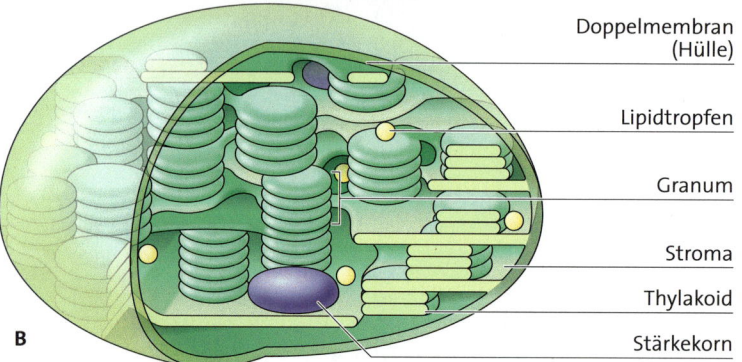

3 Chloroplast: A TEM-Bild einer Pflanzenzelle mit vier Chloroplasten,
B dreidimensionales Schema

Zellplasma • Alle Zellbestandteile sind in eine Grundsubstanz eingebettet, das **Zellplasma** oder Cytoplasma. Es besteht zu etwa 10 bis 30 % aus Protein. Mit besonderen Präparationsmethoden ist es gelungen, vier Varianten von fädigen Proteinmolekülen zu entdecken, die das Zellplasma durchziehen. Weil diese Proteinfilamente eine stützende Funktion für die Zelle haben, heißen sie in ihrer Gesamtheit **Cytoskelett.** Man unterscheidet fadenförmige Aktinfilamente und röhrenförmige Mikrotubuli. Sie die-

nen zum Beispiel der Bewegung des Zellplasmas, die im Lichtmikroskop als Plasmaströmung zu sehen ist. Alle Filamente verändern sich ständig, das Cytoskelett ist also nicht starr. Die Mikrotubuli durchziehen das Zellplasma und können so in der gesamten Zelle zur Plasmaströmung beitragen.

Pflanzenzellen • Im elektronenmikroskopischen Bild von Pflanzenzellen erkennt man linsenförmige **Chloroplasten.** Sie sind von einer Doppelmembran umgeben. Die innere Membran ist vielfach eingestülpt und bildet enge Hohlräume, die Thylakoide. Im Querschnitt durch den Chloroplasten erkennt man verdichtete Membranstapel, die Granathylakoide, und Thylakoide zwischen den Stapeln, die Stromathylakoide. Die Chloroplasten sind der Ort der Fotosynthese. Ein Produkt der Fotosynthese ist Stärke, die in vielen Chloroplasten gespeichert wird.

Den größten Raum in der Pflanzenzelle nehmen meistens die **Vakuolen** ein. Sie sind von einer Membran umgeben, dem Tonoplasten, und enthalten häufig eine wässrige Lösung. Von außen ist die Pflanzenzelle von einer **Zellwand** umgeben.

Kompartimentierung • Zellbestandteile mit einer bestimmten Funktion heißen **Zellorganellen.** Es gibt Organellen ohne Membranen, wie Ribosomen, und Organellen mit Membranen, wie Zellkern, ER, Dictyosomen, Vesikel, Mitochondrien, Chloroplasten und Vakuolen. Sie bilden unterschiedlich abgegrenzte Räume, die bestimmte Funktionen erfüllen, die **Kompartimente.**

1 Beschreiben Sie den Feinbau von Zellen. Gehen Sie dabei von Abb. 1 Seite 32 aus.

Material A Zellkernhülle und Endoplasmatisches Reticulum

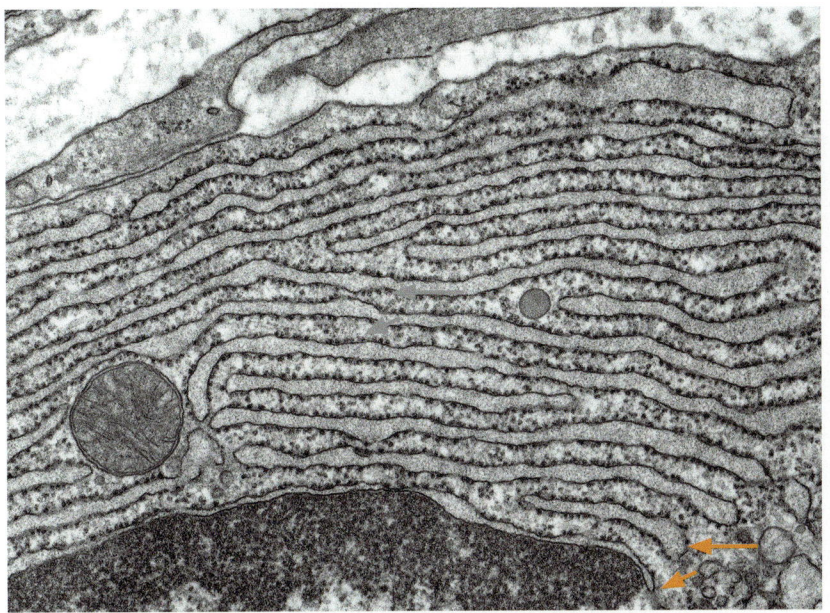

Membran des Endoplasmatischen Reticulums sichtbaren schwarzen Punkte sind Ribosomen, Zellbestandteile, die aus Aminosäuremolekülen Proteinmoleküle herstellen. Sie liegen auch frei im Zellplasma sowie an einem Teil der Hülle des Zellkerns.

1 Beschreiben Sie den Bau der Hülle um den Zellkern.

2 Beschreiben Sie den Bau des Endoplasmatischen Reticulums. Nehmen Sie die Abbildung 4 auf Seite 33 zu Hilfe.

3 Beschreiben Sie, wie die Hülle um den Zellkern und das Endoplasmatische Reticulum zusammenhängen.

4 Stellen Sie eine Hypothese darüber auf, inwieweit der Inhalt des Zellkerns an der Bildung von Protein in der Zelle beteiligt ist.

Das EM-Bild zeigt einen stark vergrößerten Ausschnitt aus einer Zelle. Im unteren Teil des Bildes verläuft die Grenze zwischen dem Zellkern und dem Zellplasma. Während das Zellplasma von vielen Membranen des Endoplasmatischen Reticulums durchzogen ist, erscheint der Zellkerninhalt unregelmäßig körnig. Der kleine Pfeil zeigt auf eine Lücke in der Membran des Zellkerns, der große Pfeil auf eine Membran des ER. Die an der

Material B Endoplasmatisches Reticulum, Golgi-Apparat und Vesikel

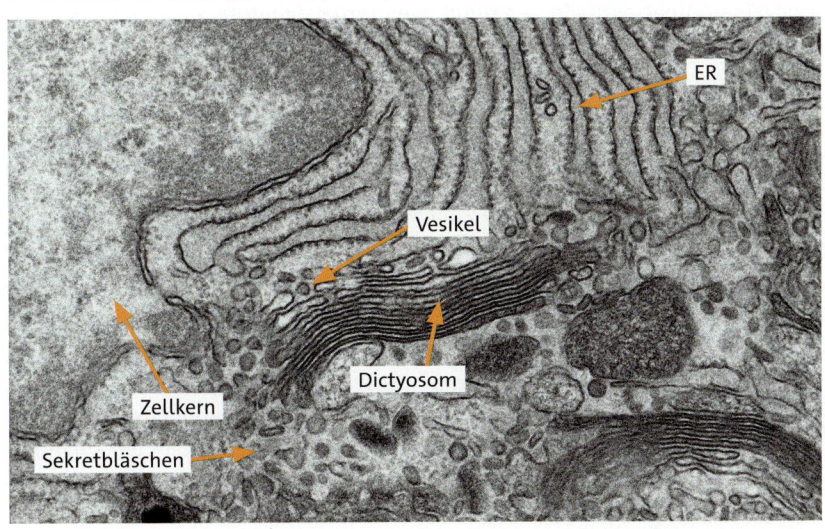

Die Abbildung zeigt eine typische Anordnung des Endoplasmatischen Reticulums, von kleinen Bläschen oder Vesikeln und dem Dictyosom in aktiven Drüsenzellen. Dictyosomen produzieren Sekretbläschen.

1 Beschreiben Sie die Lage von ER, Vesikeln und Dictyosom zueinander.

2 Begründen Sie die Hypothese, dass die Zellbestandteile in der Reihenfolge Zellkern, ER, Vesikel, Dictyosom zur Bildung von Sekretbläschen beitragen.

Zusammenwirken von Zellbestandteilen

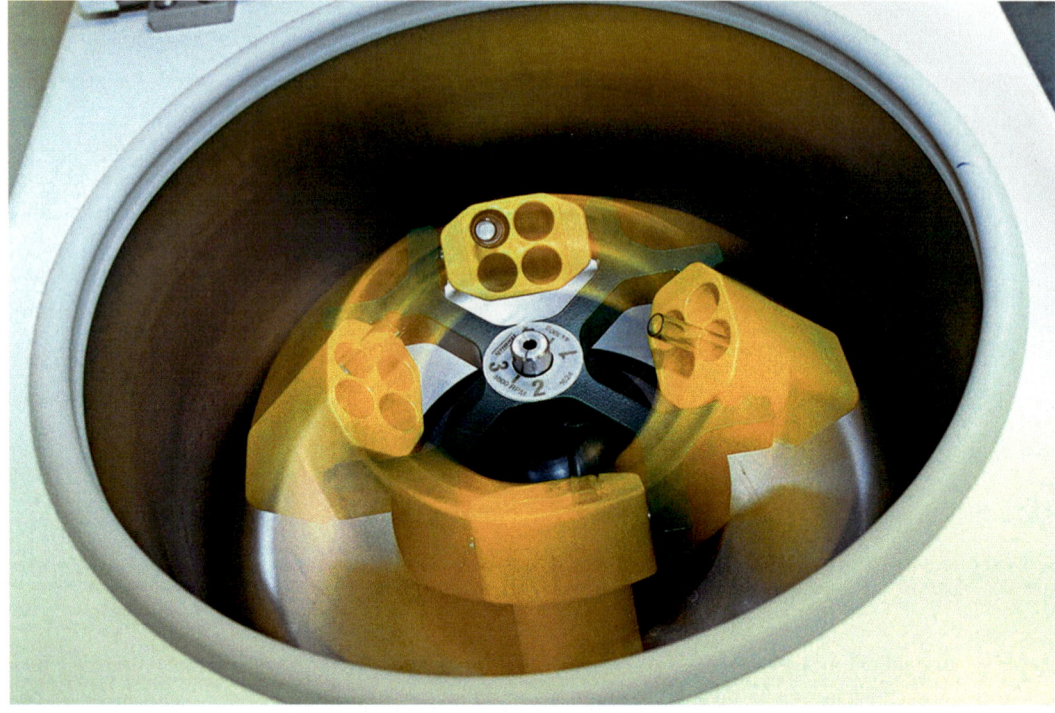

1 Laborzentrifuge

Mit einer Zentrifuge kann man ein Gemisch auftrennen. Je schneller sie dreht, desto mehr Bestandteile des Gemisches setzen sich am Boden der Zentrifugenröhrchen ab. Wie gelingt es mithilfe dieser Technik, die Funktion der Zellbestandteile zu erforschen?

Gewinnung von Zellbestandteilen • Im Elektronenmikroskop kann man einzelne Zellbestandteile gut erkennen. Da die Zellen durch die notwendige Präparation tot sind, kann man aber ihre Funktion

nicht beobachten. Eine Untersuchung der Funktion gelingt, wenn man Zellen so aufbricht, dass ihre Bestandteile unbeschadet bleiben. Um genügend Zellbestandteile zu erhalten, nimmt man mehrere Zellen eines Gewebes, weil sie den gleichen Bau und die gleiche Funktion haben.

Die Zellen werden in Zentrifugenröhrchen in eine Ultrazentrifuge gegeben. Diese übt bei etwa 1000 Umdrehungen pro Sekunde Kräfte aus, die aus einer bis zu hunderttausendfachen Erdbeschleunigung resultieren. Erst dann setzen sich die Zellbestandteile mit höchster Dichte am Boden ab. Durch eine stufenweise Erhöhung der Drehzahl trennt man die unterschiedlichen Zellbestandteile voneinander. Anschließend wird ihre Funktion in geeigneten Lösungen untersucht.

Welche Zellbestandteile jeweils vorliegen, überprüft man elektronenmikroskopisch. Auf diese Weise gelang es, viele Zellfunktionen bestimmten Zellbestandteilen zuzuordnen.

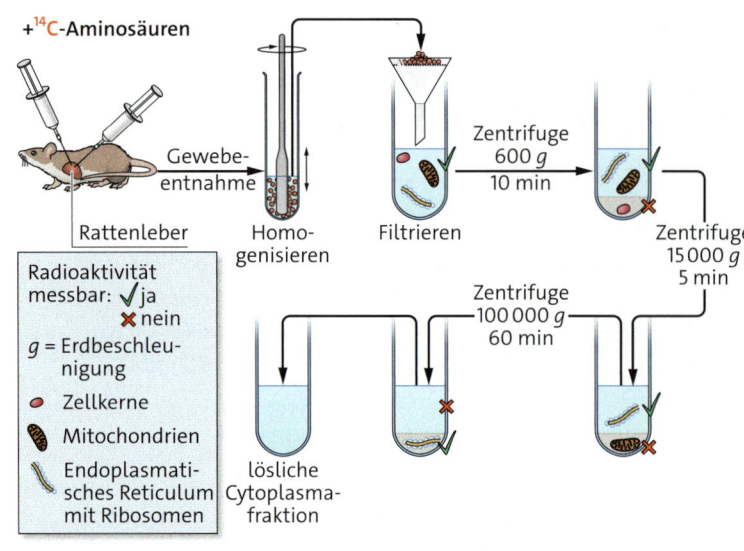

2 Gewinnung und radioaktive Markierung von Zellbestandteilen

Versuche mit Zellbestandteilen • Sämtliche Lebewesen enthalten körpereigene Proteine, Fette und Kohlenhydrate. Sie produzieren diese Stoffe in ihren Zellen. Proteine entstehen dabei aus Aminosäuren. Zellen können diese durch ihre Membran aufnehmen. Aminosäuren kann man künstlich so herstellen, dass ihre Moleküle radioaktive Kohlenstoffisotope, ^{14}C, enthalten. In Experimenten kann man Radioaktivität messen und dadurch erkennen, wo die Aminosäuren gerade sind. Weil Proteinmoleküle aus Aminosäuremolekülen gebildet werden, können die radioaktiven Aminosäuren in Proteinmolekülen verbaut werden. Dies kann man nachweisen, indem man die Radioaktivität misst.

In einem Experiment injizierte man in die Leber einer Ratte radioaktive Aminosäuren, wartete eine kurze Zeit und entnahm ein kleines Stück Lebergewebe. Dieses gab man in ein festes Glasgefäß, in dem man einen Kolben drehend auf und ab bewegte. Dadurch platzten die Zellen. Das Plasma aller Zellen vermischte sich. Grobe Bestandteile wurden abfiltriert, übrig blieb das **Homogenat**. Dieses wurde zentrifugiert. Bei geringer Drehzahl setzten sich die Zellkerne ab. Der Rest wurde mit schrittweise höherer Drehzahl weiterzentrifugiert. Dabei stellte man fest, dass Radioaktivität nur dort gemessen wurde, wo Endoplasmatisches Reticulum vorkommt. Daraus kann man schließen, dass das ER in einer lebenden Zelle wahrscheinlich Aminosäuren verarbeitet. Solch ein Experiment am lebenden Organismus bezeichnet man als **In-vivo-Experiment.**

Der Nachweis, dass hier aus Aminosäuren Proteine hergestellt werden, gelang durch ein Reagenzglasexperiment, ein **In-vitro-Experiment.** Der erste Versuchsschritt zeigt, dass auch ein Zellhomogenat Protein herstellen kann, nicht nur die lebende Zelle. Die nächsten Schritte beweisen, dass Proteine am ER, und hier speziell an den Ribosomen, gebildet werden. Vermutlich arbeitet dann die lebende Zelle genau so.

Energetische Kopplung • In Zellen wird Energie mithilfe bestimmter Stoffe transportiert, wie zum Beispiel **Adenosintriphosphat,** kurz **ATP.** Erst wenn man im In-vitro-Experiment dem Zellhomogenat ohne Mitochondrien ATP hinzugibt, werden Proteine hergestellt.

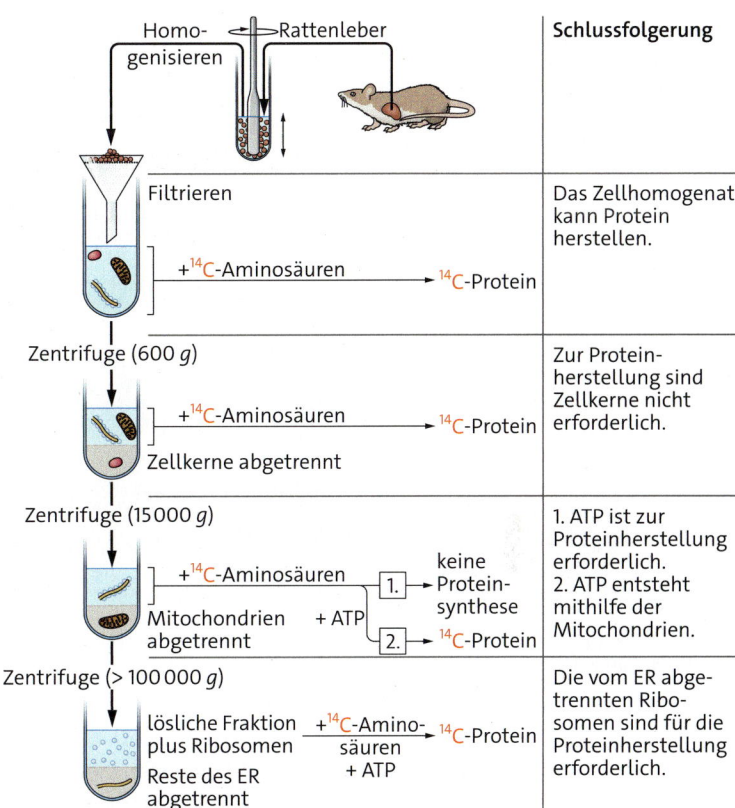

3 Experiment zum Ort der Proteinsynthese (g = Erdbeschleunigung)

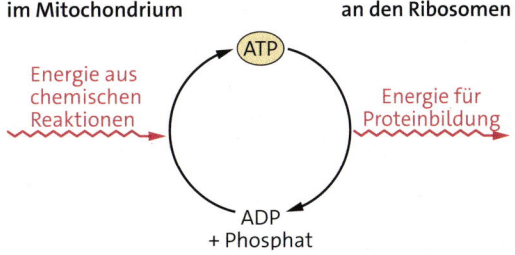

4 Energetische Kopplung mit ATP

Das ATP reagiert dabei zu **Phosphat** und **Adenosindiphosphat,** kurz **ADP,** und liefert damit die Energie für die Proteinsynthese. Phosphat und ADP gelangen in Mitochondrien und werden dort unter Nutzung der Energie aus anderen chemischen Reaktionen wieder zu ATP verbunden. Dadurch sind die chemischen Reaktionen im Mitochondrium und die chemischen Reaktionen für die Proteinbildung **energetisch gekoppelt.**

1 Erläutern Sie am Beispiel der Proteinbildung in Zellen, wie sich Erkenntnisse aus In-vivo- und In-vitro-Experiment ergänzen.

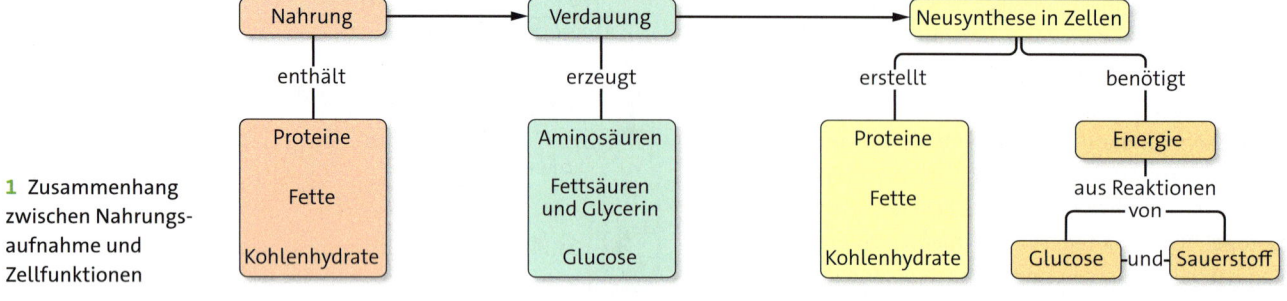

1 Zusammenhang zwischen Nahrungsaufnahme und Zellfunktionen

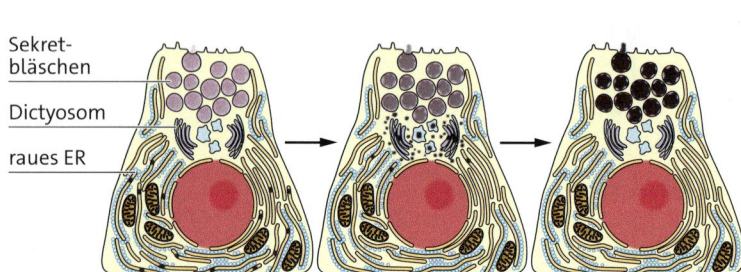

Sekret-
bläschen

Dictyosom

raues ER

2 Elektronenmikroskopische Bilder zur Insulinproduktion in einer Bauchspeicheldrüsenzelle (Schema)

griech. auto
= selbst

lat. radius
= Strahl

griech. graphein
= schreiben

Zelle als Blackbox • Solange man nicht viel über die Vorgänge in einer Zelle weiß, kann man die Zelle als Blackbox betrachten: Körperzellen nehmen Glucose und Sauerstoff sowie die Bausteine der Proteine und Fette, die Aminosäuren, Fettsäuren und Glycerin aus dem Blut auf. Sie geben Kohlenstoffdioxid und Wasser wieder ab. Daraus kann man schließen, dass sie aus den aufgenommenen Bausteinen eigene Proteine und Fette herstellen. Die Energie für diese Prozesse entstammt aus Reaktionen mit Glucose und Sauerstoff.

Auf Basis dieser Überlegungen gelang es mithilfe der Versuche zu den Leberzellen der Ratte, die Ribosomen als den Ort der Proteinsynthese und die Bedeutung des ATP als Energielieferant für diese Synthese zu ermitteln. ATP entsteht in den Mitochondrien. Weitere Zellfunktionen und ihre Zuordnung zu bestimmten Zellorganellen müssen noch erforscht werden. Aus Sicht der Forschung ist die Zelle nun keine Blackbox mehr, aber immer noch eine recht dunkle Greybox.

Zusammenarbeit von Zellbestandteilen • Mithilfe von radioaktiver Markierung konnte die Insulinbildung in Zellen der Bauchspeicheldrüse aus einer Serie von nacheinander angefertigten elektronenmikroskopischen Präparaten erschlossen werden. Insulin wird wie andere Proteine auch aus Amino-

säuren gebildet. Daher verwendete man künstlich hergestellte und radioaktiv markierte Aminosäuren. Diese hat man in die Bauchspeicheldrüse eines Meerschweinchens injiziert. Dann hat man zu verschiedenen Zeiten etwas Gewebe entnommen und elektronenmikroskopische Präparate angefertigt. Man überschichtete diese Präparate mit einer Silbersalzlösung. Die darin enthaltenen Silberionen reagieren an den Stellen des Präparats zu Silberatomen, an denen radioaktive Stoffe vorhanden sind. Nach einigen Monaten Aufbewahrungszeit im Dunkeln wurde die Silbersalzlösung wieder vom Präparat abgegossen. Die Silberatome bleiben bei diesem Vorgehen im Präparat fest gebunden, Silberionen werden weggeschwemmt. Die Silberatome sieht man im elektronenmikroskopischen Bild als deutliche schwarze Flecken.

Auf diese Weise zeigen radioaktive Stoffe mithilfe ihrer radioaktiven Strahlung selbst an, wo sie sich zum Zeitpunkt der Präparation in der Zelle befinden. Diese Markungsmethode heißt daher **Autoradiografie.** Sie lässt sich nicht nur bei elektronenmikroskopischen Präparaten anwenden.

Im elektronenmikroskopischen Bild erkennt man, dass die schwarzen Flecken zuerst am Endoplasmatischen Reticulum, dann an den Dictyosomen und schließlich in den Sekretbläschen auftreten. Daraus lässt sich schließen, dass Aminosäuren am ER verarbeitet werden und Insulin entweder dort oder in den Dictyosomen gebildet wird. Außerdem werden Stoffe als Sekrete abgegeben, die in der Zelle auf dem beschriebenen Weg transportiert und hergestellt werden.

1 Stellen Sie den Erkenntnisfortschritt zur Funktion von Zellbestandteilen mit eigenen Worten dar.

Material A Quer gestreifte Muskulatur – energetische Kopplung

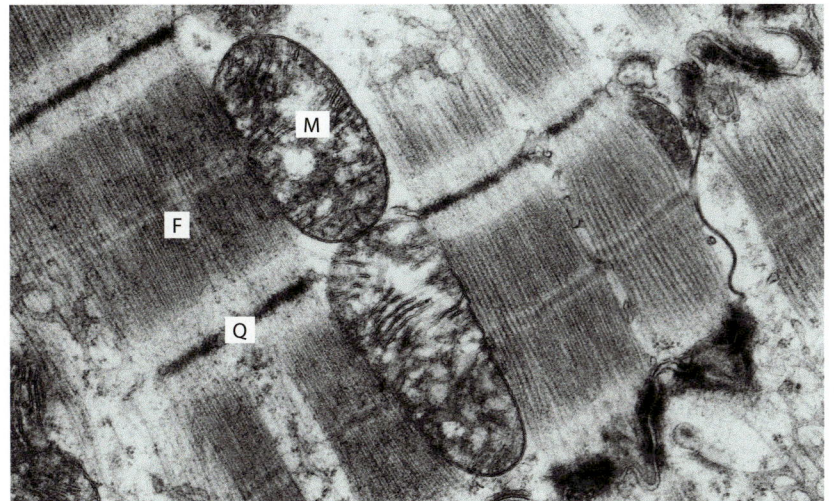

Im Elektronenmikroskop kann man die typischen Strukturen eines Skelettmuskels erkennen. Die großen, ovalen Gebilde im EM-Bild sind Mitochondrien, M. Dazwischen befindet sich Cytoplasma mit regelmäßig angeordneten Elementen des Cytoskeletts. Von einem dunklen Querstreifen, Q, zum nächsten verlaufen parallel zu den Mitochondrien Aktinfilamente, F.

Zwischen ihnen liegen weitere Eiweißfilamente mit derselben Orientierung. Mithilfe der Filamente verkürzt sich der Muskel. Sie schieben sich dabei längs aneinander vorbei. Für diesen Vorgang wird ATP benötigt.

Unterhalb der Markierung Q sieht man durchgeschnittene Anteile des Endoplasmatischen Reticulums.

1 Beschreiben Sie den auffälligen Bau der abgebildeten Muskelzellen. Gehen Sie dabei auf die Anzahl und Anordnung der verschiedenen Zellbestandteile ein.

2 Erläutern Sie mithilfe von Kenntnissen zur energetischen Kopplung das Zusammenwirken der verschiedenen Kompartimente in einer Muskelzelle.

Material B Gewinnung von Zellbestandteilen – Funktion der Chloroplasten

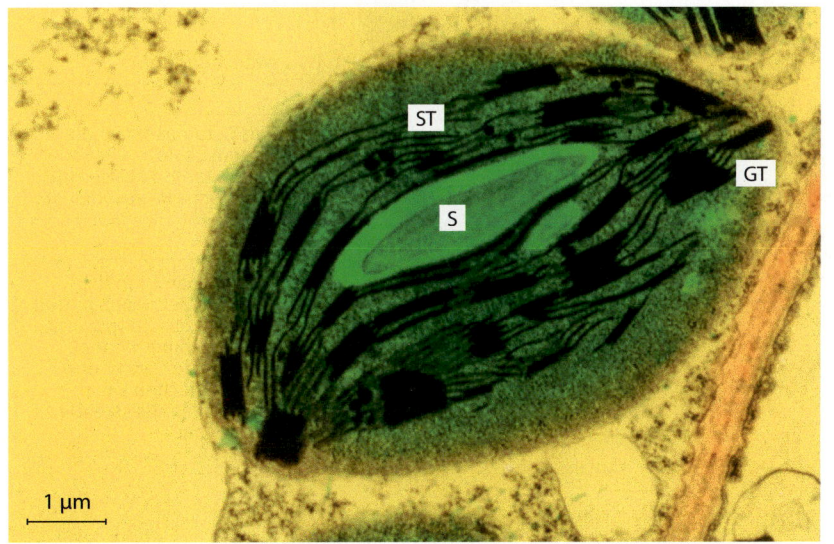

1 µm

Der im elektronenmikroskopischen Bild dargestellte Chloroplast ist von Zellplasma umgeben. Dieses wird rechts von der Zellwand begrenzt, links durch die Vakuolenmembran. In der Mitte liegt ein Stärkekorn, S. Zudem sieht man Granathylakoide, GT, und Stromathylakoide, ST. Durch Zentrifugieren lassen sich Chloroplasten von anderen Zellbestandteilen trennen. Man erhält eine Chloroplastensuspension, die man anschließend homogenisieren kann. In diesem Homogenat findet man Stücke von Thylakoiden.

1 Erläutern Sie, unterstützt durch eine Skizze, wie Sie aus Spinatblättern eine Chloroplastensuspension erhalten.

2 Planen Sie ein Experiment, in dem nachgewiesen wird, dass die Chloroplasten in der Suspension noch funktionsfähig sind.

3 Planen Sie ein In-vitro-Experiment für den Nachweis, dass die Thylakoide für die Sauerstoffbildung bei der Fotosynthese benötigt werden.

1.7 Überblick: Struktur und Funktion der Zellbestandteile

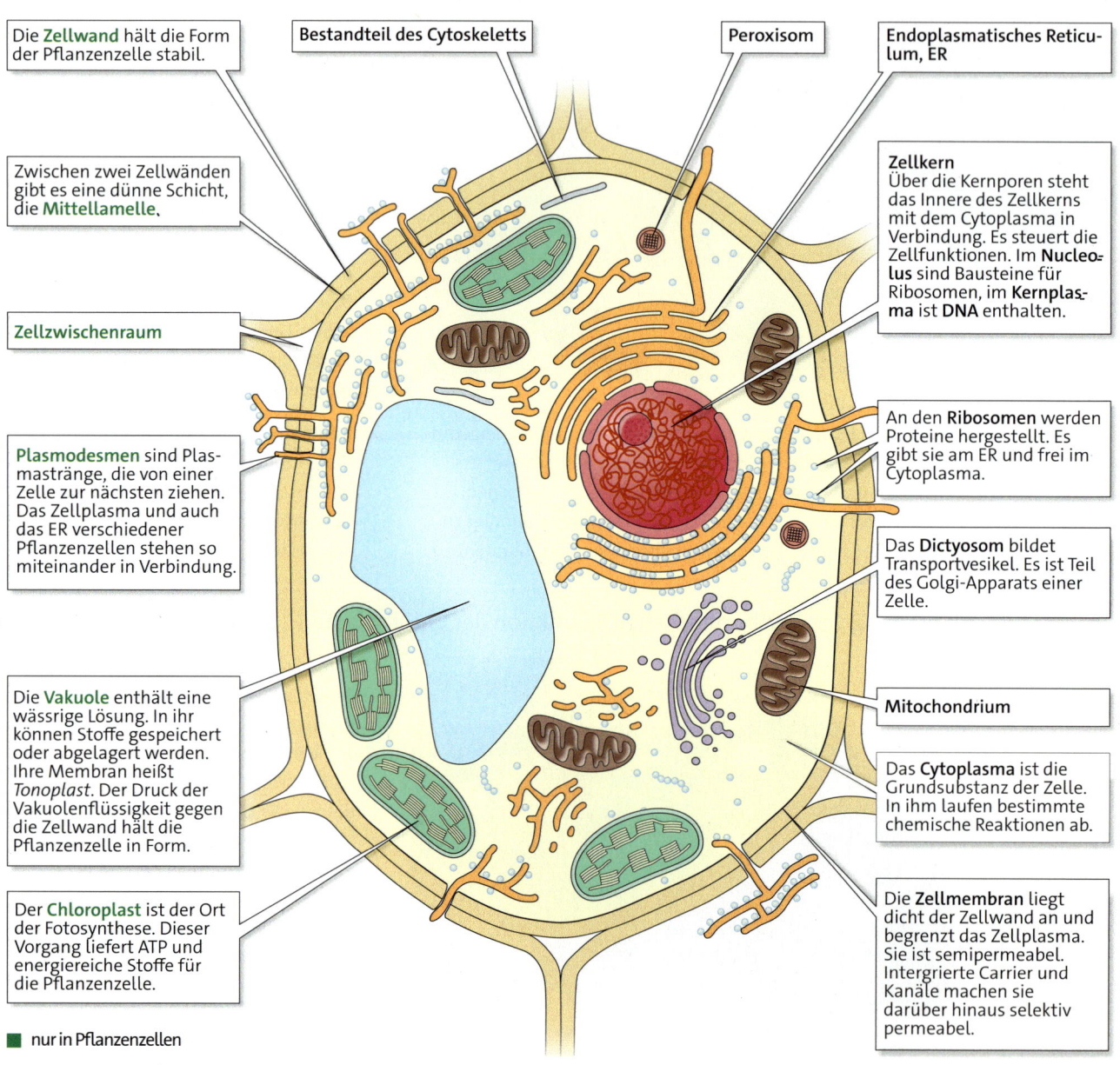

Die **Zellwand** hält die Form der Pflanzenzelle stabil.

Bestandteil des Cytoskeletts

Peroxisom

Endoplasmatisches Reticulum, ER

Zwischen zwei Zellwänden gibt es eine dünne Schicht, die **Mittellamelle**.

Zellkern
Über die Kernporen steht das Innere des Zellkerns mit dem Cytoplasma in Verbindung. Es steuert die Zellfunktionen. Im **Nucleolus** sind Bausteine für Ribosomen, im **Kernplasma** ist **DNA** enthalten.

Zellzwischenraum

Plasmodesmen sind Plasmastränge, die von einer Zelle zur nächsten ziehen. Das Zellplasma und auch das ER verschiedener Pflanzenzellen stehen so miteinander in Verbindung.

An den **Ribosomen** werden Proteine hergestellt. Es gibt sie am ER und frei im Cytoplasma.

Das **Dictyosom** bildet Transportvesikel. Es ist Teil des Golgi-Apparats einer Zelle.

Die **Vakuole** enthält eine wässrige Lösung. In ihr können Stoffe gespeichert oder abgelagert werden. Ihre Membran heißt *Tonoplast*. Der Druck der Vakuolenflüssigkeit gegen die Zellwand hält die Pflanzenzelle in Form.

Mitochondrium

Das **Cytoplasma** ist die Grundsubstanz der Zelle. In ihm laufen bestimmte chemische Reaktionen ab.

Der **Chloroplast** ist der Ort der Fotosynthese. Dieser Vorgang liefert ATP und energiereiche Stoffe für die Pflanzenzelle.

Die **Zellmembran** liegt dicht der Zellwand an und begrenzt das Zellplasma. Sie ist semipermeabel. Intergrierte Carrier und Kanäle machen sie darüber hinaus selektiv permeabel.

■ nur in Pflanzenzellen

1 Pflanzenzelle (idealisiertes Schema)

Zusammenwirken der Zellbestandteile ● Der Zellkern ist an der Steuerung vieler Abläufe beteiligt. In ihm, im Zellplasma und in weiteren Zellbestandteilen finden jeweils andere chemische Reaktionen statt. Dabei werden Stoffe entweder aufgebaut, wie an den Ribosomen, am ER und in den Chloroplasten, oder sie werden abgebaut, wie in den Mitochondrien und den Peroxisomen sowie mithilfe von Lysosomen.

Das Cytoskelett, das Endoplasmatische Reticulum, die Dictyosomen und die Vesikel sorgen für den zel-

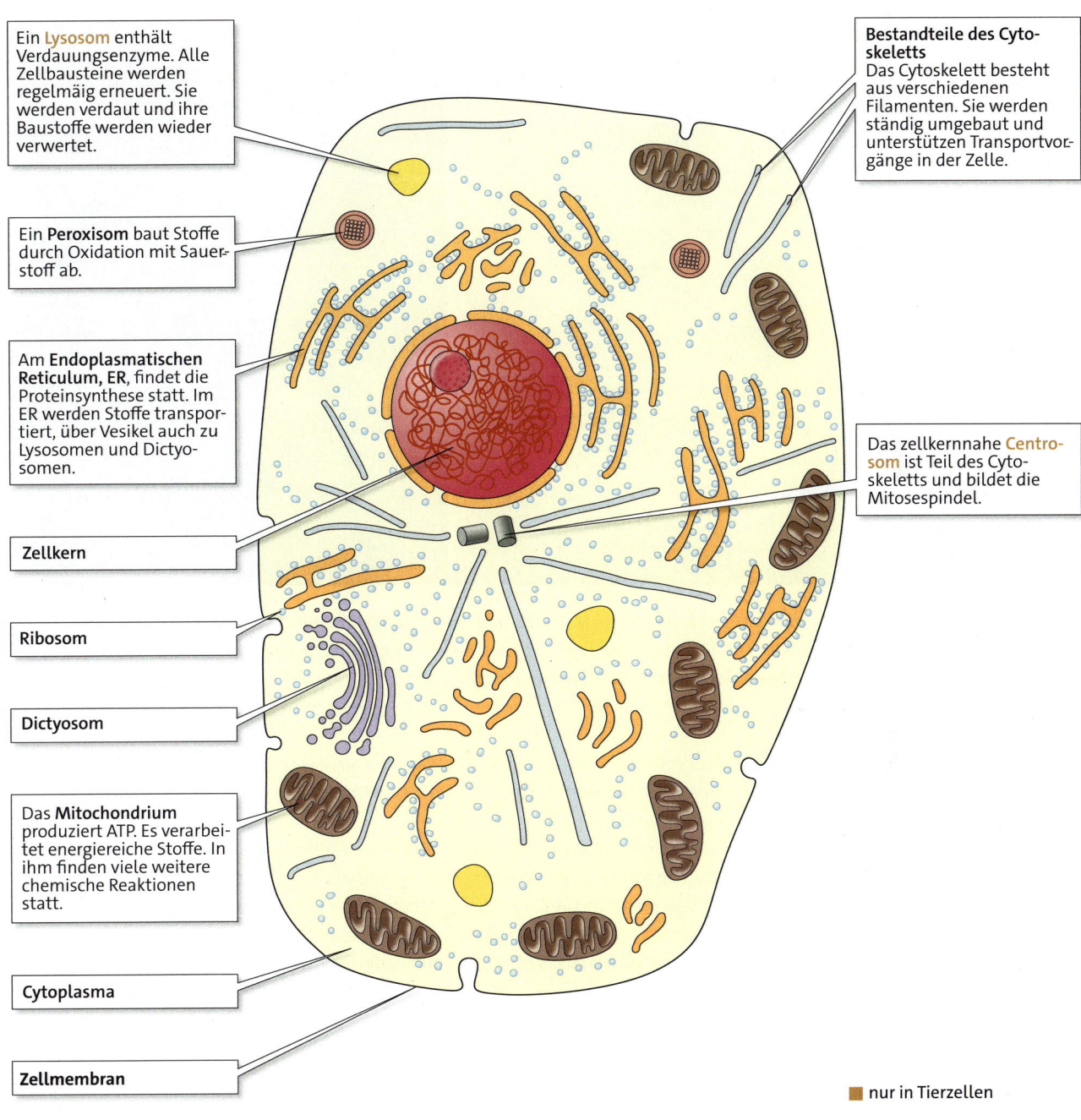

Ein **Lysosom** enthält Verdauungsenzyme. Alle Zellbausteine werden regelmäig erneuert. Sie werden verdaut und ihre Baustoffe werden wieder wieder verwertet.

Ein **Peroxisom** baut Stoffe durch Oxidation mit Sauerstoff ab.

Am **Endoplasmatischen Reticulum, ER**, findet die Proteinsynthese statt. Im ER werden Stoffe transportiert, über Vesikel auch zu Lysosomen und Dictyosomen.

Zellkern

Ribosom

Dictyosom

Das **Mitochondrium** produziert ATP. Es verarbeitet energiereiche Stoffe. In ihm finden viele weitere chemische Reaktionen statt.

Cytoplasma

Zellmembran

Bestandteile des Cytoskeletts
Das Cytoskelett besteht aus verschiedenen Filamenten. Sie werden ständig umgebaut und unterstützen Transportvorgänge in der Zelle.

Das zellkernnahe **Centrosom** ist Teil des Cytoskeletts und bildet die Mitosespindel.

■ nur in Tierzellen

2 Tierzelle (idealisiertes Schema)

lulären Transport. Energie wird mithilfe von ATP an verschiedene Stellen der Zelle transportiert.

Zellen haben Kontakt zu Nachbarzellen, entweder über Plasmodesmen oder über Moleküle zur Kommunikation. Die Steuerung, der Transport, der Auf-

und Abbau sowie die Bereitstellung von Energie sind die Grundfunktionen des Systems Zelle, das Kontakt zur Außenwelt hält.

1 Vergleichen Sie die Struktur von Tier- und Pflanzenzelle.

1.8 Zellen mit und ohne Zellkern

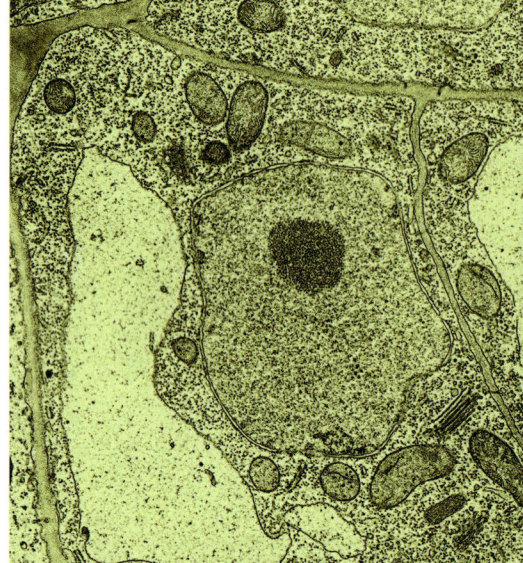

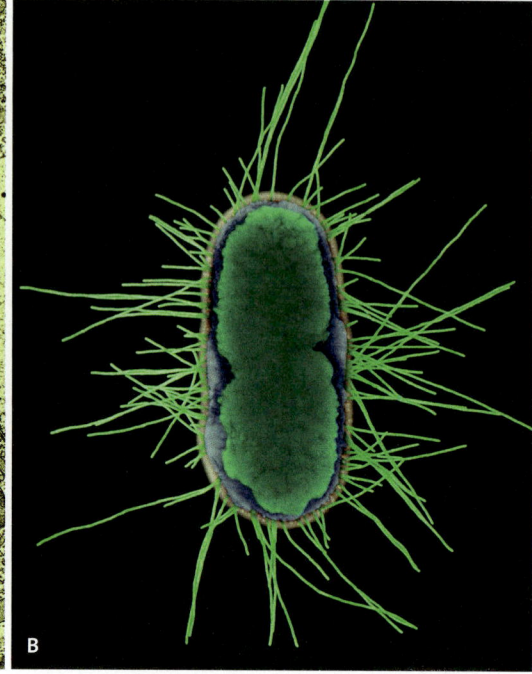

1 TEM-Aufnahmen (gefärbt): **A** Pflanzenzelle aus der Acker-Schmalwand *Arabidopsis thaliana,* **B** Darmbakterium *Escherichia coli*

Vergleicht man das elektronenmikroskopische Bild einer Pflanzenzelle mit dem elektronenmikroskopischen Bild einer Bakterienzelle, lassen sich schon auf den ersten Blick deutliche Unterschiede erkennen. Welche besonderen Baumerkmale weisen diese Zelltypen auf?

altgr. eu
= wohl-, gut

altgr. karyon
= Kern

altgr. kytos
= Gefäß

Eukaryoten und Prokaryoten • Die Zellen von Pflanzen sowie von Tieren und Pilzen besitzen einen vom Cytoplasma abgegrenzten Zellkern. Lebewesen mit solchen Zellen nennt man **Eukaryoten.** Dazu gehören auch einzellige Organismen wie Amöben, Pantoffeltierchen oder Augentierchen. Die Zellen der Eukaryoten heißen **Eucyten.** Die meisten Eucyten haben einen Durchmesser von etwa 10 bis 50 µm.

Demgegenüber haben die Zellen von Bakterien und Cyanobakterien keinen durch eine Membran vom Cytoplasma abgegrenzten Zellkern. Man nennt solche Organismen **Prokaryoten** und ihre Zellen Protocyten oder **Procyten.** Da die meisten Prokaryoten nur aus einer einzigen Zelle bestehen, verwendet man die Begriffe Prokaryot und Procyte oft synonym. Procyten sind meistens nur 1 bis 5 µm groß und damit erheblich kleiner als Eucyten. Ihr Volumen beträgt gerade einmal höchstens ein Hundertstel bis weniger als ein Tausendstel einer Eucyte.

Vergleich von Eucyte und Procyte • Procyte und Eucyte haben gemeinsam, dass ihr Zellkörper haupt-

sächlich aus Cytoplasma besteht und dass sie von einer Zellmembran umgeben sind.

Elektronenmikroskopische Bilder zeigen, dass die Eucyte erheblich komplexer gebaut ist. Dabei spielen Membranabtrennungen eine besondere Rolle. Eucyten werden dadurch besonders stark räumlich gegliedert. Durch diese **Kompartimentierung** entstehen abgetrennte Reaktionsräume, die **Organellen.**

Der Zellkern von Eucyten ist oft bereits im Lichtmikroskop zu erkennen. Er ist von einer doppelten Zellmembran, der Kernhülle, umgeben. Im Zellkern befindet sich das Erbmaterial in Form von Chromosomen, Komplexen aus DNA und Protein. Auch die Mitochondrien – und bei Pflanzen die Chloroplasten – verfügen über eine Hülle aus zwei Membranen. Die Mitochondrien enthalten alle Enzyme für die Zellatmung und den Fettabbau.

Die Chloroplasten sind die Orte der Fotosynthese. Sie enthalten das Pigment Chlorophyll. In Mitochon-

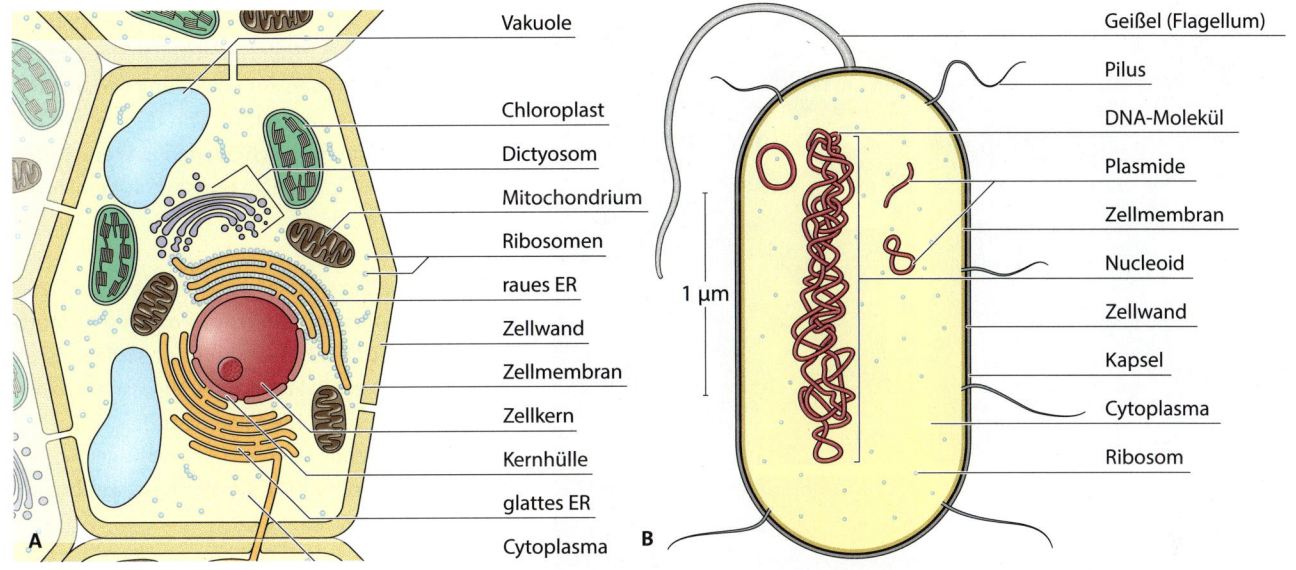

Vakuole	Geißel (Flagellum)
Chloroplast	Pilus
Dictyosom	DNA-Molekül
Mitochondrium	Plasmide
Ribosomen	Zellmembran
raues ER	Nucleoid
Zellwand	Zellwand
Zellmembran	Kapsel
Zellkern	Cytoplasma
Kernhülle	Ribosom
glattes ER	
Cytoplasma	

1 µm

A   **B**

2 Pflanzenzelle **A** und Bakterienzelle **B** im Vergleich (Schemata)

drien und Chloroplasten gibt es zusätzlich ringförmige DNA, die aber nicht in Form von Chromosomen auftritt.

Intrazelluäre Membranen und Membransysteme teilen das Cytoplasma von Eucyten auf: Durchgängig enthalten ist das Endoplasmatische Reticulum. Je nachdem, ob es von Ribosomen besetzt ist oder nicht, heißt es raues ER oder glattes ER. Das ER dient als intrazelluläres Transportsystem. Ein weiteres Membransystem ist der Golgi-Apparat mit seinen Dictyosomen. Dieser kann Proteine und Enzyme an ihren Bestimmungsort bringen. In älteren Pflanzenzellen trennt eine Membran die Vakuole vom Cytoplasma ab. In der Vakuole werden Reserve- oder Abfallstoffe eingelagert. In tierischen und pflanzlichen Zellen gibt es von einer Membran umgebene Lysosomen mit eiweißspaltenden Enzymen. Sie sind beim Zellumbau und Zellabbau wirksam.

Die in Eucyten enthaltenen Ribosomen sind nicht von einer Membran umgeben. An ihnen läuft die Proteinbiosynthese ab. Schließlich wird die Eucyte von innen durch ein Cytoskelett aus Mikrotubuli und Mikrofilamenten stabilisiert.

Viele Zellbestandteile der Eucyten kommen in Procyten nicht vor. So gibt es in Procyten zum Beispiel keinen Zellkern. Die Erbinformation ist in einem ringförmigen DNA-Molekül gespeichert, das frei im Cytoplasma liegt. Der Bereich, in dem sich die DNA befindet, wird auch Kernäquivalent oder **Nucleoid** genannt. Daneben gibt es kleine ringförmige oder fadenförmige DNA-Stücke, die **Plasmide.** Die Ribosomen sind kleiner als die Ribosomen der Eucyten.

Das Cytoplasma enthält weder Mitochondrien und Chloroplasten noch Endoplasmatisches Reticulum und Golgi-Apparat. Oft ist das Plasmalemma nach innen eingefaltet. Das führt zu einer Gliederung des Cytoplasmas. Die eingefaltete Membran trägt Enzyme, die Stoffwechselreaktionen katalysieren. Besonders bei Cyanobakterien sind diese Einfaltungen sehr ausgeprägt und ähneln den Membraneinfaltungen der Thylakoide von Chloroplasten. Sie enthalten neben Chlorophyll a und b auch blaue und rote Farbpigmente.

Viele Bakterien besitzen eine Geißel, auch Flagellum genannt, die der Fortbewegung dient. Manche Bakterien tragen außen auf der Kapsel mehrere sehr dünne Fäden aus Protein. Mit diesen Pili kann sich ein Bakterium an der Oberfläche anderer Zellen anheften.

Singular von Pili
= Pilus

Die bei Bakterien vorhandene Zellwand besteht meistens aus Murein. Murein ist ein kapselartiges, aus Polysaccharidketten und quer vernetzenden Polypeptidketten aufgebautes Makromolekül. Oft ist außen noch eine Schleimschicht aufgelagert.

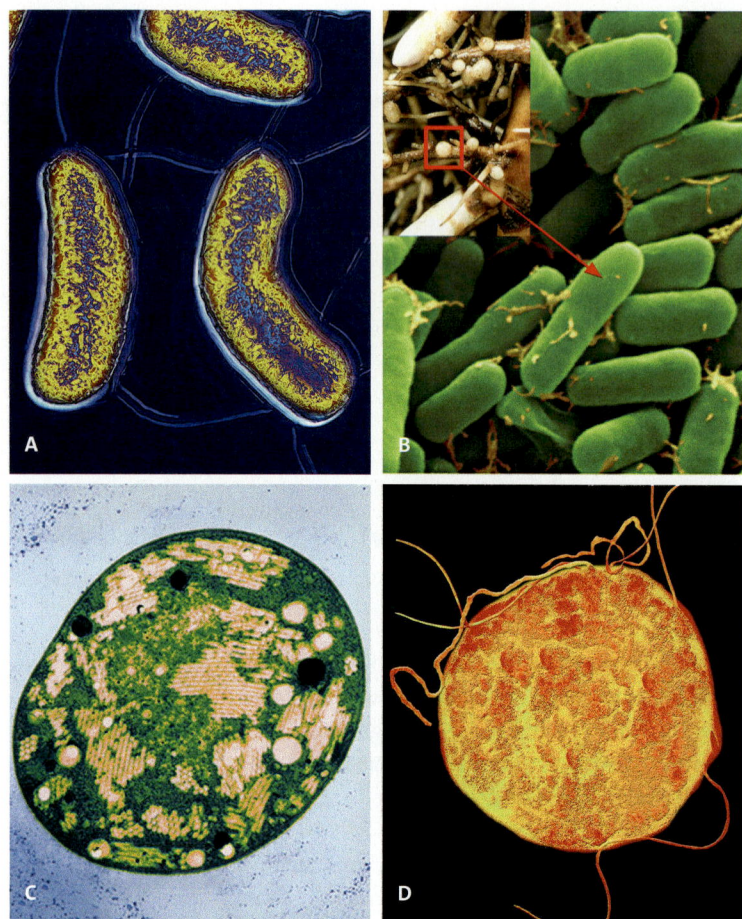

1 Procyten: **A** Bakterien mit Kapsel und Schleimschicht, **B** Knöllchenbakterien bilden Wurzelknöllchen, **C** Cyanobakterium *Microcystis*, **D** Archaebakterium *Sulfolobus*

des Menschen schützen Bakterien den Körper vor Krankheitserregern. In der Lebensmittelherstellung benutzt man Bakterien zur Erzeugung von Joghurt, Käse, Salami oder Sauerkraut. Von den vermutlich mehreren Millionen verschiedenen Bakterienarten auf der Erde sind nur wenige Hundert als Krankheitserreger bekannt.

Viele Bakterienarten spielen im Kreislauf der Natur eine überragende Rolle, indem sie organische Stoffe als Nahrung aufnehmen und sie bis zu Mineralstoffen abbauen. Diese Bakterien werden deshalb zu den Destruenten gezählt. Die Mineralstoffe sind Grundlage für aufbauende Stoffwechselvorgänge. Sie werden von Produzenten für die Synthese von organischen Stoffen genutzt.

Eine besondere Rolle spielen Knöllchenbakterien, auch Rhizobien genannt. Diese Procyten können entweder als stäbchenförmige Bakterien frei im Boden leben oder mit den Wurzeln von Schmetterlingsblütlern eine Symbiose eingehen. In dieser Symbiose sind sie in der Lage, Luftstickstoff zu Ammonium zu reduzieren. Der hohe Energiebedarf für die Stickstoffreduktion wird durch Kohlenhydrate aus den Wurzeln der Schmetterlingsblütler gedeckt. Im Gegenzug profitieren die Pflanzen vom Angebot an Ammonium, das sie für die Synthese von Aminosäuren und Nukleinsäuren benötigen. Aufgrund der Leistung der Knöllchenbakterien können Schmetterlingsblütler stickstoffarme Böden besiedeln.

Bedeutung der Procyten • Trotz ihres vergleichsweise einfachen Baues verfügen Procyten über sehr vielfältige Stoffwechselfähigkeiten: Bestimmte Bakterienarten sind zwar sehr spezialisiert und haben dementsprechend einen engen Wirkungsspielraum, in ihrer Gesamtheit jedoch zeigen sie eine enorme Vielfalt an Fähigkeiten und Leistungen, die von Eucyten in vielen Fällen nicht erreicht wird.

Procyten kommen im Boden, im Wasser und in der Luft vor. Sie leben in der Tiefsee, in heißen Quellen und im Gletschereis. Eine Vielzahl besiedelt Pflanzen, Tiere und Menschen. Allein im Darm des Menschen gibt es über tausend verschiedene Bakterienarten. Einige davon sind für die Verdauung, den Wasserentzug im Dickdarm oder die Produktion von verschiedenen Vitaminen unerlässlich. Auf der Haut

Neben der Gruppe der Bakterien und Cyanobakterien gibt es noch eine weitere eigenständige Gruppe von Prokaryoten, die Archaeen. Unter diesen Archaeen gibt es sehr viele Arten, die unter extremen Bedingungen existieren. So hat zum Beispiel das in heißen Quellen lebende Archaebakterium *Sulfolobus* ein Wachstumsoptimum bei 75 °C. Solche Archaeen können Schwefelwasserstoff oxidieren und daraus Stoffe und Energie für ihren Stoffwechsel gewinnen.

1 Erläutern Sie die Begriffe Procyte, Eucyte, Prokaryot und Eukaryot.

2 Beschreiben Sie, worin die Komplexität der Eucyten besteht.

3 Erläutern Sie die Bedeutung der Procyten anhand von zwei Beispielen.

Material A Bakterien und Cyanobakterien

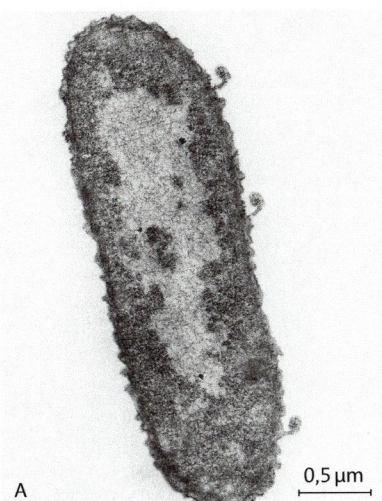

A   0,5 µm

A1 EM Aufnahme von *E. coli*

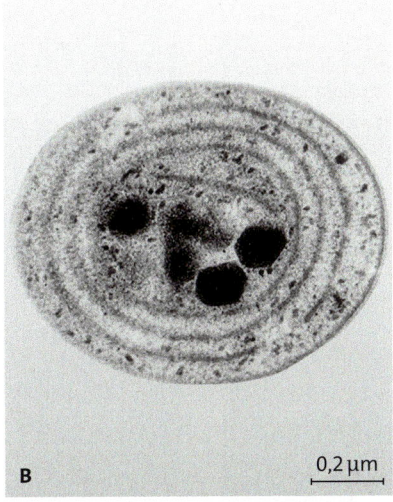

B   0,2 µm

A2 EM Aufnahme von *Synechocytsis spec.*

Die Abbildungen zeigen elektronen-mikroskopische Aufnahmen des Darmbakteriums *Escherichia coli* (**A**) und des Cyanobakteriums *Synechocystis spec.* (**B**). In den helleren, faserig erscheinenden Zonen befindet sich die DNA.

Die Fortpflanzung aller Bakterien erfolgt meistens ungeschlechtlich durch einfache Teilung. *E.-coli*-Bakterien teilen sich beispielsweise unter optima-

len Bedingungen alle 20 min. Allerdings kann die DNA auch von Bakterium zu Bakterium übertragen werden. Dieser als Konjugation bezeichnete Vorgang kommt selten vor.

Cyanobakterien sind sehr anspruchslose Organismen. Sie benötigen nur wenige Mineralstoffe, da sie neben der Fotosynthese auch die Dreifachbindung der Stickstoffmole-

küle der Luft spalten können. Dabei entsteht Ammonium, das im Stoffwechsel verwendet wird. Eukaryotische Zellen sind dazu nicht in der Lage.

1 Beschreiben und benennen Sie die in den beiden Procyten erkennbaren Strukturen. Vergleichen Sie diese hinsichtlich ihrer Verteilung, Häufigkeit und relativen Größe. Nehmen Sie hierzu die Schemazeichnung 2 auf Seite 43 zu Hilfe.

2 Begründen Sie, dass die parallelen Linien bei *Synechocystis spec.* zu Strukturen gehören können, die mit der Fotosynthese zu tun haben.

3 Berechnen Sie das Volumen einer *E.-coli*-Zelle mithilfe der Längenangabe und unter der Annahme, dass die Zelle zylindrisch ist.

4 Berechnen Sie das Volumen aller *E.-coli*-Zellen, die theoretisch nach einem Tag aus einer Zelle entstehen können. Diskutieren Sie, weshalb dieses Szenario nicht eintritt.

Material B *Nostoc* – ein besonderes Cyanobakterium

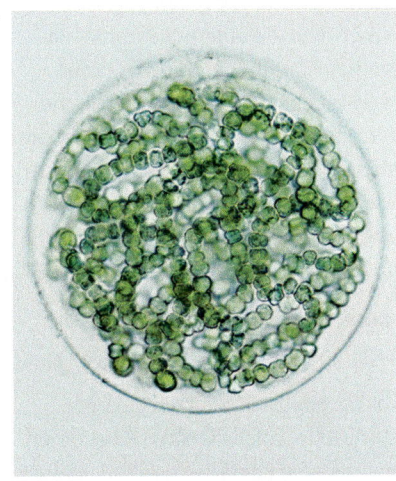

B1 Lichtmikroskopische Aufnahme von *Nostoc commune*

Nostoc ist eine Gattung von Cyanobakterien, die Kolonien aus langen Zellfäden in einer gelatineartigen Masse bilden kann. Die Zellen besitzen im Zellplasma grüne Farbstoffe und betreiben Fotosynthese. In einzelnen größeren Zellen der Kolonie, den Heterozysten, findet ausschließlich die Umsetzung von Luftstickstoff in Ammonium statt.

Viele *Nostoc*-Arten leben in Symbiose mit Pflanzen und Pilzen. Im Spätsommer vermehrt sich *Nostoc* oft so stark, dass sie der Hauptbestandteil der

Algenblüte in nährstoffreichen Gewässern ist.

1 Vergleichen Sie den Bau von *Nostoc commune* mit dem Cyanobakterium *Synechocystis spec.* aus Material A.

2 Stellen Sie Vermutungen an, weshalb *Nostoc* häufig Symbiosepartner ist.

3 Recherchieren Sie den Begriff Algenblüte und stellen Sie eine Vermutung auf, warum *Nostoc* häufig an deren Bildung beteiligt ist.

Endosymbiontentheorie

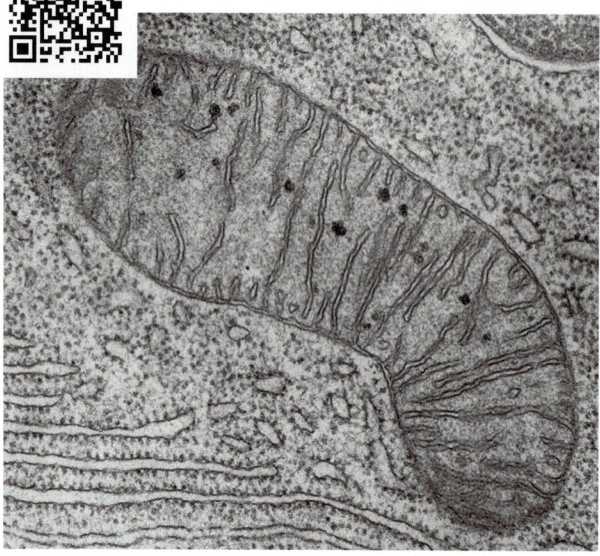

1 Elektronenmikroskopische Aufnahme eines Mitochondriums mit Doppelmembran

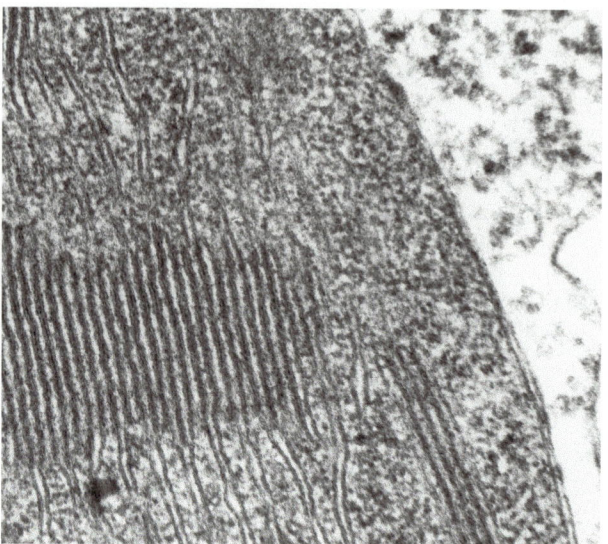

2 Elektronenmikroskopische Aufnahme eines Chloroplasten; Ausschnitt mit umhüllender Doppelmembran.

Endosymbiose ● Im 19. Jahrhundert konnte man im Lichtmikroskop erstmalig in Pflanzenzellen Chloroplasten und wenige Jahre später die etwas kleineren Mitochondrien beobachten. Beide sind ungefähr so groß wie Bakterien. Außerdem konnte man feststellen, dass sich die beiden Zellorganellen bei der Zellteilung nicht neu bilden, sondern wie Bakterien teilen.

Damit stellte sich für die Forschenden die Frage, wie Chloroplasten und Mitochondrien entstanden sein könnten. Im Jahr 1883 führten die beschriebenen Beobachtungen zu der Hypothese, dass Vorläuferzellen der heutigen Eukaryoten im Verlauf der Evolution ursprünglich frei lebende prokaryotische Zellen, zum Beispiel Bakterienzellen, umflossen und in ihr Zellinneres aufgenommen haben. Eine durch diese Phagocytose aufgenommene Zelle wäre dann nicht verdaut worden. Stattdessen wäre es zu einer wechselseitigen Beziehung zwischen der aufnehmenden und der aufgenommenen Zelle gekommen, wovon beide profitiert hätten. Eine solche Wechselbeziehung nennt man Symbiose. Dabei bezeichnet man die aufnehmende Zelle als Wirt und die aufgenommene als Symbiont. Da der Symbiont innerhalb der Wirtszelle lebt, spricht man von Endosymbiose. Die Endosymbiose liefert eine Erklärung dafür, dass sich die Zellorganellen nur durch Teilung vermehren.

Untersuchungsergebnisse ● Wenn Chloroplasten und Mitochondrien Endosymbionten sind, müsste es weitere Befunde geben, die diese Annahme unterstützen.

In den 1920er-Jahren beobachtete ein amerikanischer Biologe, dass sich Mitochondrien mit den gleichen Färbetechniken anfärben lassen wie bestimmte Bakterien. Daraus schloss er, dass sie die gleiche biochemische Zusammensetzung haben. Mit der Erfindung des Elektronenmikroskops und der Entwicklung biochemischer Analysemethoden konnten in der zweiten Hälfte des 20. Jahrhunderts strukturelle, genetische und biochemische Untersuchungen an Chloroplasten und Mitochondrien vorgenommen werden, die weitere Belege zur Bestätigung der im 19. Jahrhundert aufgestellten Vermutung lieferten:

- Chloroplasten und Mitochondrien besitzen eine Hülle aus zwei Biomembranen. Nur die innere Membran enthält das bakterientypische Kardiolipin und nur in der äußeren Membran kommt das für Eukaryoten typische Cholesterol vor. Dies erklärt sich dadurch, dass die innere Membran vom Symbionten stammt und die äußere vom Wirt, der den Symbionten eingeschlossen hat. Das kann als Beleg für einen möglichen Phagocytosevorgang ohne anschließende Verdauung angesehen werden.

- Chloroplasten und Mitochondrien besitzen eigene DNA, die wie die der Bakterien ringförmig ist.

- Chloroplasten und Mitochondrien besitzen kleinere Ribosomen als die Wirtszelle. Solche kleinen Ribosomen kommen auch in frei lebenden Bakterien vor.

- Die Proteinbiosynthese verläuft in den Mitochondrien und Chloroplasten auf ähnliche Weise wie in Bakterien.

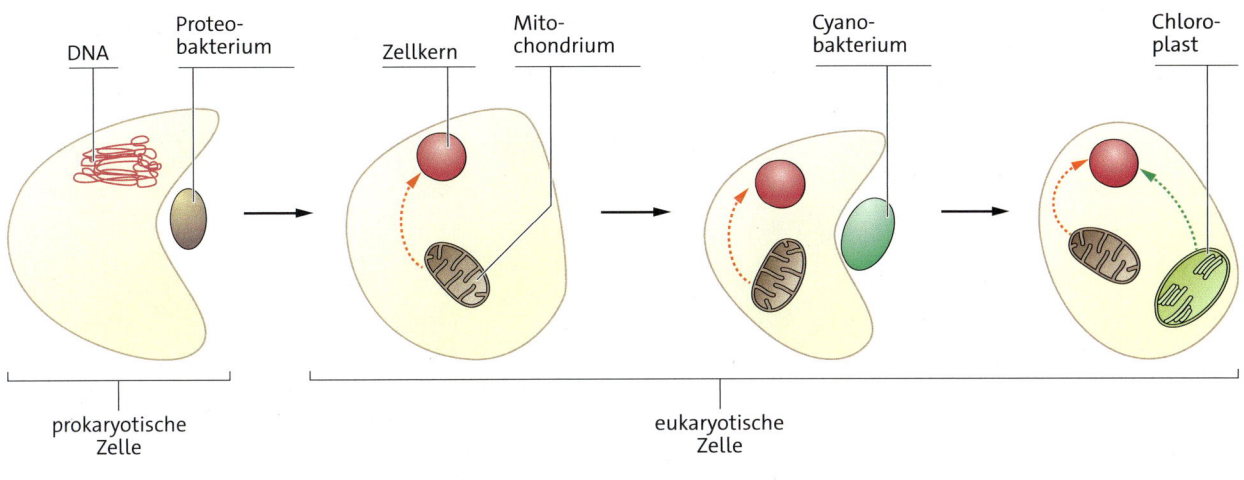

DNA · Proteo-bakterium · Zellkern · Mito-chondrium · Cyano-bakterium · Chloro-plast

prokaryotische Zelle

eukaryotische Zelle

```
·······▶  Gentransfer aus Mitochondrium in Zellkern der Wirtszelle
·······▶  Gentransfer aus Chloroplast in Zellkern der Wirtszelle
```

3 Endosymbiontentheorie (Schema)

Demgegenüber ist die Proteinbiosynthese in der Wirtszelle komplizierter.

- Die in den Ribosomen von Mitochondrien enthaltene RNA, die mitochondriale rRNA, zeigt erstaunliche Übereinstimmungen mit der rRNA aus dem Bakterium *Rhizobium*. Bakterien aus der Verwandtschaft von *Rhizobium* sind daher wahrscheinlich procytische Vorläufer der Mitochondrien.

- Die rRNA aus Chloroplasten ist der rRNA aus bestimmten Cyanobakterien sehr ähnlich. Diese Prokaryoten gelten als Vorläufer der Chloroplasten. Aufgrund dieser Untersuchungsergebnisse wurde aus der ursprünglichen Endosymbiontenhypothese die inzwischen allgemein anerkannte Endosymbiontentheorie.

Modellorganismus • Es gibt viele heute lebende Organismen, die ohne endosymbiontische Einzeller, vorwiegend Algen, nicht leben könnten. Dazu gehören Steinkorallen, verschiedene Einzeller, Hohltiere, Muscheln und Schwämme. Man kann sie jeweils als Modellorganismen für Abläufe heranziehen, die in der Frühzeit der Zellentwicklung stattgefunden haben können.

In einigen Amöben und farblosen eukaryotischen Algen kommen Zellbestandteile vor, die ebenfalls von Cyanobakterien abstammen. Diese Cyanellen besitzen aber noch eine dünne Bakterienzellwand aus Murein. Ihr Erbmaterial hat etwa den Umfang wie das der Chloroplasten. Cyanellen können daher als eine noch lebende Zwischenstufe auf dem Weg von Cyanobakterien zu Chloroplasten aufgefasst werden.

Entstehung der Eucyte • Nach heutigen Vorstellungen könnte die Eucyte etwa so entstanden sein: Zunächst bildete eine Vorstufe einer Eucyte ein inneres Membransystem aus. Dann entstand die Umhüllung des Chromosomenmaterials, das Endoplasmatische Reticulum und der Golgi-Apparat. Dies war der Anfang des Ur-Eukaryoten mit einem Zellkern. Diese Zelle konnte Stoffe aus der Umgebung durch Phagocytose aufnehmen. In einem nächsten Schritt nahm der Ur-Eukaryot ein α-Proteobakterium auf, ohne es zu verdauen. Stattdessen gingen die beiden Zellen eine Symbiose ein, wobei der Symbiont seine Fähigkeit zur Synthese der eigenen Zellbestandteile allmählich verlor. Stattdessen wurden viele der eigenen Gene in das Erbgut der Wirtszelle integriert. So entstand das Mitochondrium, das allein nicht lebensfähig ist, sondern vollständig von der Wirtszelle abhängt. Gentechnische Untersuchungen belegen die Verwandtschaft von Mitochondrien mit der Gruppe der α-Proteobakterien.

In einem weiteren Schritt nahm die Eucyte, die bereits Mitochondrien enthielt, ein Cyanobakterium durch Phagocytose auf. Auch das Cyanobakterium wurde nicht verdaut. Es entwickelte sich in gleicher Weise zu einem Chloroplasten, der ebenfalls allein nicht mehr ohne die Wirtszelle überleben konnte und dessen Gene zum großen Teil in den Zellkern übertragen wurden.

Die so entstandene Zelle ist die Urzelle aller Pflanzen. Aus den so geformten Eucyten ohne Chloroplasten entwickelten sich schließlich Tiere und Pilze.

1.9 Vom Einzeller zum Vielzeller

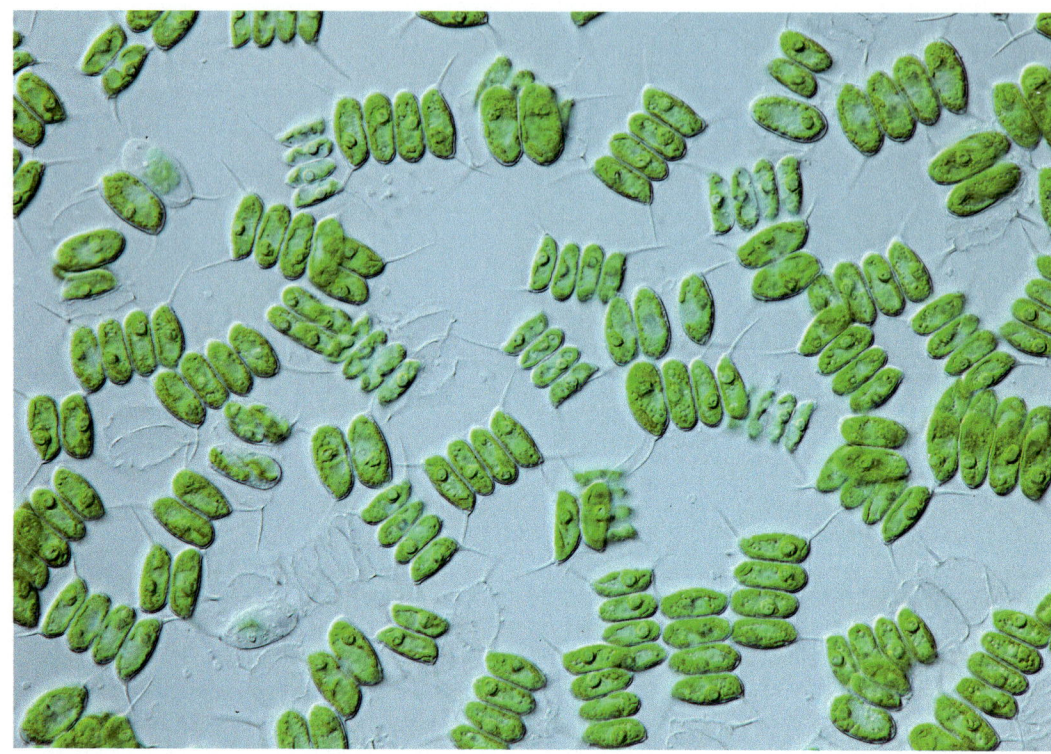

1 *Scenedesmus acutus* (lichtmikroskopische Aufnahme)

Die Gürtelalge Scenedesmus *gehört zu einer Gattung von Grünalgen, die im Uferbereich von Teichen und Seen vorkommt. Sie tritt meistens in Form von Verbänden mit vier, acht oder mehr Zellen auf. Züchtet man diese Algen hingegen im Labor, finden sich fast ausschließlich Einzelzellen im Zuchtmedium. In welcher Weise beeinflusst die Umwelt den Zusammenschluss der* Scenedesmus-Zellen?

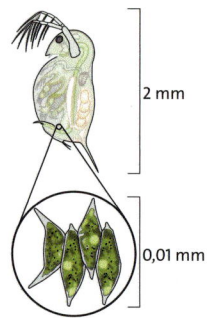

2 *Daphnia pulex* mit Grünalgen im Darmtrakt

Koloniebildung ● In der Freiwasserzone stehender Gewässer leben im Wasser schwebende Organismen, die man als Plankton bezeichnet. Dazu gehören das pflanzliche Plankton, das Phytoplankton, mit Goldalgen, Kieselalgen und Grünalgen, sowie das tierische Plankton, das Zooplankton, mit Rädertierchen, Ruderfuß- und Blattfußkrebsen, wie zum Beispiel Daphnien. Das Phytoplankton ist Nahrung des Zooplanktons. Daphnien fressen vorwiegend planktische Algen, auch *Scenedesmus*.

Unter Zuchtbedingungen tritt *Scenedesmus* fast ausschließlich in Form von Einzelzellen auf. Im Freiland jedoch leben überwiegend mehrere Zellen in einem Verband zusammen. Einen solchen Zellverband nennt man **Kolonie**. Fügt man in die Zuchtgefäße Daphnien zu den Algen hinzu, bilden sich aus den Einzelzellen Kolonien. Aus evolutionsbiologischer Sicht stellt sich die Frage, welche Vorteile die Koloniebildung im Freiland mit sich bringt. Untersucht

man den Verdauungstrakt von Daphnien, finden sich dort vorwiegend einzellige Algen und deutlich weniger mehrzellige Kolonien. Offenbar sind also mehrzellige und somit größere Algen besser vor dem Gefressenwerden geschützt als Einzelzellen. Demzufolge überleben *Scenedesmus*-Kolonien eher als *Scenedesmus*-Einzeller. Dadurch gelangen ihre Erbanlagen mit größerer Wahrscheinlichkeit in die nächste Generation. Ob sich Koloniebildung als Evolutionsvorteil verallgemeinern lässt, bleibt zunächst unklar.

Aus verschiedenen Untersuchungen geht des Weiteren hervor, dass mehrzellige Algen Nährstoffe und Phosphat besser speichern können als einzellige. Dies wäre in einer phosphatarmen sowie einer für die Fotosynthese ungünstigen Umgebung förderlich. Auch dieser Befund lässt den Schluss zu, dass Mehrzelligkeit für Lebewesen einen Evolutionsvorteil haben kann.

Modellorganismen ● Es ist unumstritten, dass im Verlauf der Evolution mehrzellige Organismen aus Einzellern entstanden sind. Allerdings kann man aus der Organisation heutiger Lebewesen nicht auf Vorgänge schließen, die vor mehr als einer Milliarde Jahren stattgefunden haben. Da keine direkten Übergangsformen zwischen Einzellern und Vielzellern vorliegen, versucht man, heute lebende Organismen in eine mögliche Entwicklungsreihe zu bringen.

Eine solche aufsteigende Reihe bilden zum Beispiel die Grünalgen *Chlamydomonas*, *Gonium* und *Volvox*. *Chlamydomonas* ist einzellig und hat einen Zellkern, einen becherförmigen Chloroplasten, einen Pigmentfleck und zwei Geißeln, mit denen sie sich fortbewegt. *Gonium* besteht aus 4 bis 16 Zellen, die *Chlamydomonas* gleichen. Sie werden von einer zähelastischen Schicht, der Gallertschicht, zusammengehalten. Zerstört man diese Schicht, können trotzdem alle Zellen als Einzeller weiterleben. *Volvox* bildet eine Hohlkugel aus mehreren Tausend Zellen, die denjenigen von *Chlamydomonas* ähneln. Die Zellen lagern in einer Gallertschicht und sind durch Plasmastränge miteinander verbunden. Durch diese Verbindungen ist ein Austausch von Informationen und Stoffen möglich. Die meisten Zellen dienen der Fortbewegung, betreiben Fotosynthese und produzieren die Gallerte. Einige wenige Zellen sind deutlich größer als die anderen. Nur sie können sich teilen, wandern dann in die Hohlkugel hinein und bilden neue Hohlkugeln. Diese werden freigesetzt, sobald die Mutterkugel abstirbt.

Dieses Beispiel veranschaulicht ein heute wissenschaftlich akzeptiertes Modell für den Übergang zur Vielzelligkeit bei Pflanzen. Das Modell eignet sich darüber hinaus, die Ausbildung spezialisierter Zellen zu erklären.

Spezialisierung ● Bei Einzellern wie *Chlamydomonas* können sich alle Zellen teilen und damit auch fortpflanzen. Beim Vielzeller *Volvox* hingegen sind die meisten Zellen nicht teilungsfähig. Diese somatischen Zellen sind für die Fotosynthese und die Fortbewegung zuständig. Sie sterben ab, wenn sich die Tochterkugeln gebildet haben. Die Spezialisierung und die damit verbundene Arbeitsteilung haben also den Tod der somatischen Zellen zur Folge.

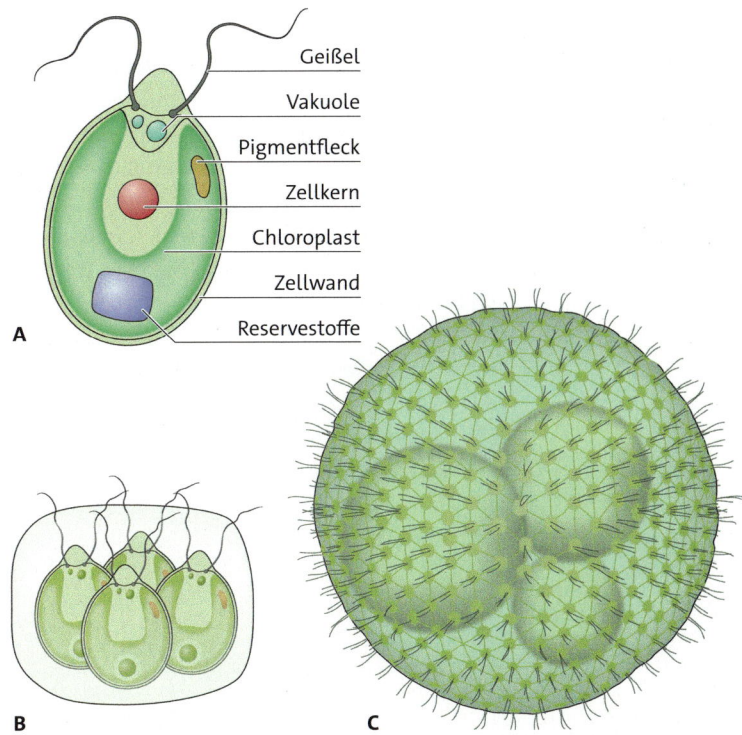

Geißel
Vakuole
Pigmentfleck
Zellkern
Chloroplast
Zellwand
Reservestoffe

A

B   C

3 Modell einer Entwicklungsreihe (Schema): **A** *Chlamydomonas*, **B** *Gonium*, **C** *Volvox*

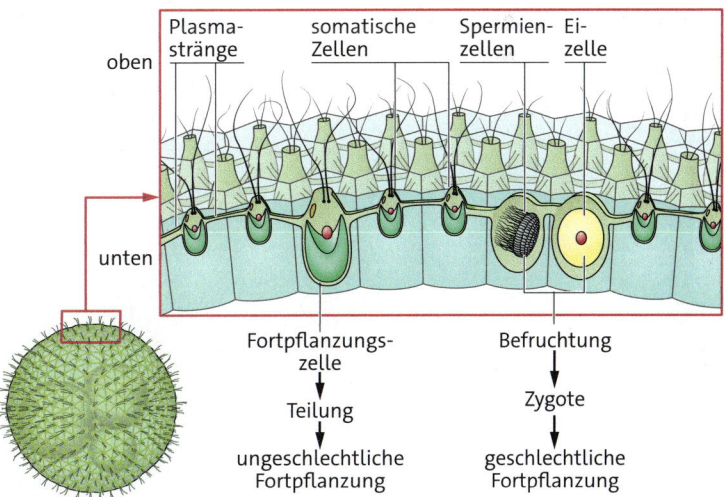

oben — Plasmastränge — somatische Zellen — Spermienzellen — Eizelle

unten

Fortpflanzungszelle → Teilung → ungeschlechtliche Fortpflanzung

Befruchtung → Zygote → geschlechtliche Fortpflanzung

4 Fortpflanzung bei *Volvox* (Schema)

Die Bildung der neuen Tochterkugeln aus den teilungsfähigen Zellen kann sowohl ungeschlechtlich durch Zellteilung als auch geschlechtlich nach der Befruchtung erfolgen. In diesem Fall entstehen aus teilungsfähigen Zellen einerseits größere, unbewegliche Eizellen und andererseits kleine, bewegliche Spermienzellen.

Dictyostelium • Der Schleimpilz *Dictyostelium discoideum* lebt in Form von einzelligen Amöben im Boden. Bei Nahrungsmangel schließen sich bis zu 50 000 dieser Einzeller zusammen. Aus dem entstandenen Zellhaufen entwickelt sich ein vielzelliger Organismus, der aus einem Stiel mit Sporenkapsel und Sporen besteht. Die Sporen können bei günstigen Lebensbedingungen auskeimen. Aus ihnen bilden sich dann wieder einzellige Amöben. Der Stiel und die Sporenkapsel sterben ab.

Dies ist ein weiteres Modell für den Übergang zur Vielzelligkeit. Ähnlich wie bei *Scenedesmus* sind auch hier Umweltbedingungen für die Veränderung der Organisationsform verantwortlich.

Einzeller und Vielzeller • Bevor Vielzeller entstanden, lebten auf der Erde ausschließlich Einzeller. Auch heute gibt es sehr viele und sehr verschiedene Einzeller. Welche Vorgänge und Lebensumstände dazu geführt haben, dass sich aus einigen Einzellern Vielzeller entwickelten und dann immer komplexere Organismen entstanden, lässt sich nicht lückenlos nachvollziehen. Folgende Faktoren haben wahrscheinlich die Entstehung von Vielzellern begünstigt:

- Einzeller besitzen bereits viele Eigenschaften der unterschiedlichen Zelltypen der Vielzeller. Diese mussten nicht neu entwickelt werden.

- Auch Einzeller sind sterblich. Ähnlich wie die Zellen von Vielzellern können auch Zellen von Einzellern altern und somit eines natürlichen Todes sterben.

- Viele Einzeller besitzen eine Vielzahl verschiedener Moleküle auf der Außenseite ihrer Zellmembran. Diese ermöglichen den Kontakt zwischen den Zellen der Einzeller.

- Die Informationsübertragung in und zwischen den Zellen ist nicht nur charakteristisch für Vielzeller, sondern kommt auch bei Einzellern vor.

Die heute nebeneinander lebenden Einzeller und Vielzeller kommen in einer riesigen Vielfalt vor. Dass mit der Entstehung der Vielzelligkeit ein bedeutender Schritt bei der Evolution der Lebewesen erfolgte, steht außer Zweifel. Insbesondere ist Vielzelligkeit eine wesentliche Voraussetzung für die Entstehung komplexer Organismen. Dennoch zeigt die Vielfalt der heute lebenden Einzeller und Vielzeller, dass zeitgleich sehr einfache und sehr komplexe Lebewesen existieren. Somit ist Komplexität keine Eigenschaft, die zur Auslöschung einfacherer Lebensformen führt. Beide Lebensformen nehmen ihren Platz in ihrem jeweiligen Lebensraum ein.

1 Schleimpilz *Dictyostelium discoideum:* **A** Einzelzellen, **B** Bildung des Zellhaufens, **C** und **D** Organisation der Pilzform, **E** Sporen, **F** auskeimende Spore

1 Beschreiben Sie die Strukturen, die *Chlamydomonas, Gonium* und *Volvox* unterscheiden.

2 Vergleichen Sie den Lebenszyklus von *Volvox* und von *Dictyostelium*.

3 Erläutern Sie, welche Eigenschaften von Einzellern die Entstehung von Vielzelligkeit begünstigten.

Material A Süßwasserpolyp als Modellorganismus?

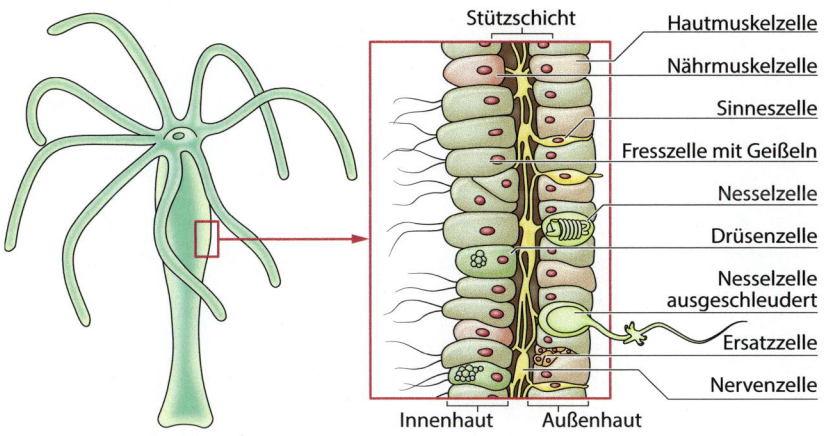

A1 Bau eines Süßwasserpolypen

Süßwasserpolypen sind etwa 2 bis 3 cm große, radiärsymmetrische, festsitzende einfach gebaute Tiere. Sie leben auf Steinen oder auf Pflanzen in Teichen und Seen.

Man kann die Tiere in einzelne Zellen zerteilen. Die Zellen kriechen danach zusammen und bilden zunächst einen Zellklumpen, der sich allmählich neu ordnet. Einzelne Zellen senden Stoffe in die Umgebung und steuern dadurch die Organisation. Schließlich entsteht ein kompletter Polyp.

1 Beschreiben Sie die Gestalt eines Süßwasserpolypen.

2 Recherchieren Sie die Funktionsweise der Nesselzellen.

3 Stellen Sie Hypothesen auf, inwieweit die spezialisierten Nesselzellen zum langfristigen Evolutionserfolg der Nesseltiere beigetragen haben.

4 Vergleichen Sie die Reorganisation von Süßwasserpolypen mit der Bildung der Pilzform von *Dictyostelium* aus den Einzelzellen.

5 Bewerten Sie, ob die Regeneration von Süßwasserpolypen als Modell für die Entstehung von Vielzellern aus Einzellern geeignet ist.

Material B Kragengeißeltierchen und Schwämme

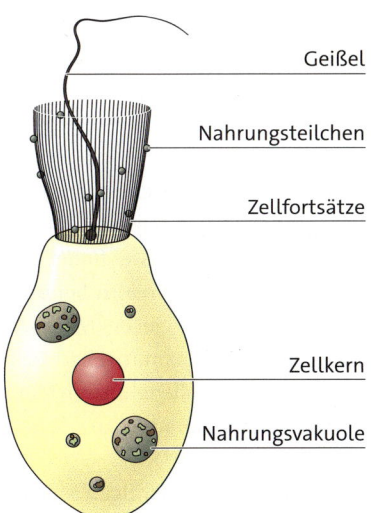

B1 Bau eines Kragengeißeltierchens

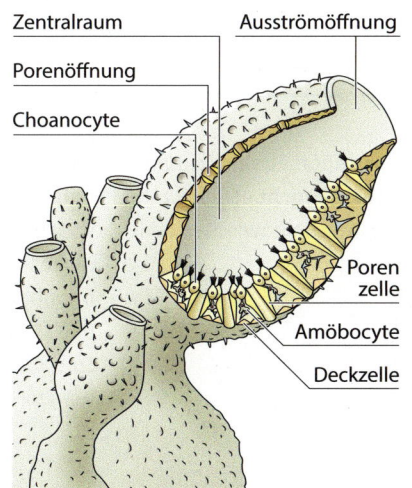

B2 Bau eines Schwammes

Kragengeißeltierchen sind Einzeller, die auch als Kolonien mit mehr als 20 Einzelzellen im Meer oder im Süßwasser leben. Namensgebend ist der typische Zellbau mit einem Kragen aus 30 bis 40 Zellfortsätzen, zwischen denen eine einzelne Geißel herausragt.

Schwämme sind einfach gebaute Lebewesen, von denen die meisten Arten im Meer vorkommen. Sie besitzen nur wenige verschiedene Zelltypen, zum Beispiel die Choanocyten. Diese sind den Kragengeißelzellen sehr ähnlich und haben auch die gleiche Funktion.

1 Beschreiben Sie den Bau eines Kragengeißeltierchens.

2 Stellen Sie Hypothesen über die Funktion des „Kragens" auf.

3 Beschreiben Sie den Bau eines einfachen Schwammes und recherchieren Sie die Funktionen der einzelnen Zellen.

4 Vergleichen Sie Kragengeißeltierchen und Schwamm mit *Chlamydomonas* und *Volvox*.

5 Erklären Sie, inwieweit Kragengeißeltierchen und Choanocyten zur Lösung der Frage nach der Entwicklung von Vielzellern beitragen können.

1.10 Biomembranen – verformbare Grenzen

1 Amöbe im lichtmikroskopischen Bild

Amöben sind Einzeller, die zur Fortbewegung ihren Zellkörper an einer Seite ausstülpen und an der anderen Seite zusammenziehen. Durch diese Bewegungen verändert ihr Zellkörper ständig seine Gestalt. Damit muss auch ihre äußere Begrenzung sehr flexibel und verformbar sein. Wie ist die Zellmembran gebaut, sodass sie eine verformbare und zugleich stabile Grenze bildet?

Bau der Membran • Zellmembranen sind so dünn, dass man sie im Lichtmikroskop nicht sehen kann. Man erkennt lediglich eine Grenzlinie zwischen dem Zellinneren und Zelläußeren. Im Elektronenmikroskop zeigt sich hingegen die Zellmembran als dreischichtiges Band. Dieses Schichtmuster findet man nicht nur bei Zellmembranen, sondern bei allen Membranen einer Zelle, zum Beispiel der Membran der Vakuole oder des Endoplasmatischen Reticulums. Daher bezeichnet man alle zellulären Membranen einheitlich als **Biomembranen.**

innen   außen

Bei der Interpretation des dreischichtigen Musters von Biomembranen muss bedacht werden, dass ein Elektronenmikroskop nur künstlich kontrastierte Strukturen zeigt. Während die Kontrastmittel an die beiden äußeren Schichten binden und sie dunkel erscheinen lassen, bleibt die mittlere Schicht unkontrastiert. Diese Struktur belegt somit, dass innerhalb einer Biomembran parallel verlaufende Schichten existieren, die sich in ihren chemischen Eigenschaften voneinander unterscheiden.

2 Elektronenmikroskopisches Bild der dreischichtigen Struktur der Zellmembran

Membranlipide • Der dreischichtige Bau von Biomembranen beruht vor allem auf den chemischen Eigenschaften seiner Grundbausteine, den **Membranlipiden.** Modelle der Membranlipidmoleküle, die die chemischen Eigenschaften zeigen, helfen dabei, den Membranbau zu verstehen.

Obwohl es verschiedene Typen von Membranlipiden gibt, kann man den Bau ihrer Moleküle in einem einheitlichen Modell aus langer **Schwanzregion** und kugelförmiger **Kopfregion** darstellen. Die Schwanzregion setzt sich aus zwei lang gestreckten, ungeladenen Kohlenwasserstoffketten zusammen, den zwei Fettsäureresten in der Strukturformel. Daher wird die Schwanzregion des Modells als **unpolar** charakterisiert. Die Kopfregion setzt sich je nach Lipidtyp aus verschiedenen Bausteinen wie Glycerin und Cholin sowie einem Phosphatrest zusammen. Wegen der negativen Ladung des Phosphatrests und der negativen Ladung des Cholins ist die Kopfregion des Modells polar. Membranlipide mit Phosphatrest als Molekülbaustein werden als **Phospholipide** bezeichnet. Sie sind der häufigste Typ der Membranlipide.

Anordnung der Membranlipide • Aufgrund ihrer Polarität sind die Kopfregionen wasserliebend oder **hydrophil.** Deshalb wenden sie sich stets den Wassermolekülen zu. Die unpolaren Schwanzregionen sind hingegen wasserabweisend oder **hydrophob.** Daher ordnen sich die Membranlipide in einem wässrigen Medium selbstständig an, zum Beispiel als kugelförmige Mizelle oder zweischichtige Membran, einer Lipiddoppelschicht.

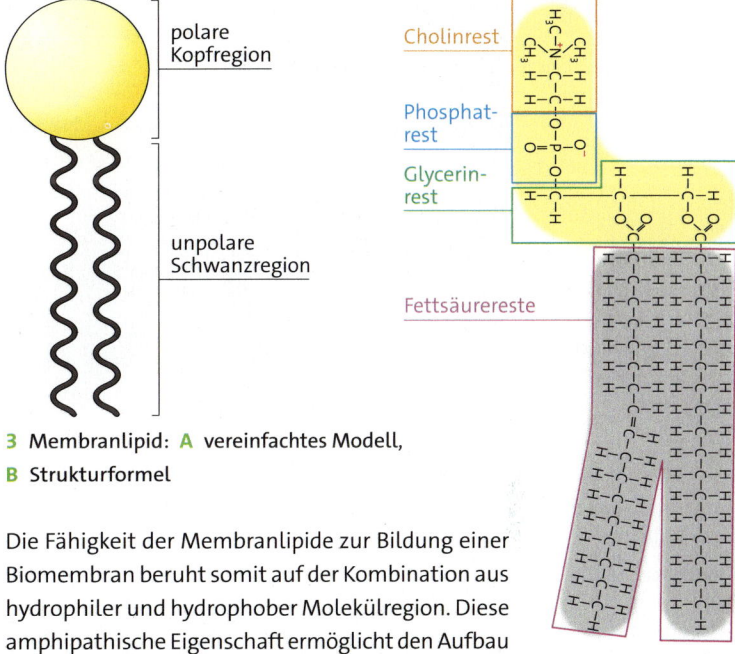

polare Kopfregion

unpolare Schwanzregion

Cholinrest

Phosphatrest

Glycerinrest

Fettsäurereste

3 Membranlipid: **A** vereinfachtes Modell, **B** Strukturformel

Die Fähigkeit der Membranlipide zur Bildung einer Biomembran beruht somit auf der Kombination aus hydrophiler und hydrophober Molekülregion. Diese amphipathische Eigenschaft ermöglicht den Aufbau aus zwei Lipidschichten, bei dem die hydrophilen Kopfregionen nach außen an das Wasser grenzen und die hydrophoben Schwanzregionen nach innen gerichtet sind. Hierdurch entsteht eine mittlere hydrophobe Schicht, die eine undurchlässige Barriere für Wasser und darin gelöste Teilchen bildet.

Zwischen den Membranlipidmolekülen bestehen jedoch nur schwache Wechselwirkungen. Insbesondere der Zusammenhalt der Wassermoleküle in der Umgebung stabilisiert die Struktur der Biomembran so, dass die hydrophoben Schwanzregionen der Lipidmoleküle in das Innere der Membran ragen. Die einzelnen Membranlipide können sich hierdurch innerhalb der Membran seitlich bewegen.

griech. amphí = beidseitig

griech. pathētikós = empfindend

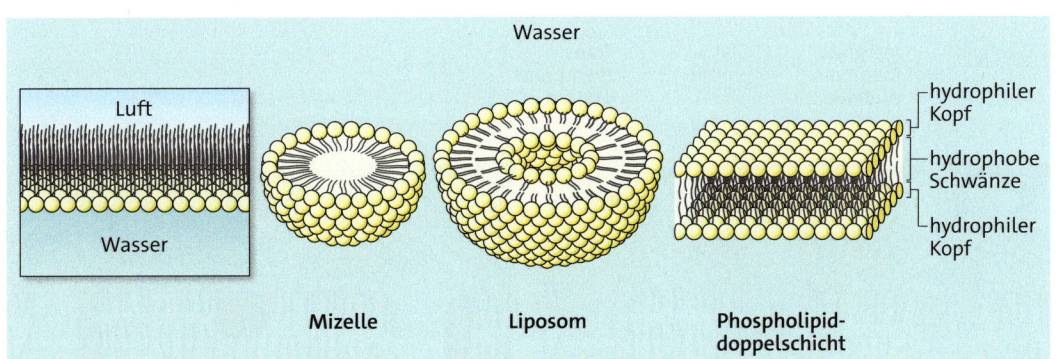

Wasser

Luft

Wasser

hydrophiler Kopf

hydrophobe Schwänze

hydrophiler Kopf

Mizelle

Liposom

Phospholipiddoppelschicht

4 Anordnungen von Membranlipiden in Wasser und zwischen Wasser und Luft

1 Rasterelektronen-mikroskopisches Bild der durch Gefrier-bruchtechnik flächig aufgebrochenen Biomembran

Gefrierbruchtechnik siehe Seite 29.

Aron Moscona (1921-2009)

Membranproteine • Präparate von Zellen oder Zellmembranen, die mithilfe der Gefrierbruchtechnik hergestellt wurden, lassen im Rasterelektronenmikroskop kleine Erhebungen erkennen, die aus den voneinander getrennten Lipidschichten herausragen. Diese mosaikartig verteilten Erhebungen sind Membranproteine. Membranproteine, die durch die gesamte Membran reichen, werden als **Transmembranproteine** bezeichnet. Darüber hinaus gibt es auch Proteine, die nur in eine der beiden Lipidschichten hineinreichen. Beide Formen werden als **integrale Membranproteine** zusammengefasst. Membranproteinmoleküle, die der Membran nur aufliegen, werden hingegen als **periphere Membranproteine** bezeichnet.

Die Funktion der Membranproteine ist sehr vielfältig: Transmembranproteine bilden häufig Transporttunnel, die einen Stoffaustausch zwischen den Kompartimenten ermöglichen. Aufliegende Proteine können beispielsweise für Kontakte zu anderen Zellen zuständig sein. In einem Experiment der Universität Chicago wurden die Zellen eines Hühnerembryos voneinander getrennt. Dabei beobachtete Aron Moscona, dass sich die Zellen nach kurzer Zeit wieder in ihrem richtigen Verband zusammenfügten. Dies war ein wichtiger Beleg für die Fähigkeit der Zell-Zell-Erkennung. Zudem können Zellen zwischen körpereigenen und fremden Zellen unterscheiden. Hierfür sind Kohlenhydrate, die sowohl mit Membranproteinen als auch mit Membranlipiden verbunden sein können, verantwortlich. Die Verbindungen werden als **Glykoproteine** beziehungsweise **Glykolipide** bezeichnet.

Zellen können außerdem äußere Reize wahrnehmen, diese umwandeln und über die Zellmembran ins Zellinnere leiten. Hierbei wird das ursprüngliche Signal häufig verstärkt. Diese Eigenschaft wird als Signaltransduktion bezeichnet.

Membranproteine sind wie die Membranlipide nicht fest mit ihren Nachbarmolekülen verbunden und somit seitlich beweglich. Durch die ständige Bewegung erscheint die Biomembran zähflüssig und ist wie die Zellmembran der Amöben verformbar. Diese Vorstellung eines fluiden und mosaikartigen Nebeneinanders von Lipiden und Proteinen in der Biomembran wird als **Fluid-Mosaik-Modell** bezeichnet. Es wurde 1972 von Singer und Nicolson entwickelt.

1 Erläutern Sie die Bedeutung der amphipathischen Eigenschaften der Membranlipide für den Aufbau der Biomembran.

2 Beschreiben Sie den Aufbau der Biomembran nach dem Fluid-Mosaik-Modell.

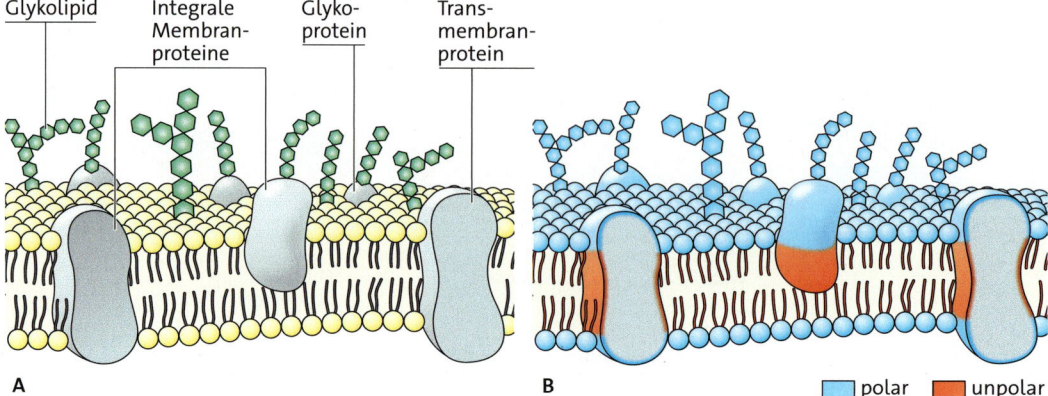

Glykolipid   Integrale Membranproteine   Glykoprotein   Transmembranprotein

A   B   ☐ polar ☐ unpolar

2 Modelle der Biomembran: **A** Fluid-Mosaik-Modell, **B** Modell der Ladungsverhältnisse

Neuere Modellvorstellungen • Mithilfe des Fluid-Mosaik-Modells von Singer und Nicolson lassen sich die meisten Funktionen der Biomembran gut erklären. In den 1990er-Jahren durchgeführte Untersuchungen zeigten jedoch, dass sich die Proteine und Lipide nicht gleichmäßig in der Membran verteilen. Man konnte nachweisen, dass es Gebiete mit einer hohen Anzahl an Proteinen gibt. Diese Gebiete werden als Rezeptor-Inseln bezeichnet. Außerdem gibt es Gebiete, in denen bestimmte Lipidtypen besonders häufig sind. Diese Gebiete gleichen Flößen, die sich umgruppieren, auflösen und wieder neu zusammenfinden können. Dies führte zur englischen Bezeichnung **Lipid-Raft-Modell**.

Im Fluid-Mosaik-Modell wird davon ausgegangen, dass sich Lipide und Proteine in der Membran und durch sie hindurch frei bewegen können. Genauere Beobachtungen an Zellmembranen führten jedoch zu der Feststellung, dass diese freie Beweglichkeit nicht überall im gleichen Ausmaß möglich ist. Es konnte nachgewiesen werden, dass es Bereiche gibt, in denen das Cytoskelett wie ein Zaun an der Innenseite der Zellmembran anliegt und dort die Beweglichkeit der Proteine und Lipide einschränkt. Dieser Zaun wird durch Transmembranproteine festgehalten, die wie Pfähle in der Membran verankert sind. Daraus leitet sich die englische Bezeichnung **Picket-Fence-Modell** ab.

Im 21. Jahrhundert konnte diese Modellvorstellung aufgrund elektronenmikroskopischer Befunde verfeinert werden. Demnach sind die Membranproteine in Protein-Inseln angeordnet. Nach diesem **Protein-Island-Modell** sind die Protein-Inseln durch proteinfreie Bereiche voneinander getrennt.

Seymour Jonathan Singer (1924–2017)

Seymour Jonathan Singer wurde in New York geboren. Er studierte dort an der Columbia University und promovierte 1943 am Polytechnic Institute of Brooklyn. 1965 kam er nach San Diego und erforschte dort die Struktur von Proteinen der Biomembran. Diese Forschungen führten zur Entwicklung des Fluid-Mosaik-Modells, das er im Jahr 1972 gemeinsam mit Garth L. Nicolson in der Fachzeitschrift Nature veröffentlichte. In seinen späteren Forschungen entdeckte er den Zusammenhang zwischen Zellmembran und Cytoskelett.

Garth L. Nicolson (*1943)

Garth L. Nicolson wurde 1943 in Los Angeles geboren. Dort studierte er Chemie an der University of California. 1965 wechselte er nach San Diego, wo er der Forschungsgruppe von Seymour Jonathan Singer beitrat und dort 1970 promovierte. Später arbeitete er an verschiedenen Universitäten in den USA und in Australien in der Krebsforschung und in der zellbiologischen Altersforschung. Weiterhin untersuchte er posttraumatische Belastungsstörungen von Soldaten des Golfkriegs. 1996 gründete er das Institute for Molecular Medicine in Huntington Beach in Kalifornien.

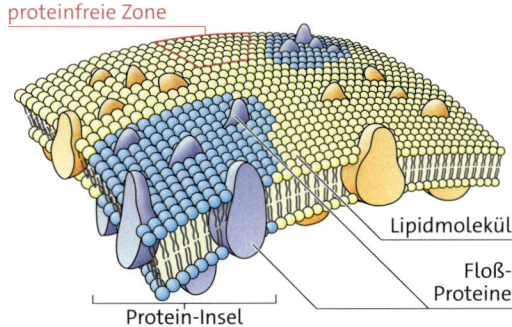

3 Lipid-Raft-Modell

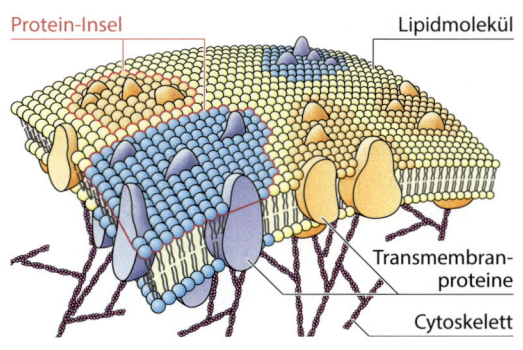

4 Protein-Island-Modell

Material A Indirekter Nachweis der Membranbestandteile

Schritt	Durchführung
1	Rotkohl in schmale Streifen schneiden
2	geschnittenen Rotkohl mehrfach wässern
3	Rotkohlstreifen getrennt legen in: – Spülmittel, mit Wasser verdünnt (Ansatz A) – Essigsäure in Wasser (Ansatz B) – reines Wasser (Ansatz C)
4	Färbung in den Ansätzen A bis C feststellen

Mit dem Rotkohlversuch lassen sich Fette und Proteine als Membranbestandteile nachweisen.

Essigsäure verändert die dreidimensionale Struktur von Proteinmolekülen. In Spülmitteln sind amphipathische Moleküle enthalten, die mit Membranlipiden in Wechselwirkung treten können. Der rote Farbstoff des Rotkohls befindet sich in den Vakuolen der Zellen.

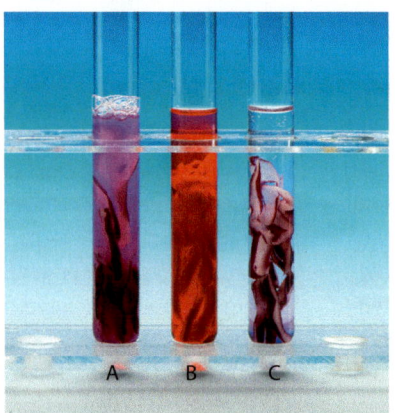

Ansatz	Beobachtung
A	Rotfärbung
B	(helle) Rotfärbung
C	kaum Rotfärbung

1 Erläutern Sie die Funktion der aufgeführten Durchführungsschritte. Erstellen Sie dazu eine Tabelle.

2 Deuten Sie die Ergebnisse zu den drei Versuchsansätzen. Formulieren Sie eine zusammenfassende Schlussfolgerung.

3 Erklären Sie, weshalb dieser Versuch als ein indirekter Nachweis bezeichnet wird.

Material B Anordnung von Membranproteinen in Biomembranen

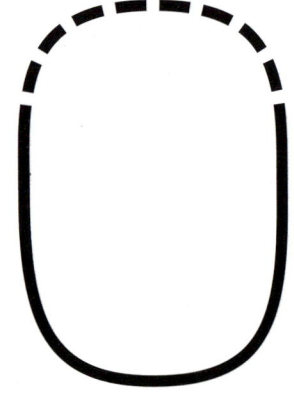

1 Die Skizzen zeigen einfache Schemata von Membranproteinen und ihren Oberflächeneigenschaften. Übertragen Sie beide Skizzen in Ihre Mappe und ergänzen Sie passend angeordnete Membranlipide in Form einfacher Kopf-Schwanz-Symbole (▬●).

Beachten Sie hierbei, dass die Membranproteine in unterschiedlichen Maßstäben dargestellt sind, sodass die Größe der Membranlipidmoleküle jeweils angepasst werden muss.

2 Löst man die Lipide aus einer Biomembran heraus und überführt sie auf eine Wasseroberfläche, bildet sich dort ein einschichtiger Film aus Membranlipiden. Man vermutet, dass die Fläche des Films exakt doppelt so groß ist wie die ursprüngliche Membranfläche. Nehmen Sie Stellung zu dieser Vermutung.

Material C Hybridzellenversuch

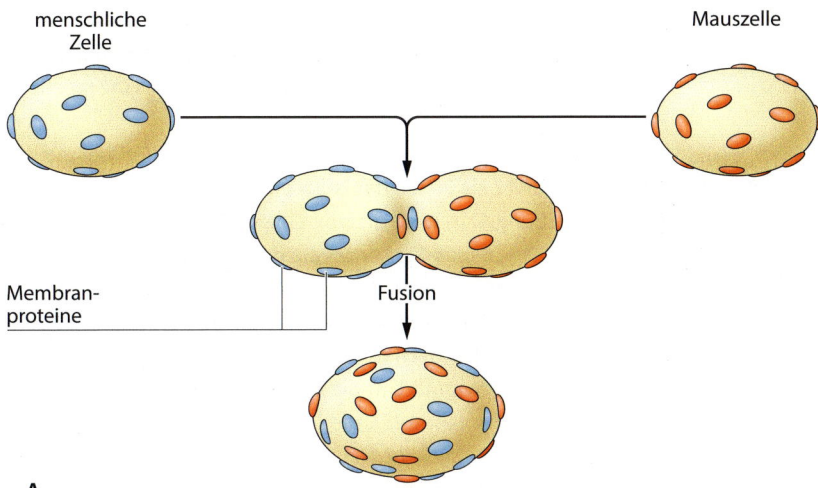

menschliche
Zelle

Mauszelle

Membran-
proteine

Fusion

A

Hybridzelle

In einem Versuch wurden Membran-proteine auf der Oberfläche von Maus-zellen und von menschlichen Zellen mit einem jeweils unterschiedlichen Farbstoff markiert. Anschließend wurden eine Mauszelle und eine Menschenzelle fusioniert, sodass sich ihre Zellmembranen verbanden. So entstand eine Hybridzelle.

Nach der Fusion wurden diese Hybrid-zellen mithilfe eines Fluoreszenz-mikroskops in Bezug auf die Verteilung der Farbmarkierungen untersucht.

1 Stellen Sie eine Hypothese auf, die mit dem beschriebenen Versuch überprüft werden kann.

2 Beschreiben Sie das in der Ab-bildung A dargestellte Versuchs-ergebnis und überprüfen Sie Ihre Vermutung aus Aufgabe C1.

3 Werten Sie die in den Abbildungen B und C dargestellten Versuchs-ergebnisse aus.

Verteilung der Mausproteine in Abhängigkeit von der Temperatur

Verteilungsgrad der Mäuseproteine in den Mosaikzellen in %

Inkubationstemperatur in °C

B

Verteilung der Mausproteine in Abhängigkeit von der Zeit

Zellen in %

Zeit in min
Inkubationszeit bei 37 °C

C ■ Zellen mit vollständig gleichmäßiger Verteilung der Mausproteine

Material D Positionswechsel von Membranlipiden

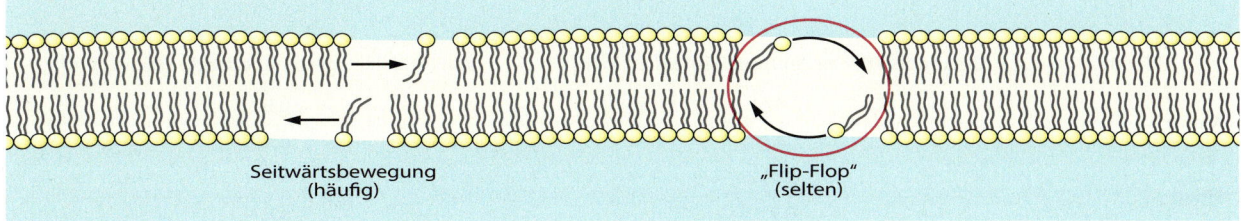

Seitwärtsbewegung
(häufig)

„Flip-Flop"
(selten)

1 Beschreiben Sie die in der Abbil-dung gezeigten Positionswechsel.

2 Erklären Sie die unterschiedliche Häufigkeit der beiden Positions-wechsel.

Membranmodelle

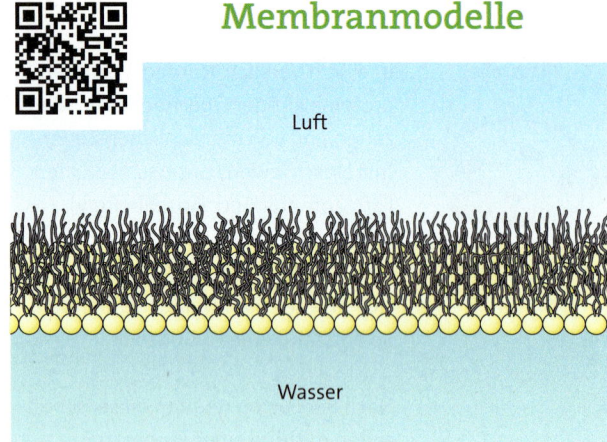

1 Membranmodell von Langmuir

Lipidhypothese • In den Jahren zwischen 1890 und 1895 experimentierte der englische Biologe Charles Ernest Overton mit tierischen und pflanzlichen Zellen. Er wollte herausfinden, welche chemischen Stoffe leichter und welche weniger leicht in die Zellen hineingelangen. Dabei fiel ihm auf, dass alle fettlöslichen Substanzen „mit größter Schnelligkeit eindringen". Verbindungen, die leicht in Wasser löslich sind, gelangen kaum oder gar nicht in die Zellen. Seine Beobachtungen führten ihn zu der Hypothese, dass die Zellen von einer dünnen Zellmembran umschlossen sein müssen, die aus fettähnlichen Stoffen, aus Lipiden, besteht. Die Fähigkeit eines Stoffes, in die Zelle zu gelangen, hängt somit nicht in erster Linie von seiner Größe ab, sondern von der Löslichkeit in der Zellmembran. Auf Basis dieser Erkenntnisse entwickelte Overton die Narkosetheorie: Die hohe Löslichkeit in der Zellmembran ist die Eigenschaft aller guten, schnell wirkenden Narkotika.

Bilayer-Modell • Dem Chemiker Irving Langmuir gelang es im Jahr 1917, experimentell nachzuweisen, dass Lipide sich auf der Wasseroberfläche in einer nur ein Molekül dünnen Schicht als Monolayer ausbreiten. Die hydrophilen Köpfe der Moleküle liegen dabei im Wasser, während die hydrophoben Schwänze, die Kohlenwasserstoffketten, in die Luft ragen.

Innerhalb eines Lebewesens befinden sich die Zellen und damit auch beide Seiten der Zellmembranen in einer wässrigen Umgebung. Dies lässt sich mit einem Monolayer nicht vereinbaren. Die beiden Wissenschaftler Evert Gorter und François Grendel stellten deshalb die Hypothese auf, dass Zellmembranen aus zwei Lipidschichten bestehen müssen. Die Köpfe der beiden Lipidschichten sind dabei nach außen dem Wasser zugewandt. Um diese Annahme zu überprüfen, isolierten sie im Jahr 1925 die Lipide von roten Blutzellen verschiedener Säugetiere. Nach der von Langmuir entwickelten Methode breiteten sie die Lipide anschließend auf einer Wasseroberfläche aus und berechneten die Größe der entstandenen Fläche. Ihre Experimente zeigten, dass die von den Lipiden bedeckte Wasserfläche etwa doppelt so groß ist wie die Oberfläche der roten Blutzellen. Ihre Hypothese wurde bestätigt und führte zum **Bilayer-Modell** der Biomembran.

Sandwich-Modell • In den folgenden Jahren wurden vielfältige Experimente durchgeführt, um die Eigenschaften der Biomembran aufzuklären. Messergebnisse zur Oberflächenspannung, der Durchlässigkeit für verschiedene Stoffe und des elektrischen Widerstands konnten mit dem Bilayer-Modell nicht gedeutet werden.

Auf Grundlage dieser Befunde entwickelten Hugh Davson und James Danielli im Jahr 1935 eine neue Hypothese. Ihrer Auffassung nach ließen sich die Eigenschaften der Biomembranen nur erklären, wenn Proteine am Bau der Biomembran beteiligt sind. Die beiden Forscher erweiterten daraufhin das Modell des Bilayers: Beide Seiten der Lipiddoppelschicht werden von

Tierart	Gesamtoberfläche der roten Blutzellen in m²	Von Lipiden insgesamt bedeckte Fläche in m²
Mensch	0,47	0,92
	0,47	0,89
Hund	31,3	62
	6,2	12,2
Hase	5,46	9,9
	0,27	0,54
Meerschweinchen	0,52	1,02
	0,52	0,97
Ziege	0,33	0,66
	0,33	0,69

2 Forschungsergebnisse von Gorter und Grendel

einer dünnen Schicht aus Proteinen bedeckt. Die Membran besteht demnach aus einem Sandwich mit der Lipiddoppelschicht innen und jeweils einer Proteinschicht außen.

Als man in den 1950er-Jahren erstmalig Biomembranen mithilfe des Transmissionselektronenmikroskops sichtbar machen konnte, zeigten alle Aufnahmen einen dreischichtigen Aufbau aus einer hellen Linie, flankiert von zwei dunklen Linien. Aufgrund dieser Erkenntnisse nahm J. David Robertson an, dass alle Biomembranen gleich aufgebaut sind. Dieses Konzept bestätigte das Sandwich-Modell.

Weg zum Fluid-Mosaik-Modell ● Larry Frye und Michael Edidin gelang es 1970 mithilfe der Fluoreszenzmikroskopie, die fluiden Eigenschaften der Plasmamembran nachzuweisen, indem sie Proteine der Zellmembranen von Mauszellen und von menschlichen Zellen verschieden farblich markierten. Anschließend brachten sie die Zellen zur Fusion. Dabei konnte man in der fusionierten Zellmembran beobachten, dass sich die verschiedenfarbigen Membranproteine langsam aufgrund von Diffusion vermischten.

Durch Fortschritte in der Elektronenmikroskopie und exaktere Messverfahren ließen sich zudem uneinheitliche Membrandicken nachweisen. Anhand rasterelektronenmikroskopischer Aufnahmen konnte man Proteinmoleküle erkennen, die in die Membran hineinreichen. Diese Erkenntnisse führten zur Entwicklung des Fluid-Mosaik-Modells.

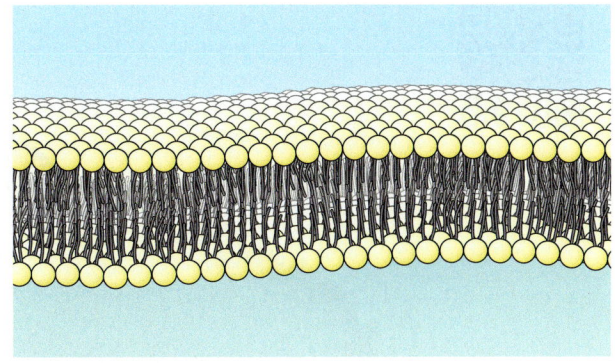

3 Bilayer-Modell

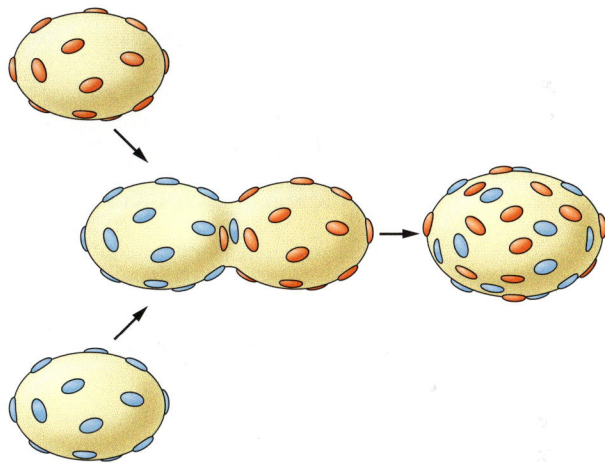

4 Schematische Darstellung des Frye-Eididin-Versuchs

1 Beschreiben Sie, ausgehend von den Abbildungen, die historischen Modellvorstellungen zum Aufbau der Biomembranen.

2 Erläutern Sie, welche Hypothesen den jeweiligen Modellen zugrunde liegen.

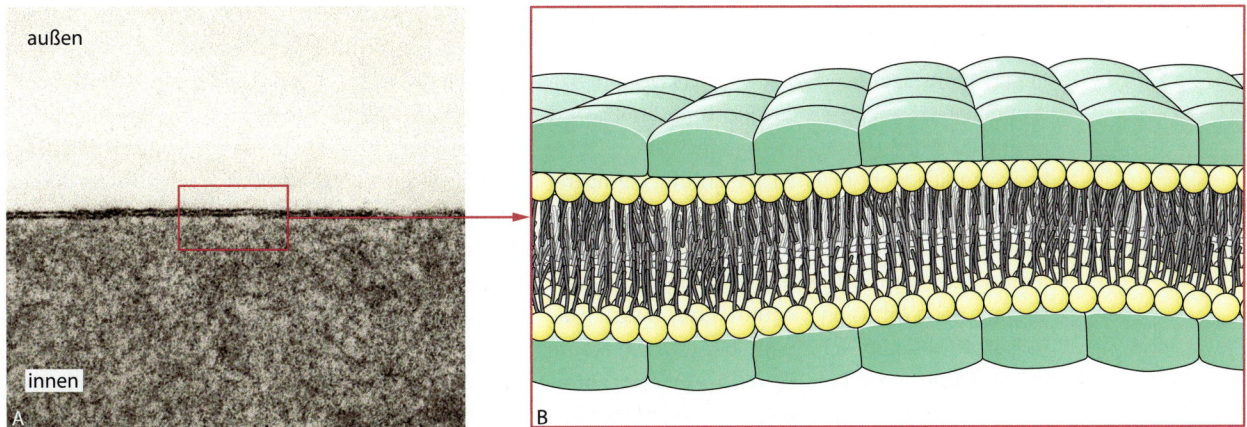

5 Biomembran: **A** EM-Aufnahme, **B** Sandwich-Modell

1.11 Diffusion und Osmose

1 Gurkenscheiben
mit Kochsalz

Bestreut man eine frisch geschnittene Gurkenscheibe mit Kochsalz, lässt sich beobachten, dass innerhalb kurzer Zeit die Salzkristalle immer feuchter werden und bald mit Flüssigkeit getränkt sind. Wie lässt sich dieses Phänomen erklären?

Diffusion • Um dieses Phänomen zu verstehen, hilft ein kleiner Vorversuch: Wenn man mit einer Pipette wenige Tropfen eines roten Farbstoffs in ein mit Wasser gefülltes Becherglas gibt, kann man beobachten, wie sich der Farbstoff ausbreitet. Nach einiger Zeit ist die Lösung im Becherglas einheitlich rot gefärbt.

Auf Teilchenebene bedeutet dies, dass sich die Farbstoffmoleküle zunächst konzentriert in einem eng begrenzten Raum befinden. Sowohl die Farbstoffmoleküle als auch die Wassermoleküle haben eine ungerichtete Eigenbewegung. Treffen zwei Moleküle aufeinander, ändern sie ihre Richtung, ähnlich wie zwei Billardkugeln, die aufeinanderstoßen. Dabei bewegen sich mehr Teilchen in Richtung geringerer Konzentration als in umgekehrter Richtung. Die Eigenbewegung der Farbstoffmoleküle führt zur Ausbreitung der Farbstofflösung im Becherglas. Dieser Vorgang heißt Diffusion. Sie führt dazu, dass sich die Farbstoffmoleküle in einem begrenzten Raum gleichmäßig verteilen. Es wird ein Konzentrationsausgleich erreicht. Die Teilchen sind aber nach wie vor in Bewegung.

Die Diffusionsgeschwindigkeit ist von verschiedenen Bedingungen abhängig: Mit steigender Temperatur nimmt die Bewegungsenergie und damit die ungerichtete Eigenbewegung der Teilchen zu. Dadurch verteilen sich die Teilchen rascher im Raum, die Diffusionsgeschwindigkeit nimmt zu. Je größer die Teilchen sind, umso geringer ist die Geschwindigkeit ihrer Eigenbewegung. Die Diffusionsgeschwindigkeit nimmt ab.

Wichtig ist auch, wie groß die Konzentrationsunterschiede eines Stoffes sind und wie weit sie voneinander entfernt sind. Je höher die Konzentrationsunterschiede eines Stoffes und je geringer ihre Entfernung, umso steiler ist der daraus resultierende Konzentrationsgradient und umso höher die Diffusionsgeschwindigkeit.

Innerhalb von Zellen und in ihrer direkten Umgebung sind nur kurze Entfernungen zu überwinden. Dort können gelöste Stoffe sehr rasch diffundieren. Für den Transport von Stoffen über größere Entfernungen in einem Organismus ist die Diffusion zu langsam.

2 Diffusion eines roten Farbstoffs in Wasser

Plasmolyse und Deplasmolyse • Auf der Gurkenscheibe befindet sich ein dünner Wasserfilm, da viele Zellen durch den Schnitt verletzt worden sind. Nach kurzer Zeit sammelt sich jedoch erheblich mehr Wasser, die Gurkenscheibe wird dünner und weich. Man muss annehmen, dass Wasser aus tiefer liegenden, unverletzten Zellen aus der Gurkenscheibe ausgetreten ist.

Mithilfe des Mikroskops kann man den Vorgang, der diesem Phänomen zugrunde liegt, genauer untersuchen. Gut geeignet sind hierfür die verhältnismäßig großen Epidermiszellen der roten Küchenzwiebel mit ihren rot gefärbten Vakuolen. Gibt man zu diesen Zellen eine konzentrierte Salzlösung auf den Objektträger, beobachtet man, dass das Volumen der Vakuolen abnimmt und sich das Zellplasma von der Zellwand ablöst. Gleichzeitig erscheint die Färbung der Vakuolen intensiver rot.

Die umgebende Lösung hat eine höhere Salzkonzentration als das Zellinnere. Man bezeichnet sie als **hypertonisch**. Die gelösten Salzteilchen können die Zellwände von außen nach innen passieren, nicht aber die Zellmembranen. Innerhalb der Zellen ist nun die Wasserkonzentration höher als in der direkten Umgebung. Die Wasserteilchen aus der Vakuole und dem Zellplasma diffundieren durch die Membranen nach außen und bewirken, dass das Volumen des Zellinneren abnimmt. Dieser Vorgang wird als **Plasmolyse** bezeichnet.

Überführt man die Zwiebelepidermis anschließend in eine Lösung mit einer geringeren Salzkonzentration als im Zellinneren, also in eine **hypotonische** Lösung, findet der umgekehrte Prozess statt: Die Wasserteilchen diffundieren in das Zellinnere.

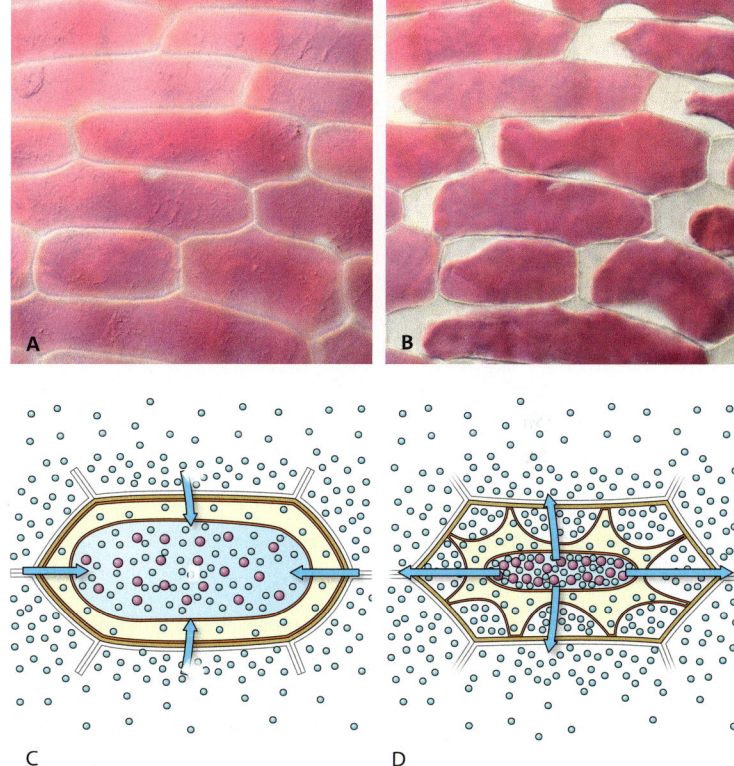

3 Plasmolyse

Das Zellplasma und die Vakuole dehnen sich wieder aus und nehmen ihre ursprüngliche Form an. Diesen Vorgang nennt man **Deplasmolyse.**

Eine wesentliche Ursache für die Plasmolyse und die Deplasmolyse ist, dass die Zellmembran und der Tonoplast für das Lösungsmittel wasserdurchlässig sind, nicht aber für den darin gelösten Stoff. Man nennt die Membranen deshalb **selektiv permeabel.** Der Durchtritt des Lösungsmittels durch eine solche Membran wird als **Osmose** bezeichnet.

griech. hyperton = höheren Druck habend

griech. hypoton = geringeren Druck habend

griech. isoton = gleichen Druck habend

lat. permeabel = durchlässig

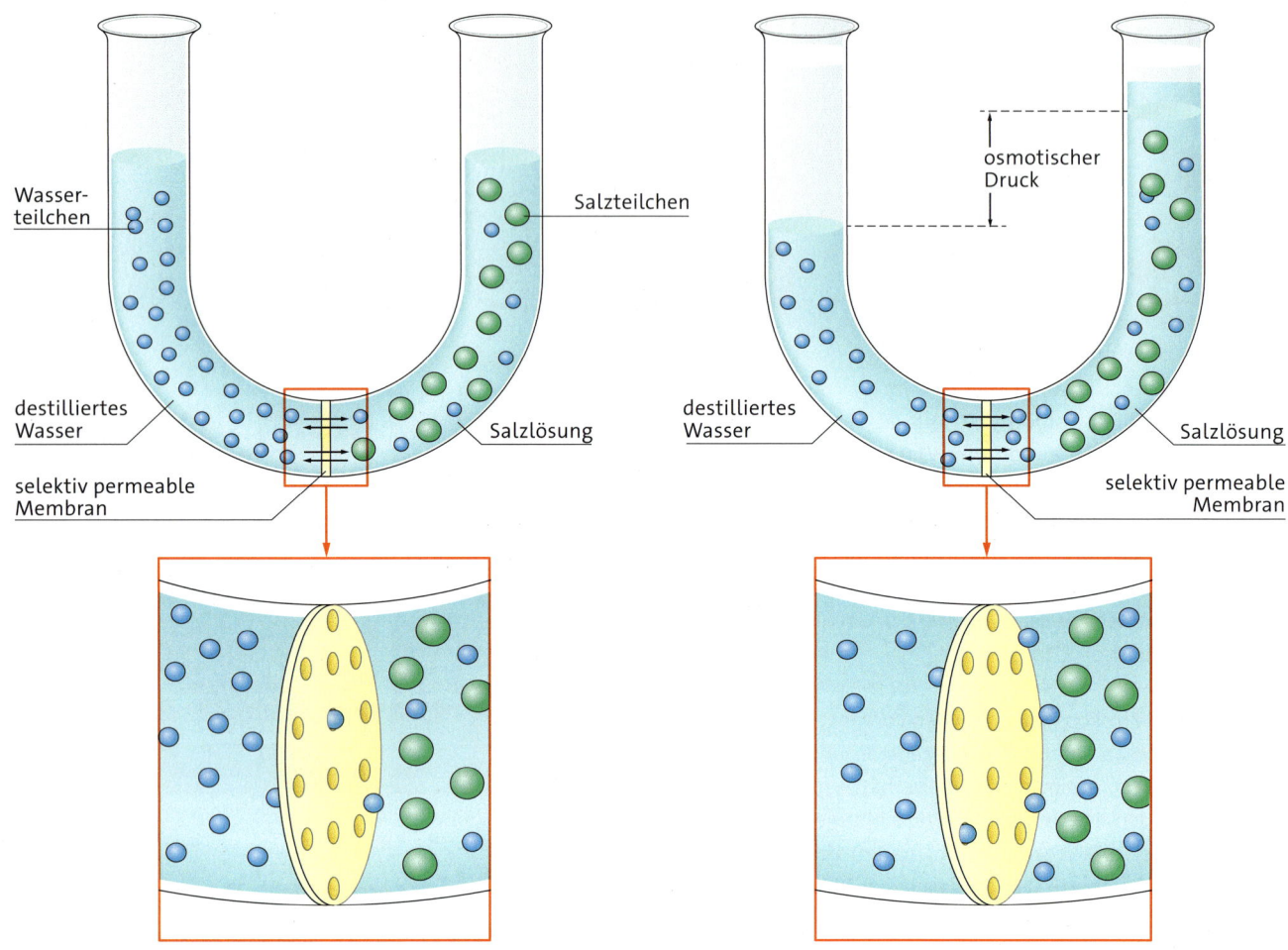

Wasser-
teilchen

Salzteilchen

osmotischer
Druck

destilliertes
Wasser

destilliertes
Wasser

selektiv permeable
Membran

Salzlösung

Salzlösung

selektiv permeable
Membran

1 Osmose durch eine selektiv permeable Membran (Modell)

Modellversuch zur Osmose ● Die Wirkung der selektiven Permeabilität der Membranen lässt sich mit einem Modellversuch verdeutlichen. In einem U-Rohr befinden sich zwei Kammern, die durch eine selektiv permeable Membran voneinander getrennt sind. In der linken Kammer befindet sich destilliertes Wasser, in der rechten Kammer eine Salzlösung. Je höher die Salzkonzentration der Salzlösung ist, umso höher ist ihr **osmotischer Wert**. Sowohl für das gelöste Salz als auch für das Lösungsmittel Wasser liegt ein Konzentrationsgradient vor. Nur die Wassermoleküle können die Membran passieren. Sie strömen durch die selektiv permeable Membran in die rechte Kammer. Dies führt zu einem erhöhten Druck in der Kammer mit der Salzlösung und zum Anstieg des Pegels. Aufgrund der zugrunde liegenden Osmose wird dieser Druck als osmotischer Druck bezeichnet. Er steigt mit zunehmender Konzentration der Salzlösung, also ih-

rem osmotischen Wert. Die selektiv permeable Membran verhindert, dass es zu einem Konzentrationsausgleich zwischen den beiden Kammern kommt.

Der osmotische Druck bewirkt bei einer frischen Gurkenscheibe, dass die Zellmembranen von innen Druck auf die elastischen Zellwände ausüben. Aufgrund der durch die Salzkristalle hervorgerufenen Plasmolyse verringert sich dieser Druck und die Zellwände stehen nicht mehr unter Spannung. Deshalb wird die Gurkenscheibe weich.

1 Beschreiben Sie den Unterschied zwischen Diffusion und Osmose.

2 Erläutern Sie am Beispiel der mit Kochsalz bestreuten Gurkenscheibe den Vorgang der Plasmolyse.

Material A Simulationsspiel zur Diffusion

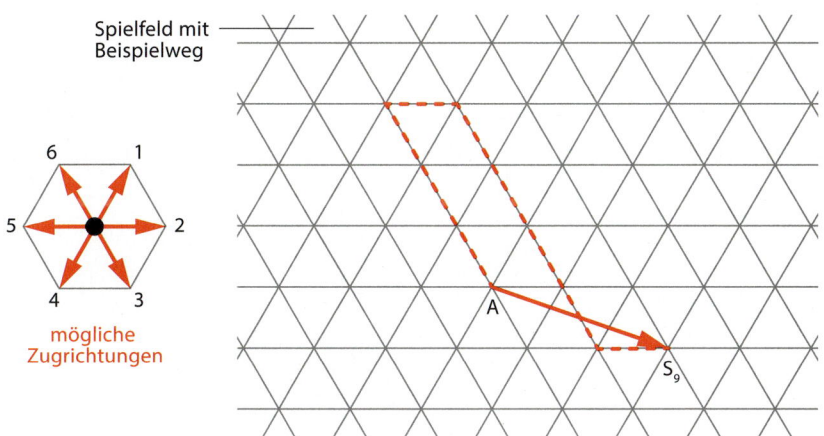

Spielfeld mit Beispielweg

mögliche Zugrichtungen

und immer um einen Schritt. Die Abbildung zeigt ein Beispiel eines Weges mit der Würfelfolge 6, 6, 6, 2, 3, 3, 3, 3, 2.

Die ungerichtete Teilchenbewegung bei der Diffusion lässt sich auf einem Spielfeld aus gleichseitigen Dreiecken simulieren, zum Beispiel einem Halmaspielfeld. Man benötigt hierzu einen Würfel und einen Spielstein.

Zunächst wird ein Startpunkt A bestimmt. Die Richtung der Bewegung wird durch die gewürfelte Augenzahl nach der in der Abbildung gezeigten Zugrichtung festgelegt. Gewandert wird ausschließlich entlang der Linien

1 Führen Sie das Simulationsspiel durch und zeichnen Sie den Weg Ihres Spielsteins auf. Markieren Sie die nach 9, 16, 25 und 36 Schritten erhaltenen Endpunkte S_9, S_{16}, S_{25} und S_{36}. Messen Sie die jeweiligen Abstände zum Startpunkt A.

2 Vergleichen Sie Ihre Zufallswege mit denen Ihrer Mitschülerinnen und Mitschüler.

3 Erläutern Sie, welche Eigenschaften des Teilchenmodells der Diffusion im Simulationsspiel erfasst werden und welche nicht.

Material B Hühnereier

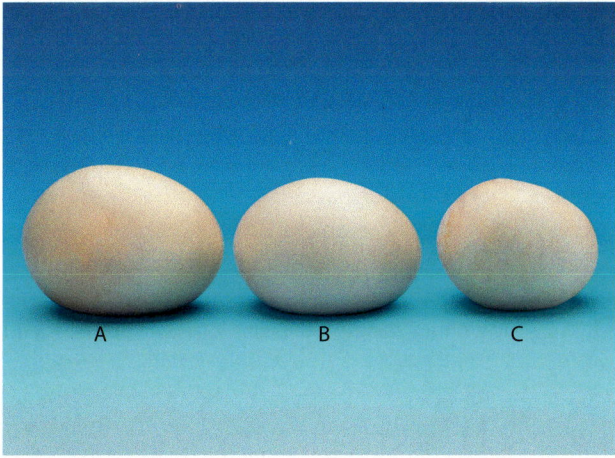

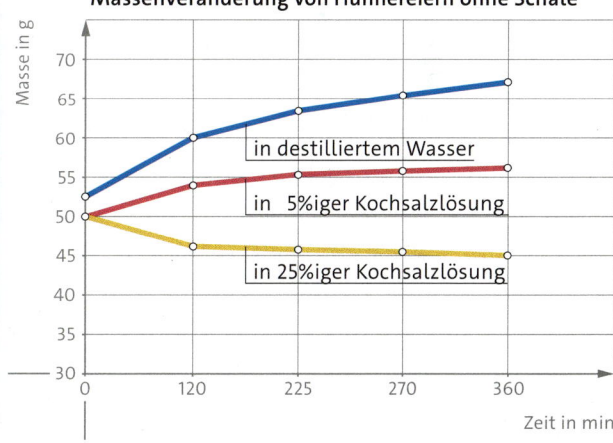

Massenveränderung von Hühnereiern ohne Schale

in destilliertem Wasser

in 5%iger Kochsalzlösung

in 25%iger Kochsalzlösung

Masse in g

Zeit in min

Drei rohe Hühnereier werden je in ein mit Haushaltsessig gefülltes Becherglas gelegt und zwei Tage lang aufbewahrt.

Aufgrund der Einwirkung der Essigsäure löst sich die Kalkschale der Eier langsam auf. Die Eihaut bleibt erhalten.

Die so vorbereiteten Eier werden vorsichtig mit klarem Wasser abgespült

und anschließend in drei verschiedene Lösungen überführt: ein Ei in destilliertes Wasser (**A**), ein Ei in 5%ige Kochsalzlösung (**B**) und ein Ei in 25%ige Kochsalzlösung (**C**). Innerhalb der folgenden 6 h werden die Massenveränderungen der Hühnereier ohne Schale festgehalten.

1 Beschreiben Sie die dargestellten Veränderungen der Massen der drei Hühnereier.

2 Erklären Sie die beobachteten Massenveränderungen.

3 Entwickeln Sie ein Folgeexperiment zur Bestimmung der Salzkonzentration im Hühnerei.

1.12 Transportvorgänge an Biomembranen

1 Ohnmächtige Sportlerin

Sportlerinnen und Sportler, die sich über ihre Leistungsgrenzen hinaus fordern, erhalten im Notfall eine Glucose-Infusion. Die energiereiche Glucose wird sehr rasch vom Darm ins Blut aufgenommen und ist daher ein schneller Energielieferant für einen kurzen Zeitraum. Wie gelangen die Glucosemoleküle durch die Zellmembran der Darmwand in die Blutgefäße?

Charles Ernest
Overton
(1865–1933)
siehe Seite 58.

Erleichterte Diffusion ● Als Charles Ernest Overton in den 1890er-Jahren die Durchlässigkeit von Biomembranen untersuchte, stellte er fest, dass fettlösliche Stoffe durch Membranen leicht diffundieren können, wasserlösliche Stoffe jedoch nicht. Da Glucosemoleküle sehr gut wasserlöslich sind, können sie also Biomembranen nicht passieren.

Lipidlösliche Stoffe und Gase wie Sauerstoff können die Lipiddoppelschicht der Biomembran durch einfache Diffusion passieren.
Lipidunlösliche, polare Moleküle, zum Beispiel Glucosemoleküle, und Ionen gelangen über integrale Membranproteine, die **Kanalproteine**, durch die Membran. Kanalproteine bilden Poren und erlauben

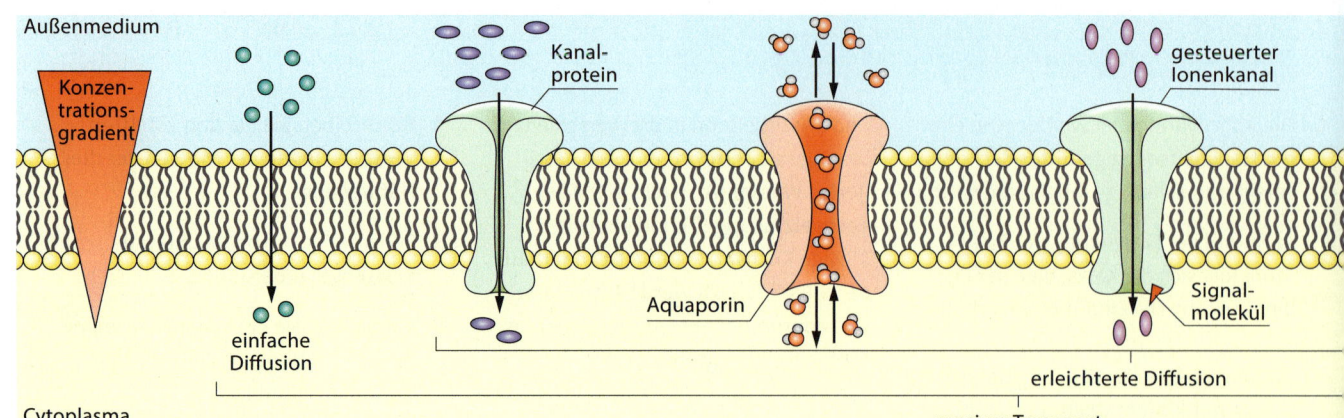

2 Transportvorgänge durch Biomembranen

eine erleichterte Diffusion in Richtung des Konzentrationsgradienten. Die am besten untersuchten Membrankanäle sind die **Ionenkanäle**. Sie sind jeweils für eine Ionenart spezifisch. Die meisten Ionenkanäle können wie ein Tor geöffnet und geschlossen werden. Dies geschieht entweder durch ein chemisches Signalmolekül oder durch elektrische Erregung. Ionenkanäle sind wichtig für die Erregungsleitung im Nervensystem sowie die Regelung des Gasaustauschs bei Pflanzen.

Lange Zeit konnte man sich die schnelle Diffusion polarer Wassermoleküle durch Biomembranen nicht erklären. Erst in den 1980er-Jahren gelang es, spezifische Kanalproteine, die **Aquaporine**, nachzuweisen. Sie erlauben einen schnellen Wassertransport in tierischen und pflanzlichen Zellen, da ein einzelnes Aquaporin bis zu drei Milliarden Wassermoleküle pro Sekunde durchlassen kann. In der Zellmembran treten Aquaporine als Tetramer auf. Das bedeutet, dass vier Aquaporinkanäle eine Einheit bilden.

Aminosäure- und Zuckermoleküle werden von speziellen Carrierproteinen transportiert, an die das zu transportierende Molekül bindet. Die Carrier ändern ihre Struktur und entlassen das Molekül auf der anderen Seite der Membran. Aufgrund dieser Funktionsweise wird der Transport als **Carriertransport** bezeichnet. Einfache Carriertransporte erfolgen in Richtung des Konzentrationsgradienten.

Da die verschiedenen Prozesse der Diffusion und der erleichterten Diffusion durch Biomembranen keine

zusätzliche Energie benötigen, handelt es sich bei den genannten Beispielen um einen **passiven Transport**.

Glucosetransport • Bevor die mit der Nahrung aufgenommene Glucose aus dem Dünndarm ins Blut gelangt, muss sie zuerst die Dünndarmzellen passieren. Zunächst gelangt die Glucose mithilfe eines Carriers in die Zellen. Gleichzeitig werden Natriumionen, kurz Na⁺, transportiert. Diesen Cotransport von zwei Stoffen nennt man Symport.

Der Antrieb für den Symport erfolgt über den hohen Konzentrationsgradienten für Natriumionen zwischen Darminnenraum und Zellplasma der Dünndarmzellen. Durch den Symport gelangt die Glucose gegen ihren eigenen Konzentrationsgradienten in die Dünndarmzellen. Selbst geringe Glucosekonzentrationen im Darm können so optimal genutzt werden. Mithilfe eines weiteren Carriers gelangt die Glucose aus der Dünndarmzelle ins Blutgefäß.

Der Glucosetransport ist von einer niedrigen Natriumionenkonzentration in den Dünndarmzellen abhängig. Deshalb befinden sich in ihren Membranen Natrium-Kalium-Pumpen, die die Natriumionen aus den Zellen heraus- und gleichzeitig Kaliumionen hineinbefördern. Da die Pumpen Energie in Form von ATP benötigen und die Ionen gegen den Konzentrationsgradienten transportieren können, spricht man von einem **aktiven Transport**. Trotz der Effektivität des aktiven Transports muss im medizinischen Notfall, wie bei der abgebildeten Sportlerin, die Infusion der Glucose direkt ins Blut erfolgen.

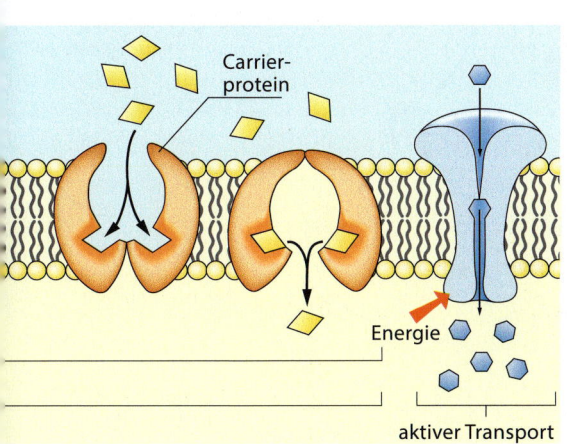

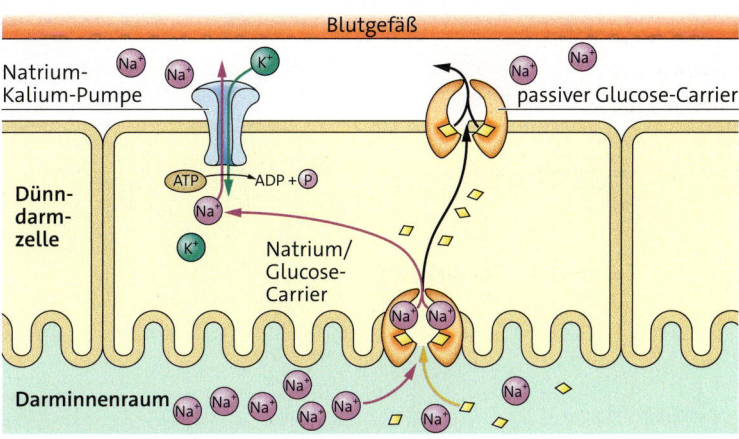

3 Glucosetransport durch eine Dünndarmzelle

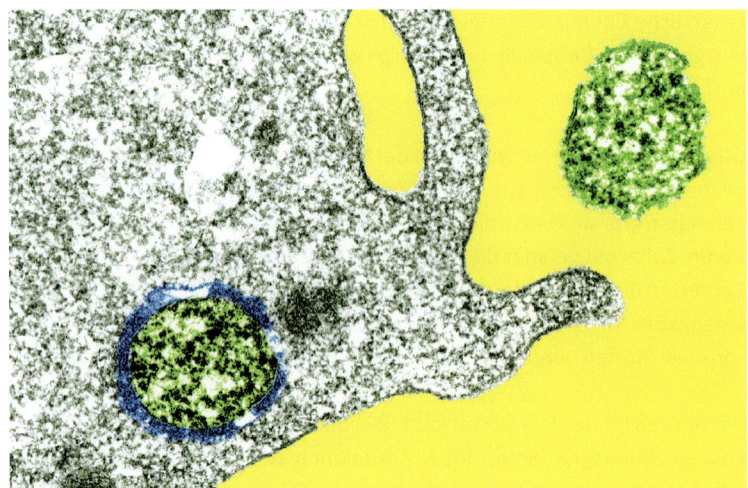

1 Phagocytose eines Makrophagen

weißen Blutzellen und sind als Abwehrzellen aktiv. Sie schließen Bakterien in Vesikel ein, die sie dort verdauen. Die Aufnahme eines festen Partikels nennt man **Phagocytose**.

Viele Zellen produzieren Sekretstoffe wie Verdauungsenzyme oder Hormone. Die in der Zelle produzierten Sekrete werden in Vesikel eingeschlossen. Auf diese Weise erfolgt der Transport von Proteinen durch Transportvesikel vom Endoplasmatischen Reticulum zum Dictyosom. Dort verschmelzen die Membranen des Vesikels und des Dictyosoms, der Inhalt wird weiterverarbeitet. Am Dictyosom schnüren sich seitlich Vesikel ab, die zur Zellmembran transportiert werden. Die Vesikelmembran verschmilzt mit der Zellmembran und der Inhalt der Vesikel wird nach außen abgegeben. Diesen Vorgang bezeichnet man als **Exocytose.** Während des Vesikeltransports innerhalb der Zelle werden Membranstücke von einem Organell zum anderen transportiert. Die damit einhergehende Erneuerung der Membranen heißt Membranfluss.

Cytosen • Kleine Moleküle können über Kanalproteine oder Carrierproteine in das Innere der Zelle diffundieren. Größere Moleküle wie Cholesterin oder Nahrungspartikel gelangen auf einem anderen Weg in die Zelle. Die Zellmembran umfließt das Nahrungspartikel und bildet ein von der Membran umschlossenes Vesikel. Das Nahrungspartikel wird von der Zelle aufgenommen. Diesen Vorgang nennt man **Endocytose.** Anschließend verschmilzt das Vesikel mit einem Lysosom. Dessen Verdauungsenzyme lösen den Inhalt des Vesikels auf. Eine besondere Form der Endocytose ist der Angriff eines Makrophagen auf ein Bakterium. Makrophagen gehören zu den

1 Beschreiben Sie die Beispiele für die erleichterte Diffusion.

2 Erläutern Sie den Unterschied zwischen passivem und aktivem Transport.

3 Beschreiben Sie den Ablauf der Endocytose.

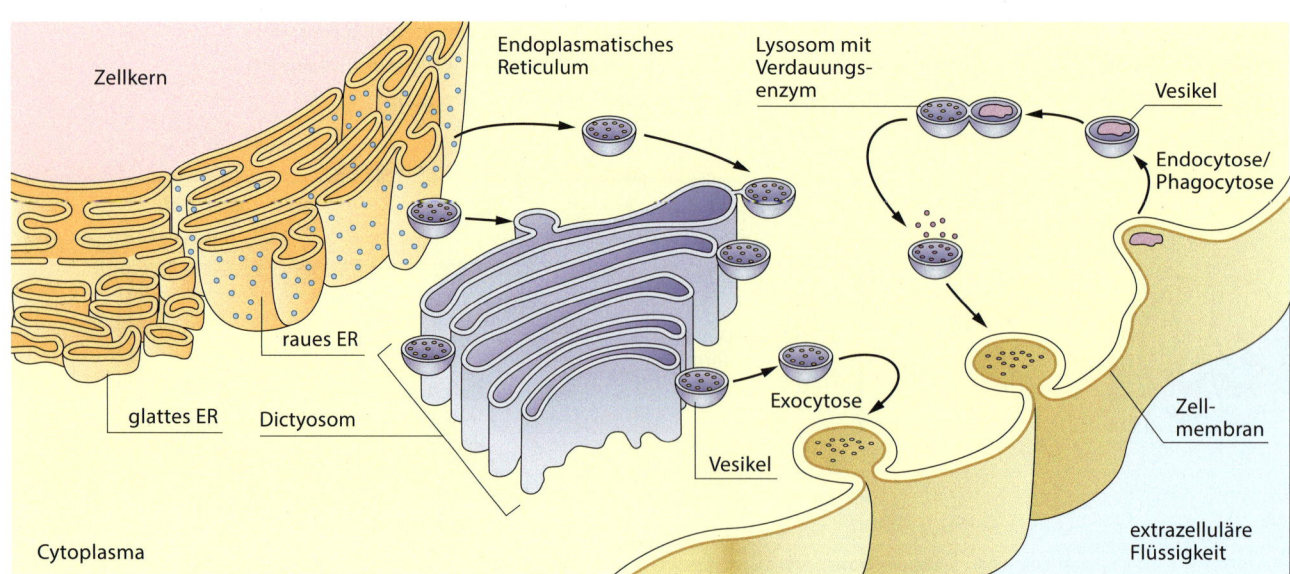

2 Membranfluss in der Zelle

Material A Plasmolyse bei der Ligusterbeere

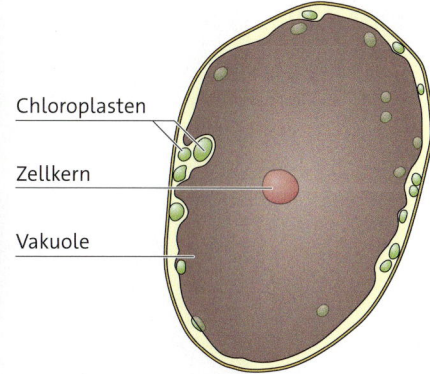

Chloroplasten

Zellkern

Vakuole

Der Gemeine Liguster ist häufig an Waldrändern anzutreffen. Im September entwickelt er schwarze, etwa erbsengroße, giftige Beeren.

Im lichtmikroskopischen Bild des Fruchtfleischs der Ligusterbeere erkennt man in den Zellen eine zentrale, blaurot gefärbte Vakuole, die fast den gesamten Zellinhalt ausfüllt. Sie ist von einem schmalen Zyotoplasmasaum mit Chloroplasten umgeben. Legt man das Präparat in eine konzentrierte Zuckerlösung, beobachtet man,

dass Zellen und Vakuolen schrumpfen. Legt man die Zellen zurück in Wasser, nimmt das Volumen des Zellinhalts wieder zu.

Für einen zweiten Versuch wird das Präparat zunächst mit einer Quecksilbersalzlösung behandelt. Anschließend wird das Präparat in die Zuckerlösung und dann in Wasser gelegt.

Die Quecksilberionen der Quecksilbersalzlösung blockieren Aquaporine.

1 Erläutern Sie die Veränderungen des Zellvolumens nach der Überführung in konzentrierte Zuckerlösung und in Wasser.

2 Erklären Sie die Funktion der Aquaporine in der Zellmembran. Nehmen Sie hierzu die Abbildung 2 auf Seite 64 zu Hilfe.

3 Stellen Sie eine Hypothese auf, welche Beobachtungen im zweiten Versuch zu erwarten sind.

Material B Vakuole als Ionenfalle

Versuchsbeginn

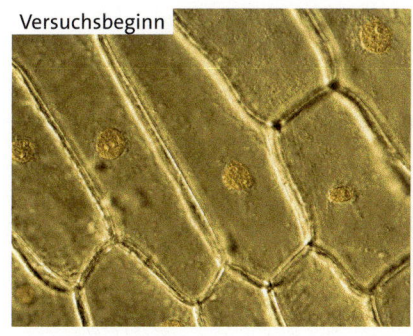

nach einigen Minuten

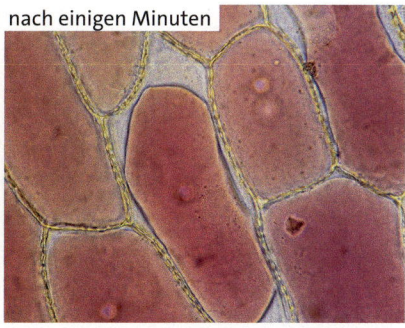

In einem Folgeexperiment wird die Zwiebelepidermis von der Neutralrotlösung in Leitungswasser überführt. Der Vakuoleninhalt der Zwiebelzellen ist schwach sauer.

Neutralrot ist ein Farbstoff, der in einer neutralen bis basischen Lösung lipophil, also fettlöslich ist und eine braunrote Farbe hat. In saurer Lösung nehmen die lipophilen Neutralrotmoleküle Protonen auf und wandeln sich so in positiv geladene hydrophile, also wasserlösliche Neutralrotionen um.

Die Lösung färbt sich kirschrot. Für ein Experiment wird die Epidermis einer Küchenzwiebel in eine Neutralrotlösung gelegt. Nach einigen Minuten beobachtet man die in der rechten Abbildung dargestellten Veränderungen.

1 Beschreiben Sie die in der rechten Abbildung dargestellten Veränderungen in der Zwiebelepidermis.

2 Erklären Sie die Beobachtungen.

3 Entwickeln Sie eine Hypothese, welche Beobachtungen im Folgeexperiment zu erwarten sind, und begründen Sie den Begriff „Ionenfalle" für die Vakuole.

1 Gepard jagt Antilope

Bei der Verfolgung einer Antilope beschleunigt der Gepard in etwa 3 s auf eine Geschwindigkeit von 100 km/h und erreicht kurzfristig bis zu 120 km/h. In dieser kurzen Zeit erhöht sich seine Körpertemperatur von 38,5 auf 40 °C und die Atemfrequenz steigt von 60 auf 140 Atemzüge pro Minute. Nach erfolgreicher Jagd benötigt er eine Erholungspause von 15 bis 20 min, bevor er zu fressen beginnt. Wie ist das zu erklären?

Lebewesen als offene Systeme ● Wie der Gepard nimmt jedes Lebewesen Stoffe aus seiner Umgebung auf. Dies sind bei Tieren insbesondere die in der Nahrung enthaltenen Nährstoffe, Wasser und der mit der Atmung aufgenommene Sauerstoff. Außerdem scheiden sie Exkremente, Wasser und mit dem Ausatmen Kohlenstoffdioxid aus. Sie geben somit Stoffe an die Umwelt ab.

In den Lebewesen finden vielfältige Stoffwechselprozesse statt. So werden die in der Nahrung enthaltenen Nährstoffe aufgespalten und für den Aufbau körpereigener Strukturen genutzt.

Auch Pflanzen nehmen Stoffe wie Wasser und Kohlenstoffdioxid sowie Mineralstoffe aus der Umgebung auf und nutzen diese zur Bildung körpereigener Strukturen. Sie geben andere Stoffe wie Sauerstoff an die Umgebung ab. Aufgrund des Stoffaustauschs mit der Umgebung werden Lebewesen als offene Systeme bezeichnet.

Energie ● Sowohl der Gepard als auch die Antilope bewegen sich mit hoher Geschwindigkeit. Je höher ihre Geschwindigkeit und je größer die Masse der Tiere ist, umso höher ist ihre Bewegungsenergie, die kinetische Energie.

Die für die Bewegung notwendige Energie wird aus chemischer Energie bereitgestellt. Dies geschieht beim Abbau der mit der Nahrung aufgenommenen Nährstoffe. Diese Energieumwandlungen führen zur Freisetzung von Reaktionswärme. Sowohl für den Gepard als auch für die Antilope gilt somit, dass ein Teil der nutzbaren Energie in nicht nutzbare Wärmeenergie umgewandelt wird. Die Körpertemperatur steigt, die Reaktionswärme wird an die Umgebung abgegeben.

Biochemische Reaktionen der Energieumwandlung, bei denen Energie freigesetzt wird, bezeichnet man als **exergonische Reaktionen.** Die abgegebene Wärmenergie heißt Reaktionsenthalpie. Reaktionen, für die Energie benötigt wird, sind **endergonische Reaktionen.** So nutzen Pflanzen die Energie des Sonnenlichts für die Fotosynthese. Somit sind Lebewesen auch aus energetischer Sicht offene Systeme.

Beim Abbau der Nährstoffe entstehen aus verhältnismäßig großen Molekülen viele kleine Moleküle, die sich in unterschiedlicher Weise bewegen und schwingen. Das führt dazu, dass die Anzahl der möglichen Anordnungen der beteiligten Teilchen zunimmt. Damit nimmt auch ihre Unordnung zu. Man bezeichnet dies als Zunahme der **Entropie.** Die Entropie ist also ein Maß für die Unordnung.

Der amerikanische Physiker Josiah Willard Gibbs erkannte im 19. Jahrhundert, dass es möglich ist, aus den Änderungen der Enthalpie und der Entropie zu berechnen, ob eine chemische Reaktion exergonisch ist, also freiwillig abläuft, oder ob sie endergonisch ist und damit nicht freiwillig abläuft. Er definierte die Gibbs-Energie G, die auch als **freie Enthalpie** bezeichnet wird. Wenn ΔG für eine Reaktion negativ ist, läuft sie freiwillig ab, ist ΔG positiv, läuft sie nur unter Energiezufuhr ab.

Energetisch nutzbare Stoffe • Die mit der Nahrung aufgenommenen Nährstoffe werden von Gepard und Antilope benötigt, um körpereigene Stoffe aufzubauen. Außerdem sind sie notwendig zur Bereitstellung der Energie, damit sich die Tiere in Bewegung setzen können.

Ein Beispiel für einen Nährstoff ist die Glucose. Der Abbau der Glucose führt zur Bildung von Wasser und Kohlenstoffdioxid:

$$C_6H_{12}O_6 + 6\,O_2 \rightarrow 6\,CO_2 + 6\,H_2O$$

Die Bildung dieser Stoffe ist nur möglich, wenn zunächst die chemischen Bindungen innerhalb der Glucosemoleküle gelöst werden. Dafür wird Energie benötigt. Die Bildung der Kohlenstoffdioxid- und der Wassermoleküle erfordert außerdem, dass Sauerstoffmoleküle an der Reaktion beteiligt sind. Die jeweilige Bindungsenergie der entstehenden Moleküle ist größer als die der Ausgangsstoffe. Deshalb wird mehr Energie freigesetzt, als für die Spaltung

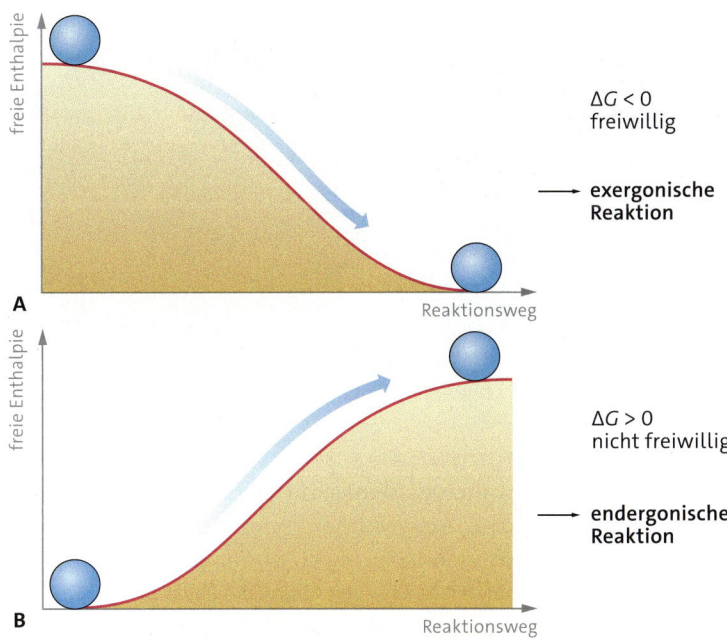

$\Delta G < 0$
freiwillig

→ **exergonische Reaktion**

$\Delta G > 0$
nicht freiwillig

→ **endergonische Reaktion**

2 Modellvorstellung: **A** exergonische und **B** endergonische Reaktion

der Glucose- und der Sauerstoffmoleküle erforderlich ist. Der Abbau der Glucose ist daher in Gegenwart von Sauerstoff ein exergonischer Prozess.

Ohne den mit der Atmung aufgenommenen Sauerstoff könnte der Gepard die Nährstoffe nicht zur effizienten Energiebereitstellung nutzen. Daher steigt die Anzahl der Atemzüge beim jagenden Gepard stark an.

ΔG
= Änderung der freien Enthalpie

Hauptsätze der Thermodynamik

Die Energieumwandlungen der Lebensprozesse beruhen auf zwei Gesetzen der Thermodynamik:

– Im 19. Jahrhundert wurde aus der Beobachtung vielfältiger Naturphänomene der Satz von der Erhaltung der Energie abgeleitet, der **1. Hauptsatz der Thermodynamik:** Energie kann nur übertragen oder umgewandelt, aber weder erzeugt noch vernichtet werden.

– Der **2. Hauptsatz der Thermodynamik** lautet, dass ein chemischer oder physikalischer Prozess in einem abgeschlossenen System stets in die Richtung läuft, in der die Unordnung, also die Entropie, zunimmt. Daraus folgt, dass Wärme von selbst nur von einem Bereich mit höherer Temperatur auf einen Bereich mit niedrigerer Temperatur übergeht.

1 Verbrennung eines Zuckerwürfels: **A** ohne Asche, **B** mit Asche

Katalysatoren • Bei der Verbrennung eines Zuckerwürfels entsteht eine Flamme. Es handelt sich um einen exergonischen Prozess. Da die freie Enthalpie dieser Reaktion negativ ist, sind die Voraussetzungen für den freiwilligen Ablauf der Reaktion erfüllt. Dennoch brennt der Zuckerwürfel nicht von selbst. Auch der Versuch, einen Zuckerwürfel mit dem Feuerzeug zu entzünden, gelingt nicht. Das heißt, die zugeführte Wärmeenergie reicht nicht aus. Der Ablauf der chemischen Reaktion ist gehemmt. Gibt man ein wenig Asche auf den Zuckerwürfel, lässt er sich sofort entzünden. Die Energie, die notwendig ist, um eine Reaktion in Gang zu setzen, wird als **Aktivierungsenergie** bezeichnet. Beim Zuckerwürfel wird diese Energie durch die Asche gesenkt. Stoffe, die die Aktivierungsenergie herabsetzen, nennt man **Katalysatoren.**

Enzyme als Biokatalysatoren • In den Zellen der Lebewesen laufen vielfältige chemische Reaktionen ab. Dazu gehört auch die Bereitstellung der chemischen Energie bei der Reaktion von Glucose mit Sauerstoff. Die hierfür notwendige Aktivierungsenergie wird so weit abgesenkt, dass dies bei den verhältnismäßig geringen Temperaturen in den Zellen der Lebewesen möglich ist. Die Zellen verfügen über sehr viele spezielle Proteine, die als Biokatalysatoren die unterschiedlichen Reaktionen katalysieren, die **Enzyme.** Die Herabsetzung der Aktivierungsenergie durch ein Enzym beschleunigt die Reaktionsgeschwindigkeit, das Enzym wird bei der Reaktion aber nicht verbraucht. Allerdings ist der Reaktionsweg ein anderer als bei der nicht katalysierten Reaktion. Das Enzym bildet mit dem umzusetzenden Molekül, dem Substrat, während der Reaktion einen Übergangszustand, der als **Enzym-Substrat-Komplex** bezeichnet wird. Erst im Folgeschritt kommt es zur Bildung der Produkte. Da viele enzymatische Reaktionen in Lebewesen Energie benötigen, sind sie mit exergonischen Reaktionen verknüpft, beispielsweise der Hydrolyse von ATP.

1 Beschreiben Sie, weshalb man Lebewesen als offene Systeme bezeichnet.

2 Erläutern Sie die Unterschiede zwischen einer chemischen Reaktion ohne Katalysator und einer mit Katalysator.

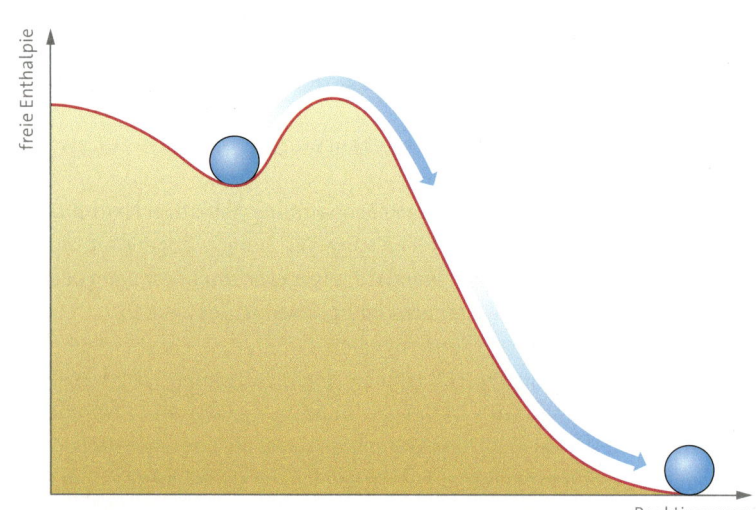

2 Modellvorstellung einer gehemmten Reaktion

3 Energiediagramm einer katalysierten und unkatalysierten Reaktion

Versuch A Zersetzung von Wasserstoffperoxid

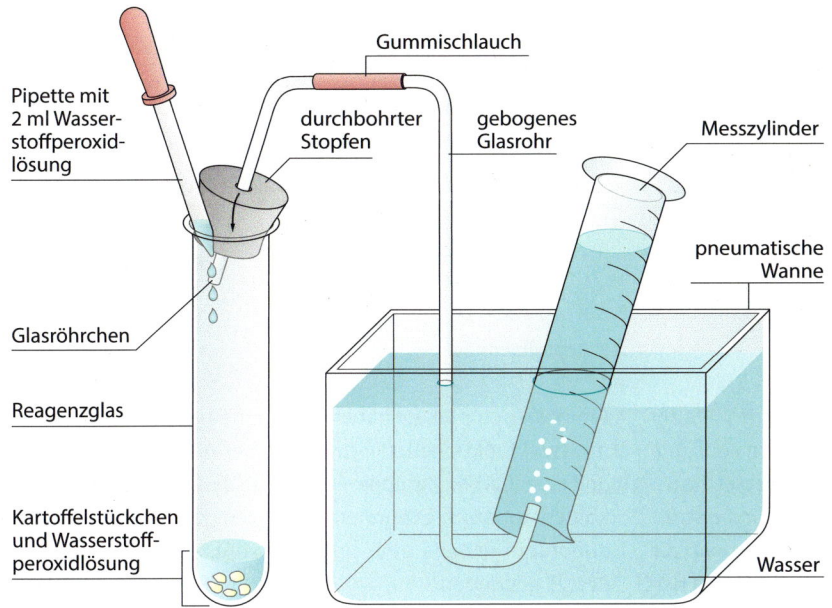

- Pipette mit 2 ml Wasserstoffperoxidlösung
- Gummischlauch
- durchbohrter Stopfen
- gebogenes Glasrohr
- Messzylinder
- pneumatische Wanne
- Glasröhrchen
- Reagenzglas
- Kartoffelstückchen und Wasserstoffperoxidlösung
- Wasser

Wasserstoffperoxid zersetzt sich sehr langsam in Wasser und Sauerstoff:

$$2\,H_2O_2 \rightarrow 2\,H_2O + O_2.$$

Das Enzym Katalase beschleunigt die Zersetzung enorm. Ein einziges Enzym setzt pro Sekunde bis zu 40 Millionen Wasserstoffperoxidmoleküle um.

Die Wirkung der Katalase lässt sich beobachten, wenn man zu rohen Kartoffelstückchen 2 ml einer 3%igen Wasserstoffperoxidlösung (GHS07) gibt. Der entstandene Sauerstoff lässt sich mit der Glimmspanprobe nachweisen.

1 Führen Sie das Experiment entsprechend der Abbildung durch und erstellen Sie ein Versuchsprotokoll.

2 Stellen Sie eine Hypothese auf, in welcher Weise sich die Gasentwicklung steigern ließe.

Im Stoffwechsel entsteht zum Beispiel beim Fettsäureabbau als Nebenprodukt Wasserstoffperoxid, H_2O_2. Da Wasserstoffperoxid giftig ist, verfügen sowohl tierische als auch pflanzliche Zellen über ein Enzym, das Wasserstoffperoxid abbaut, die Katalase.

Besonders hohe Konzentrationen der Katalase finden sich in Leber- und in Nierenzellen sowie in Kartoffeln.

Material B Energiediagramme der Zersetzung von Wasserstoffperoxid

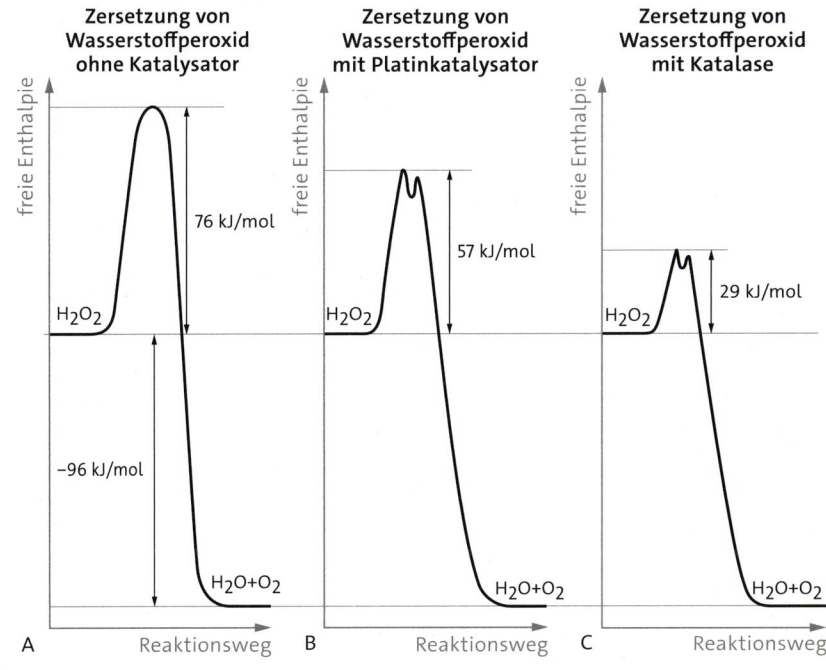

Zersetzung von Wasserstoffperoxid ohne Katalysator
— 76 kJ/mol
— −96 kJ/mol
H_2O_2 / H_2O+O_2

Zersetzung von Wasserstoffperoxid mit Platinkatalysator
— 57 kJ/mol
H_2O_2 / H_2O+O_2

Zersetzung von Wasserstoffperoxid mit Katalase
— 29 kJ/mol
H_2O_2 / H_2O+O_2

freie Enthalpie — Reaktionsweg

A   B   C

Die abgebildeten Energiediagramme stellen den Reaktionsverlauf für die Zersetzung von Wasserstoffperoxid dar. Die Enthalpie wird in Joule, J, angegeben. Die Stoffmenge wird in Mol, mol, angegeben.

1 Erläutern und vergleichen Sie die Energiediagramme.

2 Begründen Sie, welche Bedeutung die geringe Aktivierungsenergie der Reaktion in Gegenwart der Katalase für die Zelle hat.

Proteine

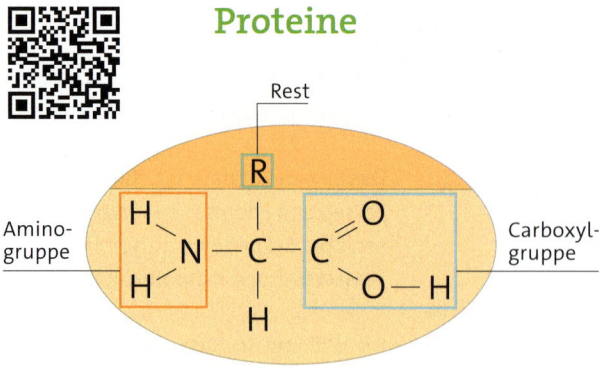

Amino-gruppe

Rest

R

H—N—C—C

H

H

O

O—H

Carboxyl-gruppe

1 Allgemeine Strukturformel der Aminosäuren

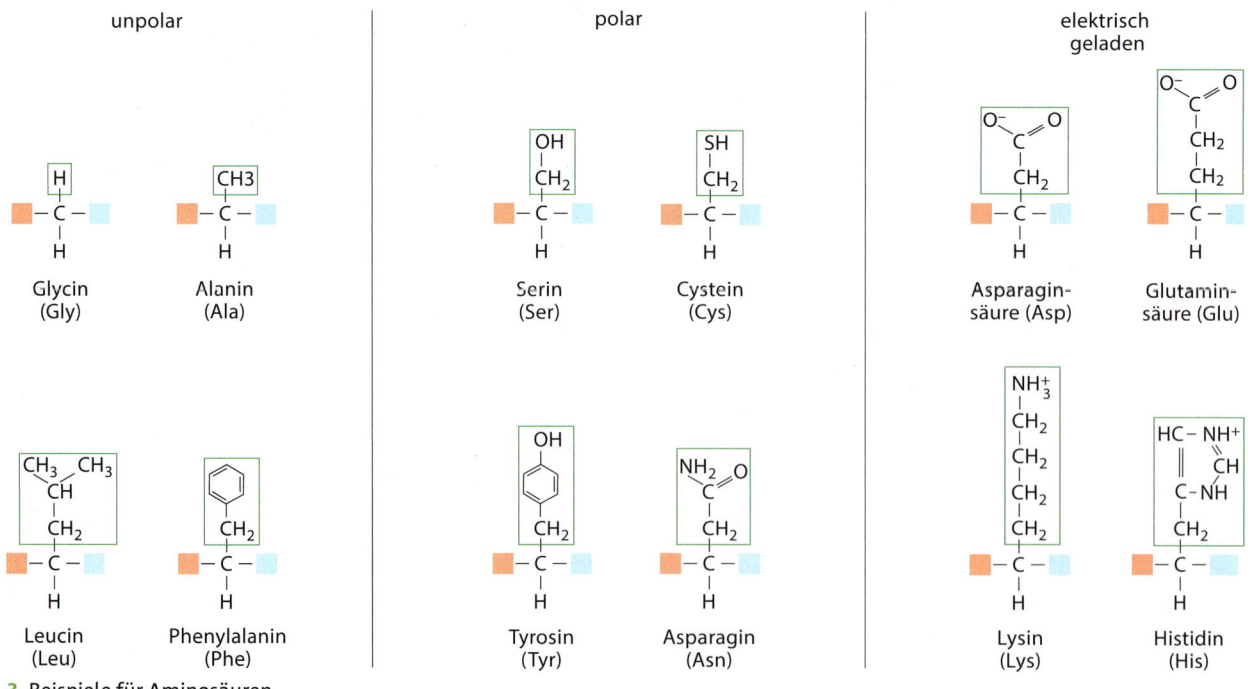

Amino-säure 1

Amino-säure 2

H_2O

Dipeptid

Peptid-bindung

2 Peptidbindung

Bausteine der Proteine • Proteine sind Bestandteile aller Zellen und auf vielfältige Weise für die Funktion von Zelle und Organismus von Bedeutung. Sie regeln zum Beispiel Transportprozesse in Membranen oder sind Grundlage für die Struktur von Muskeln und Haut. Auch das Immunsystem ist auf die Wirkungsweise von Proteinen angewiesen. Zudem bestehen die meisten Enzyme ebenfalls aus Proteinen.

Man schätzt, dass es allein im menschlichen Organismus mehr als 80 000 unterschiedliche Proteine gibt. Trotz dieser Vielfalt sind alle nach dem gleichen Grundprinzip aufgebaut. Als Bausteine dienen 20 verschiedene Aminosäuren, deren Anzahl und Anordnung den Bau und damit die Funktion der Proteine bestimmen.

Aminosäuremoleküle haben eine einheitliche Grundstruktur mit zwei funktionellen Gruppen, einer Aminogruppe, $-NH_2$, und einer Carboxylgruppe, $-COOH$. Beide sind an ein zentrales Kohlenstoffatom gebunden. An diesem Kohlenstoffatom ist außerdem jeweils eine unterschiedliche Seitenkette, der Rest R, gebunden.

Primärstruktur • Wenn die Aminogruppe eines Aminosäuremoleküls mit der Carboxylgruppe eines anderen Aminosäuremoleküls reagiert, entsteht ein Dipeptid. Die entstandene Bindung heißt **Peptidbindung**. Bei dieser Reaktion wird ein Wassermolekül abgespalten. Auf diese Weise werden in der Zelle Aminosäuremoleküle zu langen Polypeptidketten verknüpft. Durch die unterschiedliche Zusammensetzung der Aminosäuresequenz erhält jedes Protein seinen charakteris-

unpolar | polar | elektrisch geladen

Glycin (Gly)   Alanin (Ala)

Serin (Ser)   Cystein (Cys)

Asparagin-säure (Asp)   Glutamin-säure (Glu)

Leucin (Leu)   Phenylalanin (Phe)

Tyrosin (Tyr)   Asparagin (Asn)

Lysin (Lys)   Histidin (His)

3 Beispiele für Aminosäuren

Primärstruktur

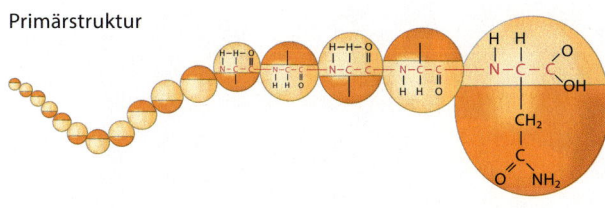

Sekundärstruktur

β-Faltblatt

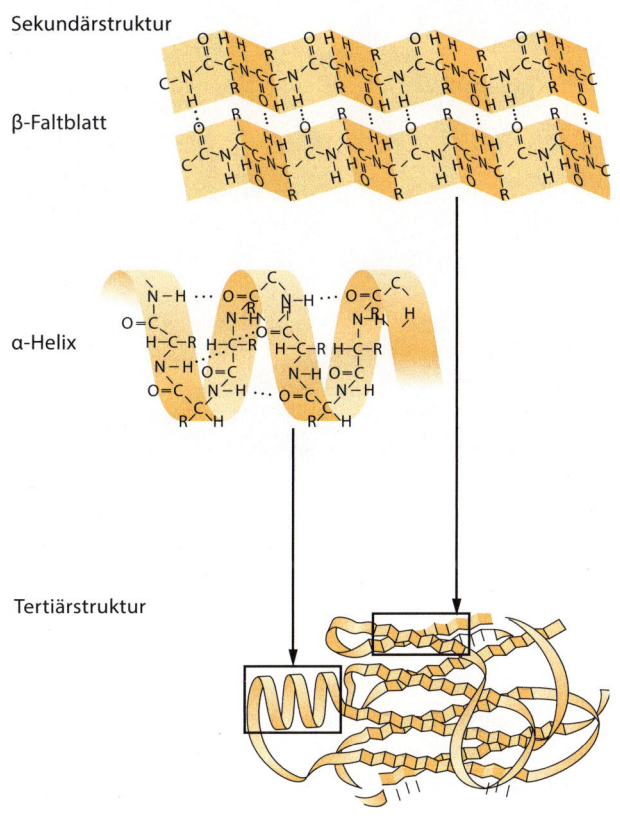

α-Helix

Tertiärstruktur

Quartärstruktur

···Wasserstoffbrücke
—kovalente Bindung

4 Strukturebenen der Proteine

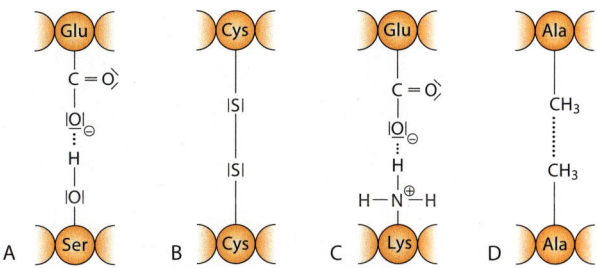

5 Wechselwirkungen zwischen Aminosäuren: **A** Wasserstoffbrücke, **B** Disulfidbrücke, **C** Ionenbindung, **D** Van-der-Waals-Kraft

tischen Aufbau, seine Primärstruktur. Die Reihenfolge der Aminosäuremoleküle wird dabei durch die Basenfolge der DNA bestimmt.

Sekundärstruktur • Die Aminosäuremoleküle haben unterschiedliche chemische Eigenschaften und ziehen sich je nach Ladung gegenseitig an oder stoßen sich ab. Dabei kommt es zu Wasserstoffbrücken, die stellenweise zu sich wiederholenden Mustern führen. Häufig ordnen sich die Aminosäuren zu einer schraubigen Struktur an, der **α-Helix**. In einer anderen Anordnung liegen zwei Aminosäureketten in faltenähnlichen Abschnitten als **β-Faltblatt** vor. Diese beiden Muster bezeichnet man als Sekundärstruktur.

Tertiärstruktur • Über die Helix- und die Faltblattstruktur hinaus sind Polypeptidketten durch weitere intramolekulare Wechselwirkungen wie Ionenbindungen und Van-der-Waals-Kräfte zu räumlichen Gebilden geformt. Zwischen positiv und negativ geladenen Resten entstehen Ionenbindungen, zwischen polaren Resten Wasserstoffbrücken und zwischen den Seitenketten unpolarer Aminosäuren Van-der-Waals-Kräfte. Die endständigen Schwefelwasserstoffgruppen, SH, von zwei Aminosäuren Cystein können innerhalb der Polypeptidkette kovalent miteinander zu einer Disulfidbrücke verknüpft sein. Intramolekulare Wechselwirkungen haben somit eine Auswirkung auf die Raumstruktur der Polypeptidkette, die Tertiärstruktur.

Quartärstruktur • In der Zellmembran vieler Bakterien befinden sich Kanäle für den Stofftransport. Sie sind aus drei Polypeptidketten aufgebaut und werden als Porine bezeichnet. Die räumliche Anordnung von Proteinen aus mehreren Polypeptidketten nennt man Quartärstruktur.

1.14 Struktur und Funktion von Enzymen

1 Bombardierkäfer

Die mitteleuropäischen Arten des Bombardierkäfers sind nur etwa 5 bis 7 mm groß, haben aber eine eindrucksvolle Verteidigungsstrategie. Wenn die Käfer angegriffen werden, schießen sie explosionsartig eine giftige, bis zu 100 °C heiße Gaswolke aus ihrem Hinterleib. Wie funktioniert dieser Abwehrmechanismus?

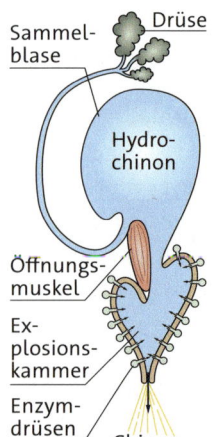

2 Abwehrmechanismus des Bombardierkäfers (Schema)

Enzym und Substrat • Der Bombardierkäfer produziert in Drüsen in seinem Hinterleib die Substanzen Wasserstoffperoxid und Hydrochinon, die dann in einer Sammelblase gespeichert werden. Bei Gefahr für den Käfer gelangen die beiden Substanzen in eine Explosionskammer. Gleichzeitig werden aus Enzymdrüsen die Enzyme Katalase und Peroxidase in die Kammer abgegeben. In der Reaktionskammer katalysiert die Katalase die Zersetzung des Wasserstoffperoxids zu einem Gemisch aus Sauerstoff und Wasser. Die Peroxidase oxidiert mithilfe des frei werdenden Sauerstoffs das Hydrochinon zu dem Giftstoff 1,4-Benzochinon. Die Ausgangsstoffe, die von den Enzymen katalysiert werden, heißen Substrate.

Bei diesen Reaktionen wird so viel Wärme frei, dass die Reaktionsprodukte bis zu 100 °C heiß werden und Wasserdampf gebildet wird. Das Gasgemisch explodiert und der Giftstoff schießt aus dem Körper.

Damit ein Enzym die Reaktion eines bestimmten Substrats katalysieren kann, müssen Enzym und Substrat miteinander in direkten Kontakt treten. Hierzu ist eine spezielle Region des Enzyms ausgeprägt, an die das Substrat binden kann. Es handelt sich meistens um eine taschenartige Vertiefung der Enzymoberfläche. Sie wird als das **aktive Zentrum des Enzyms** bezeichnet. Die Struktur des aktiven Zentrums ist so gestaltet, dass dort nur ein spezifisches Substratmolekül oder eine bestimmte Auswahl an spezifischen Substratmolekülen hineinpasst. Enzyme werden deshalb als **substratspezifisch** bezeichnet. Obwohl die Struktur der Proteine damals noch nicht bekannt war, entwickelte der Chemiker Emil Fischer bereits im Jahr 1894 eine Modellvorstellung für enzymatische Reaktionen. Demnach müssen das Substrat und das aktive Zentrum räumlich zueinander passen wie ein Schlüssel ins Schloss. Diese Modellvorstellung nennt man daher **Schlüssel-Schloss-Modell**.

Prozesse im aktiven Zentrum • Sobald sich ein Substratmolekül an das aktive Zentrum des Enzyms anlagert, tritt es mit diesem in Wechselwirkung, zum Beispiel über Wasserstoffbrücken oder Ionenbindungen. Es bildet sich ein Enzym-Substrat-Komplex. So bewirkt beispielsweise das Enzym Katalase, dass aus Wasserstoffperoxidmolekülen Wasser- und Sauerstoffmoleküle entstehen. Aus dem Substrat entstehen Produkte. Das Enzym bleibt dabei unverändert und steht für weitere Reaktionen zur Verfügung. Meistens katalysieren Enzyme nur eine bestimmte chemische Reaktion, sie sind **wirkungsspezifisch.**

Im aktiven Zentrum sind bei der Bildung des Enzym-Substrat-Komplexes verschiedene Abläufe möglich:

- Die Substratmoleküle werden passgenau für die katalytische Reaktion ausgerichtet.

- Das Substratmolekül wird unter Spannung gesetzt, wodurch sich Bindungen leichter lösen.

- Auf das Substrat werden Ladungen übertragen, wodurch instabile Bindungen entstehen.

Diese Abläufe tragen zu einem veränderten Reaktionsweg vom Substrat zum Produkt bei. Hierdurch wird die Aktivierungsenergie für die Reaktion herabgesetzt und damit beschleunigt.

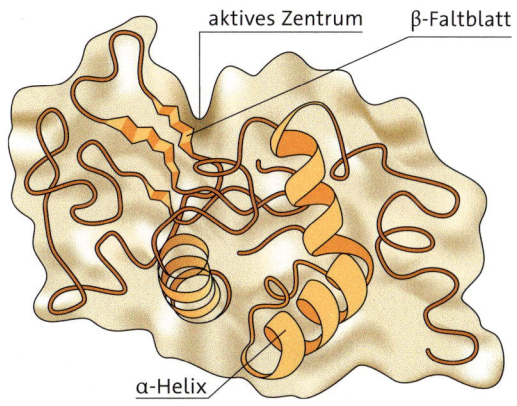

3 Enzym Lysozym

Das Schlüssel-Schloss-Prinzip ist die grundlegende Modellvorstellung des Ablaufs enzymatischer Reaktionen. Erst im Jahr 1965 wurde sie mithilfe der Röntgenstrukturanalyse bestätigt. Bei der Aufklärung der Tertiärstruktur des Enzyms Lysozym entdeckte man eine Vertiefung, in die das Substrat genau hineinpasst.
Im gleichen Zeitraum entdeckte man, dass sich die Struktur von Enzymen verändern kann. Dies gilt insbesondere für das aktive Zentrum. Die Wechselwirkungen mit dem Substrat führen dazu, dass sich seine Gestalt an das Substrat anpasst. Da die Passform durch das Substrat induziert wird, bezeichnet man diese Vorstellung als **Induced-fit-Modell.**

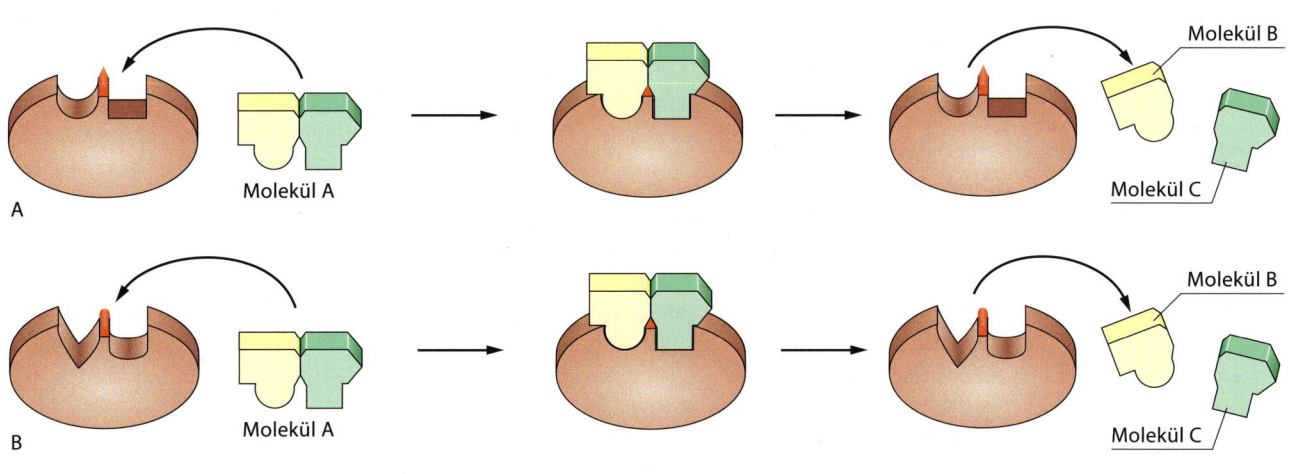

4 Ablauf einer enzymatischen Reaktion: **A** Schlüssel-Schloss-Modell, **B** Induced-fit-Modell, **C** allgemeine Wortgleichung

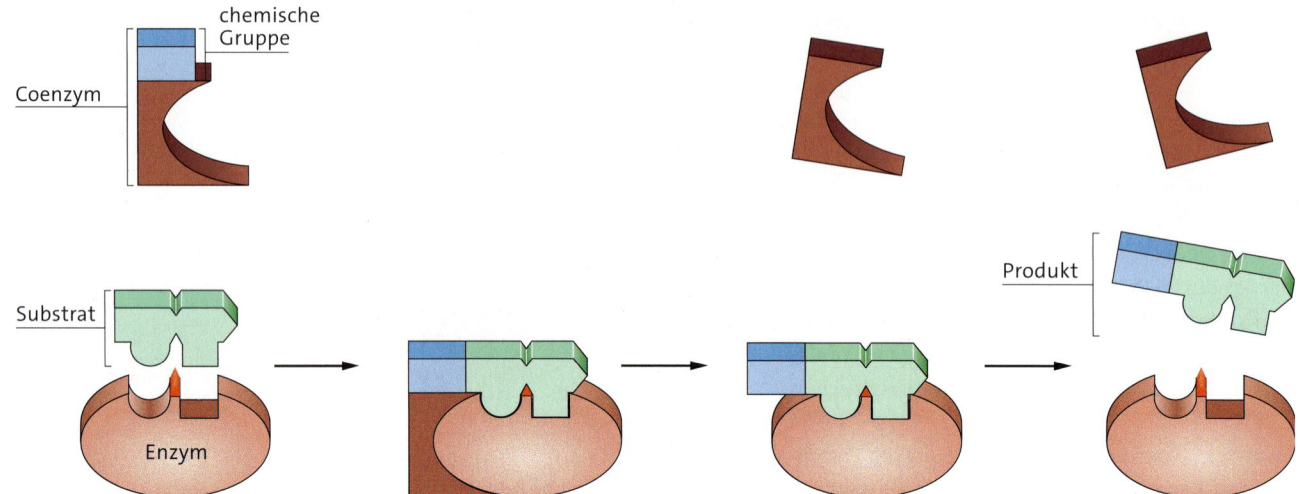

1 Modell zur Wirkung eines Coenzyms

Molekulare Partner • Viele enzymatische Reaktionen sind von weiteren Reaktionspartnern abhängig. Dabei handelt es sich häufig um organische Moleküle, die während der enzymatischen Reaktion Elektronen, Wasserstoffatome oder chemische Gruppen auf das Substrat übertragen oder entfernen. Sie werden als **Coenzyme** oder auch als Cosubstrate bezeichnet. Coenzyme sind nicht mit dem Enzym verbunden.

Viele mit der Nahrung aufgenommene Spurenelemente wie Zink- oder Eisenionen sind als anorganische Ionen fest an bestimmte Enzyme gebunden und für das Funktionieren des Enzyms notwendig. Ein Beispiel hierfür ist die Urease, an die ein Nickelion gebunden ist. Diese anorganischen Ionen heißen **Cofaktoren.**

griech. prósthetos
= hinzugefügt

Viele enzymatische Reaktionen benötigen Energie, sie sind endergonisch. Diese Energie wird meist durch das Cosubstrat Adenosintriphosphat, kurz ATP, bereitgestellt. Im ATP-Molekül sind drei Phosphatreste an ein Adenosin gebunden. Bei einer Reaktion mit ATP wird ein Phosphatrest auf das Substrat, zum Beispiel Glucose, übertragen. Aus ATP wird Adenosindiphosphat, kurz ADP. Aus Glucose entsteht Glucosephosphat. Für die Abspaltung des Phosphatrests vom ATP wird weniger Energie benötigt, als bei der Bindung des Phosphatrests an die Glucose freigesetzt wird. Deshalb kann die erndergonische Reaktion stattfinden. Derartige Reaktionen bezeichnet man auch als **funktionale ATP-Übertragung**.

Bestimmte Enzyme sind dauerhaft mit organischen Molekülen verbunden. In das Enzym Katalase ist beispielsweise ein Ringsystem mit einem zentralen Eisenion, die Häm-Gruppe, eingebunden. Auch das für den Sauerstofftransport im Blut wichtige Hämoglobin trägt diese Häm-Gruppe. Eine derart dauerhaft mit dem Enzym verknüpfte Molekülgruppe nennt man **prosthetische Gruppe.**

Wirkgruppen zusammengesetzter Enzyme

Coenzyme	NAD$^+$	Übertragung von Elektronen und Wasserstoff; Vitaminbestandteil: Niacin
	FAD	Übertragung von Elektronen und Wasserstoff; Vitaminbestandteil: Vitamin B$_2$
	Coenzym A	Übertragung der Acetylgruppe; Vitaminbestandteil: Pantothensäure
	ATP	Übertragung von Phosphat
prosthetische Gruppen	Häm	Übertragung von Elektronen in Cytochrom; Katalyse der Wasserstoffperoxidspaltung in Katalase
	Retinal	Lichtabsorption in Rhodopsin
Cofaktoren	Zn^{2+}	in Carboxypeptidase, Carboanhydrase, Alkoholdehydrogenase
	Ni^{2+}	in Urease

2 Beispiele für molekulare Partner von Enzymen

1 Beschreiben Sie den Ablauf einer enzymatischen Reaktion nach dem Schlüssel-Schloss-Modell.

2 Vergleichen Sie die molekularen Partner enzymatischer Reaktionen.

Versuch A Wirkung von Urease

Reagenzglas	1	2	3
Ureaselösung	1 ml	2 ml	–
Phenolphthaleinlösung	2 Tropfen	2 Tropfen	2 Tropfen
Harnstofflösung	5 ml	–	5 ml

Urease ist ein Enzym, das in Pflanzensamen, Meeresmuscheln, Bakterien und Krebsen vorkommt. Es spaltet Harnstoff in Ammoniak und Kohlenstoffdioxid. Bodenbakterien tragen auf diese Weise dazu bei, den gebundenen Stickstoff für die Pflanzen nutzbar zu machen. Die Wirkung der Urease lässt sich in einem Experiment beobachten.

Material: Ureaselösung (10 mg in 10 ml Wasser), Harnstofflösung (20 mg in 100 ml Wasser), Phenolphthaleinlösung (0,1%ige, GHS02, 07)

Durchführung: Drei Reagenzgläser werden mithilfe von Pipetten gemäß der Tabelle befüllt.

1 Führen Sie das Experiment durch und erstellen Sie ein Versuchsprotokoll.

2 Begründen Sie die Vorgehensweise mit drei Versuchsansätzen.

Material B Wirkung von Urease auf Stoffe mit ähnlicher Molekülstruktur

Harnstoff · Thioharnstoff · Iminoharnstoff · Phenylthioharnstoff

Der Versuch A wird wiederholt, indem man zu der Ureaselösung verschiedene Stoffe gibt, die eine ähnliche Molekülstruktur wie Harnstoff haben.

1 Erklären Sie die Beobachtungen.

2 Wiederholt man den Versuch mit N-Methylharnstoff, so beobachtet man einen Farbumschlag des Indikators erst nach mehr als 2 min. Stellen Sie eine Hypothese auf, worauf dies zurückzuführen sein könnte.

Versuch C Hydrolyse von Stärke

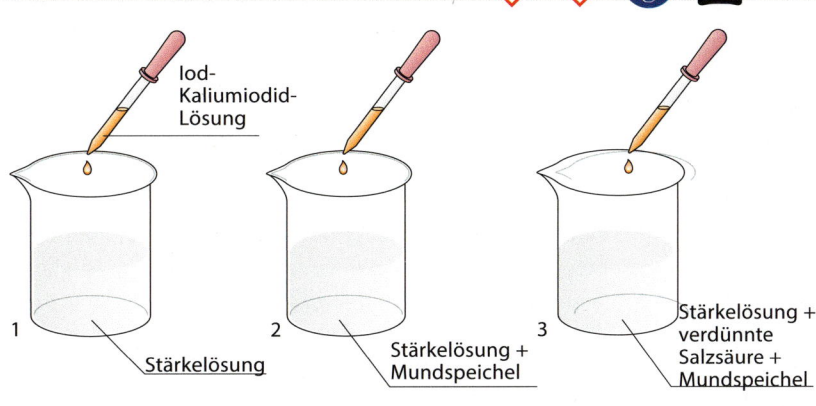

Iod-Kaliumiodid-Lösung

1 Stärkelösung

2 Stärkelösung + Mundspeichel

3 Stärkelösung + verdünnte Salzsäure + Mundspeichel

liter Mundspeichel oder Amylase hinzugegeben. In das dritte Becherglas gibt man erst 1 ml verdünnte Salzsäure (GHS05, 07) und anschließend den Mundspeichel. Allen drei Bechergläsern werden zuletzt wenige Tropfen Iod-Kaliumiodid-Lösung zufügt.

1 Führen Sie das Experiment durch und erstellen Sie ein Versuchsprotokoll.

2 Deuten Sie das Versuchsergebnis hinsichtlich der Stärkeverdauung beim Menschen.

Durchführung:
Drei Bechergläser werden jeweils mit 30 ml Stärkelösung befüllt. Zum ersten Becherglas wird kein weiteres Reagenz hinzugefügt. Zum zweiten Becherglas werden einige Milli-

Einteilung von Enzymen

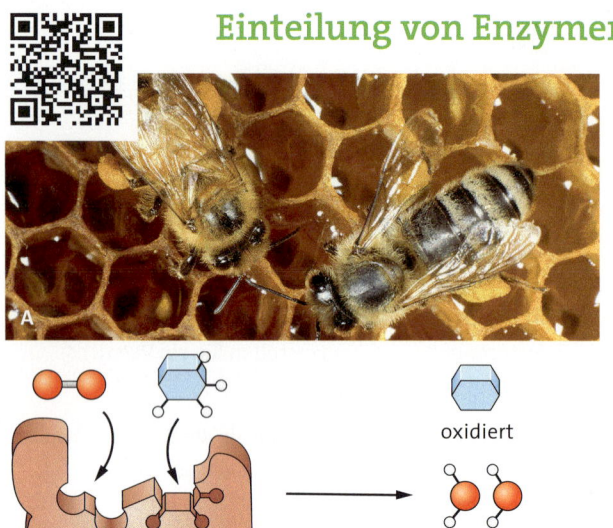

1 Oxidoreduktasen: **A** Beispiel, **B** allgemeines Prinzip

oxidiert

reduziert

Oxidation und Reduktion

Oxidoreduktasen • Bienenhonig enthält ein Enzym, das für die Konservierung des Honigs wichtig ist. Dieses Enzym ist Bestandteil eines Sekrets, das die Biene dem zuckerhaltigen Nektar bereits beim Transport von der Blüte zum Bienenstock zufügt. Es katalysiert die Reaktion von Glucose und Sauerstoff zu Gluconolacton und dem keimtötenden Wasserstoffperoxid und heißt daher Glucoseoxidase.

Enzyme wie die Glucoseoxidase, welche die Oxidation und die Reduktion zweier chemischer Verbindungen katalysieren, gehören zur Gruppe der Oxidoreduktasen. Bei den Reaktionen werden Sauerstoffatome, Wasserstoffatome oder Elektronen übertragen.

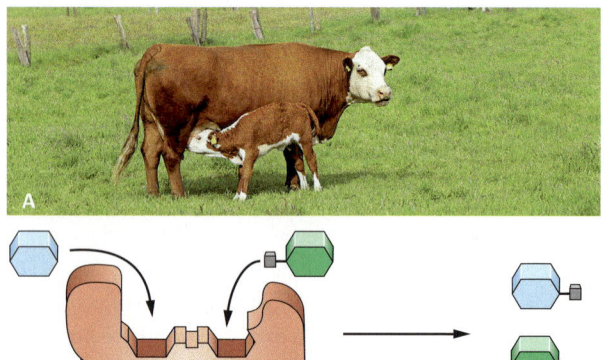

2 Transferasen: **A** Beispiel, **B** allgemeines Prinzip

Übertragung von Gruppen

Transferasen • Das wichtigste Kohlenhydrat der Säugetiermilch ist der Milchzucker, die Lactose. Kuh- und Schafsmilch enthalten etwa 4 bis 5 % Lactose, die Muttermilch des Menschen etwa 6 bis 8 %. Für die Bildung von Lactose ist ein Enzym verantwortlich, das die Übertragung eines Galactoserests von einem größeren Molekül auf ein Glucosemolekül katalysiert, die Galactosyltransferase.

Enzyme, die funktionelle Gruppen wie Methyl- und Aminogruppen oder Phosphatreste übertragen, werden aufgrund ihrer Wirkung als Transferasen bezeichnet.

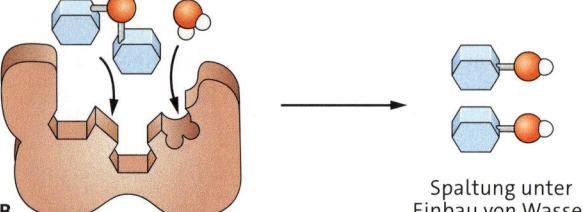

Spaltung unter Einbau von Wasser

3 Hydrolasen: **A** Beispiel, **B** allgemeines Prinzip

Hydrolasen • Eine Kreuzspinne hat eine Fliege erbeutet. Nachdem sie die Beute getötet und in Spinnenseide eingewickelt hat, injiziert sie ein Verdauungssekret in deren Körper. Das Sekret enthält Enzyme, die die Nährstoffe spalten und dadurch wasserlöslich machen.

Auch die Verdauungsenzyme der Wirbeltiere und des Menschen spalten die aufgenommenen Nährstoffe in vergleichbarer Weise. Für jede Abspaltung einer Aminosäure aus einem Protein oder eines Einfachzuckers aus einem Stärkemolekül wird ein Wassermolekül benötigt. Aus diesen Hydrolysen leitet sich die Bezeichnung Hydrolasen für diese Enzymklasse ab.

Lyasen ● Bei der Weinproduktion werden die geernteten Trauben zunächst zerdrückt, es entsteht die Maische. Anschließend wird in großen Edelstahltanks mithilfe einer speziellen Hefe Glucose zu Ethanol abgebaut. Ein wichtiger Schritt dieser alkoholischen Gärung ist die Spaltung von Pyruvat in Kohlenstoffdioxid und Acetaldehyd. Dies wird durch das Enzym Pyruvatdecarboxylase katalysiert.

Im Gegensatz zu den Hydrolasen benötigt die Pyruvatdecarboxylase zur Spaltung der chemischen Bindung keine Wassermoleküle. Solche Enzyme nennt man Lyasen.

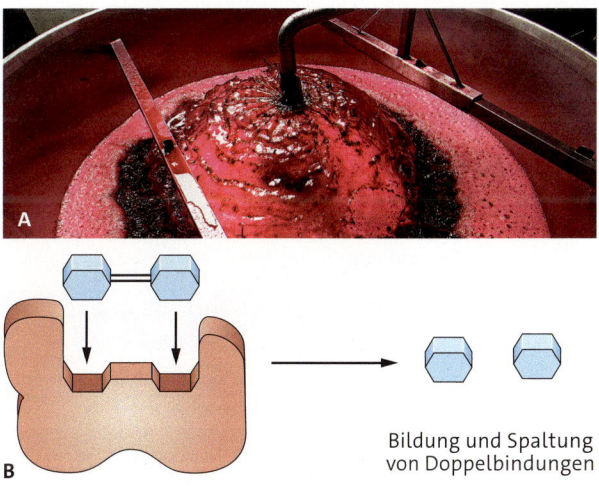

Bildung und Spaltung von Doppelbindungen

4 Lyasen: **A** Beispiel, **B** allgemeines Prinzip

Isomerasen ● Die Süße in Limonaden und Süßigkeiten wird in der Industrie häufig durch den Zusatz von Zuckersirup erreicht. Zuckersirup lässt sich preiswert aus Mais oder Weizenstärke herstellen. Er enthält einen hohen Anteil der besonders süßen Fructose. Für deren Produktion wird Glucose in Fructose umgewandelt. Fructose hat die gleiche Summenformel wie Glucose, aber eine andere Strukturformel, sie sind Isomere. Die Umwandlung erfolgt mithilfe eines Enzyms, der Glucoseisomerase.

Enzyme, die die chemische Struktur des Substratmoleküls verändern, nicht aber dessen Summenformel, werden als Isomerasen zusammengefasst.

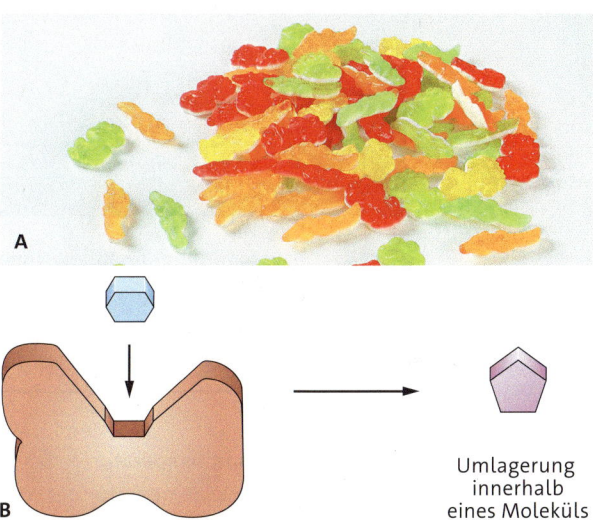

Umlagerung innerhalb eines Moleküls

5 Isomerasen: **A** Beispiel, **B** allgemeines Prinzip

Ligasen ● Die ultraviolette Strahlung des Sonnenlichts bewirkt nicht nur die Bräunung der Haut oder die Bildung eines Sonnenbrands. Sie führt gleichzeitig dazu, dass die DNA-Moleküle in den Zellen der Oberhaut geschädigt werden. Ein zelleigener Reparaturmechanismus beseitigt die meisten dieser Schäden. Hieran beteiligt ist ein Enzym, das die Bausteine der DNA miteinander verbindet, die DNA-Ligase. Da nicht alle Schäden der DNA repariert werden, erhöht sich mit jedem Sonnenbad das Hautkrebsrisiko.

Enzyme, die kleinere Moleküle zu größeren Molekülen verknüpfen, nennt man Ligasen. Für ihre Reaktion benötigen sie Energie in Form von ATP.

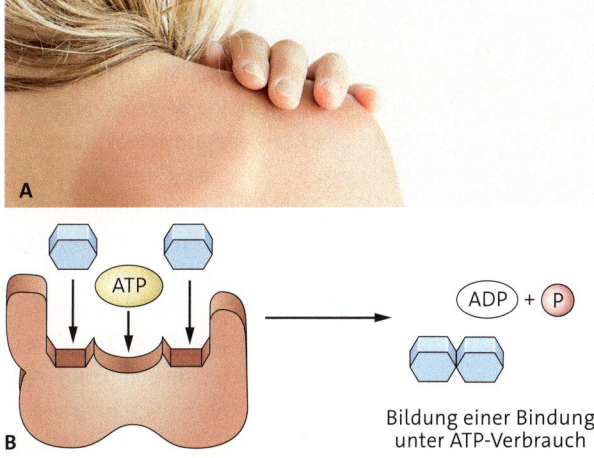

Bildung einer Bindung unter ATP-Verbrauch

6 Ligasen: **A** Beispiel, **B** allgemeines Prinzip

1.15 Einflüsse auf die Enzymaktivität

1 Great-Fountain-Geysir

Der Great-Fountain-Geysir im Yellowstone-Nationalpark bricht etwa alle 9 bis 15 h aus. Seine Fontäne kann bis zu 50 m hoch werden. Als Forscher der Indiana University im Jahr 1969 den Geysir untersuchten, stellten sie überrascht fest, dass in den 80 °C heißen Quellen Bakterien leben. Sie nannten die Bakterienart Thermus aquaticus. *Worauf ist die Besonderheit dieser Bakterien zurückzuführen?*

Enzymaktivität und Temperatur • Bei einer Infektion erhöht sich die Temperatur des Menschen, er bekommt Fieber. Das Fieber hat zur Folge, dass die für die Abwehr der Krankheitserreger notwendigen Stoffwechselprozesse schneller ablaufen. Das lässt sich damit erklären, dass die Reaktionsgeschwindigkeit chemischer Reaktionen mit steigender Temperatur zunimmt. Da sich die miteinander reagierenden Teilchen schneller bewegen, kommt es zu mehr Kollisionen der beteiligten Reaktionspartner. Erhöht sich die Temperatur bei Fieber jedoch auf mehr als 40 °C, besteht akute Lebensgefahr. Die Temperaturveränderung führt dazu, dass sich Wasserstoffbrücken in den aus Proteinen bestehenden Enzymen lösen. Die Sekundär-, Tertiär- und Quartärstrukturen verändern sich und damit die räumliche Gestalt, die Enzyme denaturieren. Ihre Funktion ist deshalb beeinträchtigt. Eine weitere Temperaturerhöhung hat eine tiefer greifende Änderung der Molekülstruktur zur Folge, die Denaturierung ist nicht mehr reversibel. Dies wird zum Beispiel daran deutlich, dass das Eiklar des Hühnereies bei ungefähr 60 °C fest wird.

Der starke Anstieg der Enzymaktivität bei steigenden Temperaturen entspricht einer Faustregel, die besagt, dass eine Temperaturerhöhung um 10 °C etwa eine Verdopplung der Reaktionsgeschwindigkeit zur Folge hat. Man bezeichnet sie als **Reaktionsgeschwindigkeit-Temperatur-Regel**, kurz **RGT-Regel**. Für die meisten Lebewesen ist die RGT-Regel auf einen physiologischen Temperaturbereich beschränkt, dessen Untergrenze durch den Gefrierpunkt des Wassers bestimmt ist und dessen Obergrenze bei etwa 40 °C liegt.

Aufgrund der Temperaturempfindlichkeit von Enzymen hatte man im Great-Fountain-Geysir keine Lebewesen erwartet. Deshalb war es eine wissenschaftliche Sensation, dort Bakterien anzutreffen.

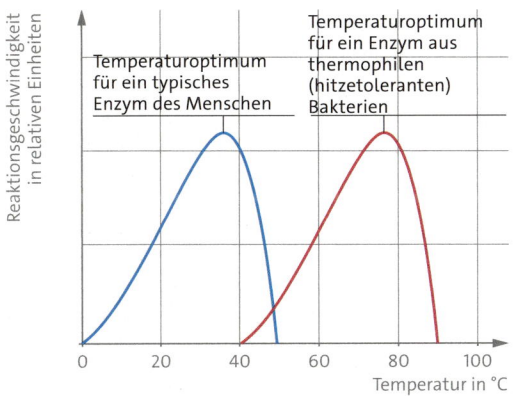

2 Temperaturoptima menschlicher Enzyme und der von *Thermus aquaticus*

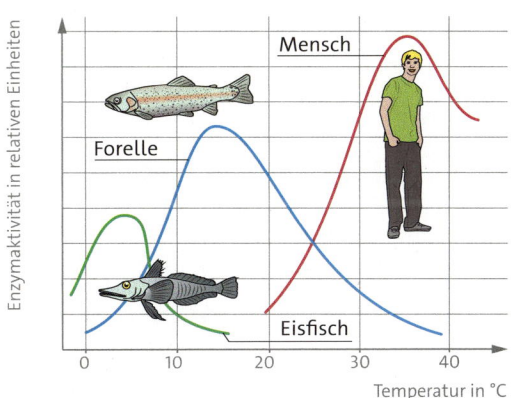

3 Temperaturabhängigkeit des Enzyms Pyruvatkinase, einem wichtigen Enzym beim Glucoseabbau

Diese besitzen offensichtlich hitzestabile Enzyme. Die Bedeutung dieser Entdeckung offenbarte sich in den 1980er-Jahren, als es gelang, selbst geringe Mengen DNA mithilfe eines Enzyms aus dem Bakterium *Thermus aquaticus* zu vervielfältigen. Man nennt das Enzym deshalb Taq-Polymerase. Heutzutage ist diese Vervielfältigungsmethode der DNA ein wichtiges Laborverfahren der molekularen Genetik.

Wenn man die Aktivität des Enzyms Pyruvatkinase bei unterschiedlichen Temperaturen in ein Diagramm einträgt, erkennt man den Verlauf einer Optimumkurve. Das Optimum der Enzymaktivität ist beim Eisfisch, der in den Gewässern um die Antarktis lebt, jedoch erheblich niedriger als bei der Forelle. Der Vergleich der Temperaturoptima verschiedener wechselwarmer, poikilothermer Lebewesen zeigt die evolutionäre Angepasstheit an die jeweiligen Lebensräume.

Wenn die Außentemperaturen unterhalb oder oberhalb des Temperaturoptimums liegen, ist die Leistungsfähigkeit poikilothermer Tiere eingeschränkt. Bei gleichwarmen, homoiothermen Lebewesen wie Säugetieren und Vögeln liegt das Temperaturoptimum der Enzymaktivität im Bereich der Körpertemperatur. Dies bietet den Vorteil einer dauerhaft hohen Enzymaktivität und hat damit eine hohe Leistungsfähigkeit unabhängig von der Umgebungstemperatur zur Folge. Dazu muss das biologische System des Organismus in der Lage sein, die Körpertemperatur bei sich ändernden Außentemperaturen konstant zu halten. Die Regulation des physiologischen Gleichgewichts der Körpertemperatur ist ein Beispiel für **Homöostase**.

Enzymaktivität und pH-Wert • Bei der menschlichen Verdauung wird die Bedeutung des pH-Werts für die Enzymaktivität deutlich. Die pH-Werte in Magen und Dünndarm unterscheiden sich beispielsweise erheblich. Dieser Befund legt nahe, dass die in den jeweiligen Organen aktiven Enzyme durch den pH-Wert beeinflusst werden. Der pH-Wert des Magensafts liegt zwischen 1,5 und 2 und entspricht etwa dem Optimum des im Magen aktiven Pepsins. Das alkalische Sekret der Bauchspeicheldrüse neutralisiert den Nahrungsbrei, der aus dem Magen in den Dünndarm gelangt. Der pH-Wert steigt bis auf 8. Die hier vorhandenen Enzyme Amylase und Trypsin weisen entsprechend höhere pH-Optima auf als das Pepsin.

Bei unterschiedlichen pH-Werten liegen unterschiedliche H^+-Ionen-Konzentrationen vor, welche die Ladungen von Carboxyl- und Aminogruppen innerhalb des Enzyms verändern. Dadurch werden die Wechselwirkungen mit anderen geladenen Gruppen im Enzym so beeinflusst, dass sich dessen Struktur und damit die Aktivität des Enzyms verändert.

1 Erläutern Sie den Vorteil der Homöostase bei der Körpertemperatur der Tiere.

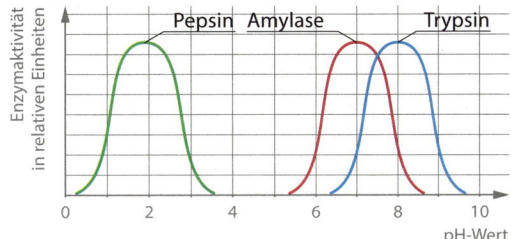

4 pH-Abhängigkeit menschlicher Verdauungsenzyme

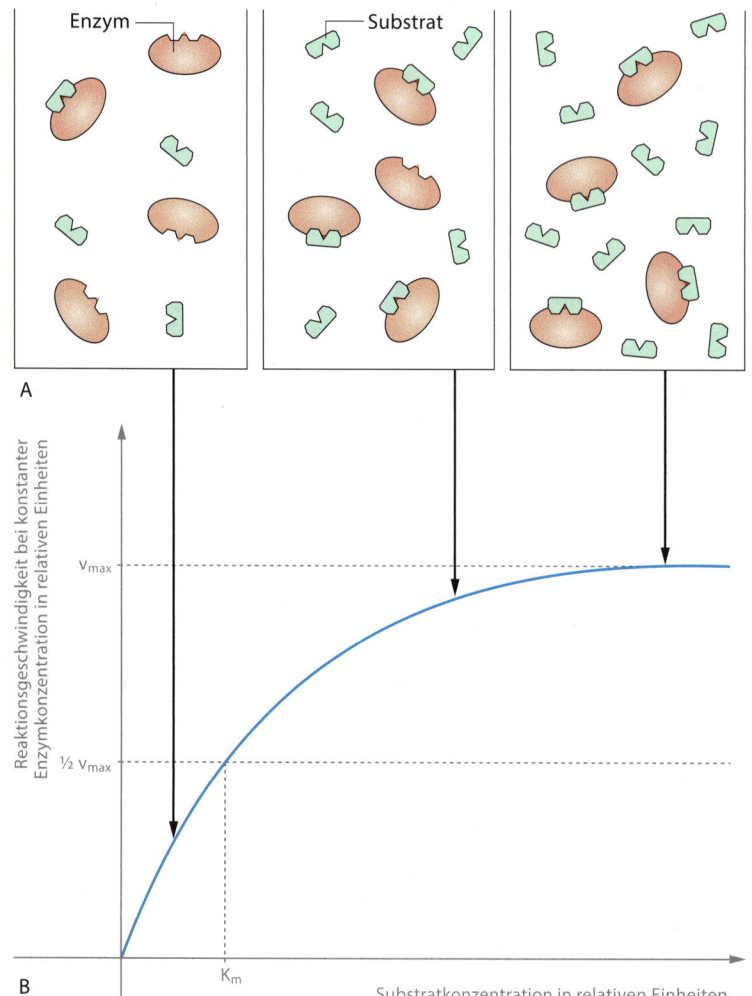

Enzym

Substrat

A

Reaktionsgeschwindigkeit bei konstanter Enzymkonzentration in relativen Einheiten

v_{max}

½ v_{max}

K_m

Substratkonzentration in relativen Einheiten

B

1 Abhängigkeit der Reaktionsgeschwindigkeit von der Substratkonzentration bei konstanter Enzymkonzentration: **A** Modellvorstellung, **B** Diagramm

Enzym	Umgesetzte Substratmoleküle pro Sekunde	Funktion des Enzyms
Lysozym	0,5	Bestandteil des Immunsystems, hydrolisiert aus Zuckern und Peptiden bestehende Makromoleküle
DNA-Polymerase	15–10 000	Synthese von DNA
Chymotrypsin	100	Enzym zur Eiweißverdauung
Lactat-dehydrogenase	1000	katalysiert reversibel die Reaktion von Pyruvat zu Lactat bei der Milchsäuregärung
Urease	3000	setzt Harnstoff in Ammoniak und Kohlenstoffdioxid um
Katalase	40 000 000	setzt Wasserstoffperoxid in Wasser und Sauerstoff um

2 Maximale Wechselzahlen von Enzymen

Substratkonzentration und Reaktionsgeschwindigkeit • Eine enzymatische Reaktion kann nur stattfinden, wenn ein Substratmolekül auf ein Enzymmolekül trifft. Je höher die Konzentration der Substratmoleküle, umso größer ist die Wahrscheinlichkeit, dass sie mit einem Enzymmolekül reagieren, die Reaktionsgeschwindigkeit steigt. Wenn nach dieser Modellvorstellung die aktiven Zentren aller vorhandenen Enzymmoleküle besetzt sind, führt eine weitere Erhöhung der Substratkonzentration zu keinem weiteren Anstieg der Reaktionsgeschwindigkeit. Trägt man die experimentell ermittelten Reaktionsgeschwindigkeiten bei steigenden Substratkonzentrationen in einem Diagramm auf, erhält man eine Sättigungskurve. Erhöht man in einem weiteren Ansatz die Enzymmenge, können mehr Substratmoleküle umgesetzt werden. Die Sättigung aller Enzymmoleküle erfolgt dann erst bei einer höheren Substratkonzentration. Der Verlauf der Sättigungskurve wird auch durch die Enzymkonzentration beeinflusst.

Die Abhängigkeit der Geschwindigkeit einer enzymatischen Reaktion von der Substratkonzentration wurde von der Medizinerin Maud Menten und dem Biochemiker Leonor Michaelis im Jahr 1912 untersucht. Dabei bestimmten sie, bei welcher Substratkonzentration die halbe Maximalgeschwindigkeit der Reaktion erreicht ist. Diese Konzentration wird deshalb als **Michaelis-Menten-Konstante, K_M,** bezeichnet. Je kleiner dieser Wert ist, umso stärker erhöht sich die Reaktionsgeschwindigkeit mit zunehmender Substratkonzentration.

Die maximale Reaktionsgeschwindigkeit eines einzelnen Enzymmoleküls hängt davon ab, wie schnell es die Reaktion mit einem Substratmolekül katalysiert, also wie viele Substratmoleküle ein Enzymmolekül bei einer hohen Substratkonzentration maximal pro Sekunde umsetzen kann. Diesen Wert bezeichnet man als Wechselzahl.

Hemmung von Enzymen • Damit eine enzymatische Reaktion ablaufen kann, muss ein Substratmolekül mit dem aktiven Zentrum des Enzymmoleküls in Wechselwirkung treten. Substanzen, deren Molekülstrukturen denen der Substratmoleküle ähneln, können ebenfalls an das aktive Zentrum des Enzyms binden und so die Reaktion mit dem Substratmolekül verhindern. Sie wirken als Hemmstoff, auch Inhibitor genannt. Wenn Substrat- und Hemmstoffmoleküle um das aktive Zentrum des Enzymmoleküls konkurrieren, bezeichnet man diesen Vorgang als **kompetitive Hemmung.** Die Hemmwirkung steigt mit zunehmender Konzentration des Hemmstoffs. Manche Hemmstoffe treten nur sehr kurz mit dem aktiven Zentrum in Kontakt und geben es danach wieder frei, andere binden dort stärker. Somit ist die Hemmwirkung auch von der Affinität des Hemmstoffs zum aktiven Zentrum abhängig. Mit zunehmender Substratkonzentration nimmt die Konkurrenz durch den Hemmstoff und damit die Hemmwirkung ab. Die maximale Reaktionsgeschwindigkeit bleibt erhalten, wird aber erst bei einer höheren Substratkonzentration erreicht als ohne Hemmstoff.

Einige Enzyme haben neben dem aktiven Zentrum eine zweite Bindungsstelle. Bindet dort ein Hemmstoff, ändert sich die Struktur des aktiven Zentrums. Es kann dann nicht mehr mit dem Substrat reagieren. Eine Erhöhung der Substratkonzentration beeinflusst die Wirkung des Hemmstoffs nicht. Deshalb reduziert sich die Maximalgeschwindigkeit der enzymatischen Reaktion. Dieser Vorgang heißt **nichtkompetitive Hemmung** oder allosterische Hemmung.

In Lebewesen werden enzymatische Reaktionen durch körpereigene, endogene Hemmstoffe reguliert. Zudem können Medikamente gezielt als Hemmstoffe eingesetzt werden. Substanzen, die die Struktur von Enzymen irreversibel verändern, bezeichnet man als Enzymgifte. Sie können für den Organismus tödlich sein. Chemische Kampfstoffe blockieren bestimmte, für die Signalleitung wichtige Enzyme des Nervensystems. Cyanide greifen das Enzym Cytochromoxidase in der Atmungskette an. Auch Schwermetalle wie Blei, Cadmium und Quecksilber verändern die Struktur von Enzymen irreversibel.

1 Erläutern Sie den Einfluss von Temperatur und pH-Wert auf die Enzymaktivität.

2 Begründen Sie den Verlauf der Sättigungskurven enzymatischer Reaktionen mit und ohne Hemmstoffe.

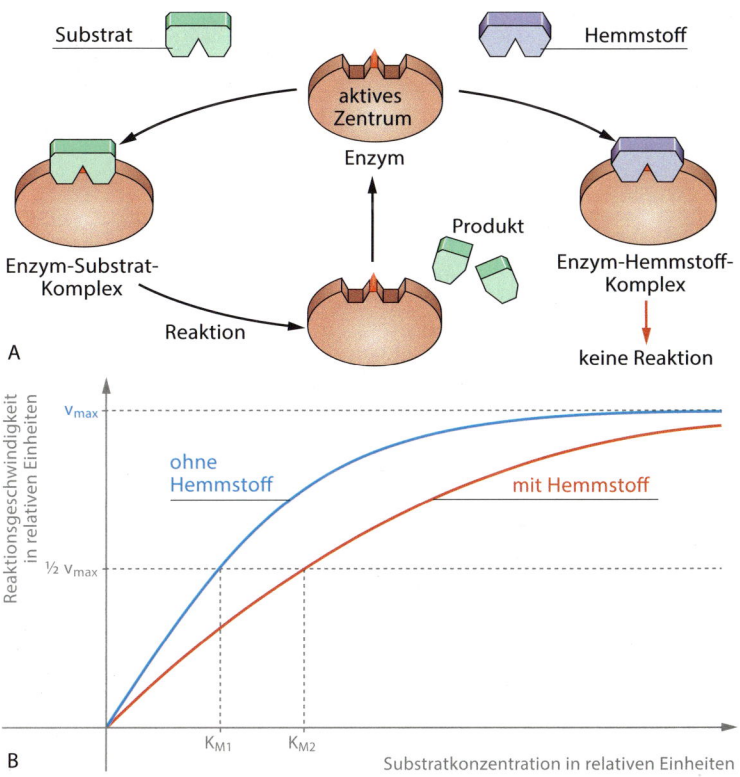

3 Kompetitive Hemmung: **A** Modell, **B** Diagramm

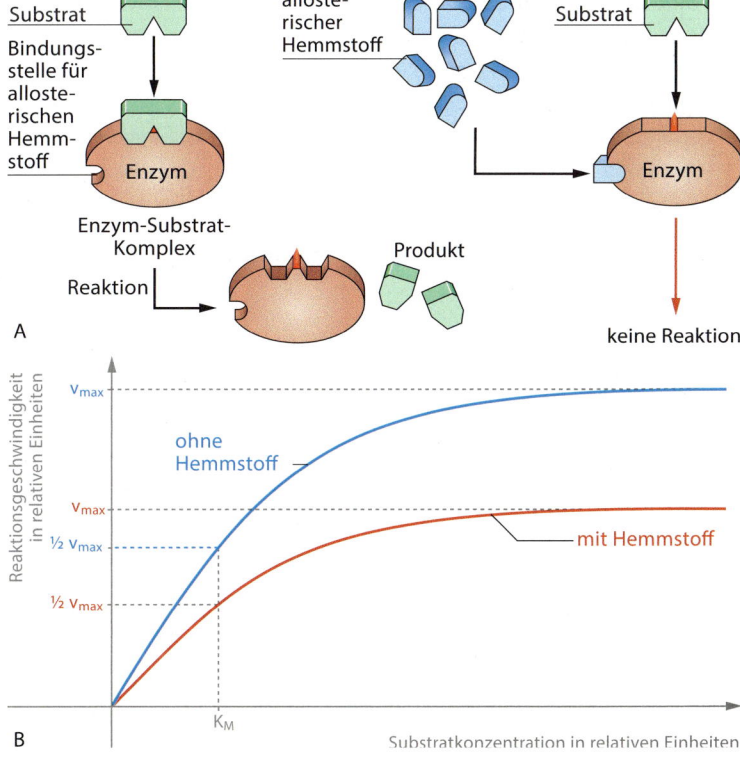

4 Nichtkompetitive Hemmung: **A** Modell, **B** Diagramm

Versuch A Enzymaktivität der Katalase in Abhängigkeit von der Temperatur

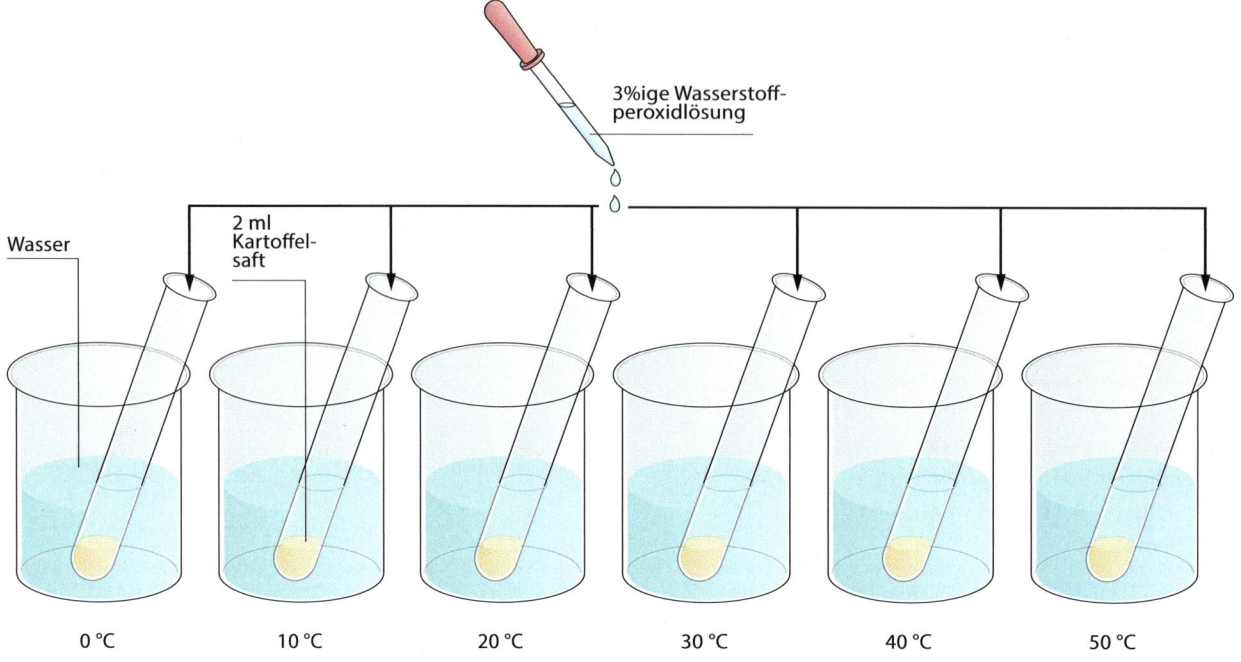

3%ige Wasserstoff-peroxidlösung

Wasser

2 ml Kartoffel-saft

0 °C   10 °C   20 °C   30 °C   40 °C   50 °C

Vorbereitung:
Zunächst wird eine geschälte und zerkleinerte Kartoffel im Mörser mit ein wenig Sand und Wasser zerrieben, sodass eine wässrige Kartoffelsuspension entsteht, die anschließend filtriert wird. Da Kartoffelzellen das Enzym Katalase enthalten, kann der erhaltene Kartoffelsaft für die Versuche A und B verwendet werden.

Durchführung:
Es werden sechs verschieden temperierte Wasserbäder in 10-Grad-Schritten von 0 °C bis 50 °C vorbereitet. In die Wasserbäder wird jeweils ein Reagenzglas mit 2 ml Kartoffelsaft pipettiert und einige Minuten abgewartet, bis die Reagenzgläser die Umgebungstemperatur angenommen haben. Anschließend pipettiert man in jedes

Reagenzglas 5 ml einer 3%igen Wasserstoffperoxidlösung und misst nach jeweils 1 min die Höhe der sich bildenden Schaumkrone.

1 Stellen Sie Ihre Messwerte in einem Diagramm dar.

2 Deuten Sie das Versuchsergebnis.

3 Bewerten Sie die Messmethode.

Versuch B Enzymaktivität der Katalase im sauren und im alkalischen Milieu

	Reagenzglas		
	1	**2**	**3**
Kartoffelsaft	2 ml	2 ml	2 ml
HCl-Lösung	2 ml	–	–
NaOH-Lösung	–	2 ml	–
H_2O	–	–	2 ml
H_2O_2-Lösung	5 ml	5 ml	5 ml

Durchführung:
In drei Reagenzgläser pipettiert man zunächst jeweils 2 ml Kartoffelsaft.

Danach pipettiert man in das erste Reagenzglas 2 ml verdünnte Salzsäure

(GHS05, 07), in das zweite Reagenzglas 2 ml Natronlauge (GHS05) und in das dritte Reagenzglas 2 ml destilliertes Wasser. Alle drei Reagenzgläser werden kurz geschüttelt.

Danach pipettiert man in jedes Reagenzglas 5 ml einer 3%igen Wasserstoffperoxidlösung.

1 Erstellen Sie eine Materialliste, führen Sie den Versuch durch und fertigen Sie ein Versuchsprotokoll an.

2 Planen Sie einen weiteren Versuch, mit dem Sie überprüfen können, bei welchem pH-Wert die Enzymaktivität ihr Optimum hat.

Material C Katalasewirkung und Substratkonzentration

Reagenzglas	Wasserstoff-peroxidlösung	Destilliertes Wasser	Konzentration der Wasserstoff-peroxidlösung in Wasser	Höhe der Schaumkrone
1	6 ml	0 ml	3 %	2,3 cm
2	5 ml	1 ml	2,5 %	2,2 cm
3	4 ml	2 ml	2 %	1,8 cm
4	3 ml	3 ml	1 %	1,2 cm
5	2 ml	4 ml	0,5 %	0,6 cm
6	1 ml	5 ml	0,2 %	0,1 cm

In sechs Reagenzgläser werden jeweils 2 ml Kartoffelsaft und anschließend entsprechend der Tabelle 3%ige Wasserstoffperoxidlösung und destilliertes Wasser gegeben. Die Höhe der entstehenden Schaumkronen wird gemessen.

1 Erstellen Sie ein Diagramm, indem Sie auf der x-Achse die Konzentrationen der Wasserstoffperoxidlösung auftragen und auf der y-Achse die Höhe der jeweiligen Schaumkrone.

2 Erklären Sie den Kurvenverlauf.

3 Stellen Sie eine Hypothese auf, wie sich eine weitere Erhöhung der Substratkonzentration auf die Schaumhöhe auswirkt.

Versuch D Die Reaktion von Urease mit Harnstoff und mit N-Methylharnstoff

	Reagenzglas				
	1	2	3	4	5
Harnstofflösung (1%ig)	2 ml	2 ml	2 ml	–	–
N-Methylharnstofflösung	–	–	2 ml	–	–
Wasser	–	2 ml	–	–	–
Ureasesuspension	–	–	–	1 ml	1 ml
Phenolphthaleinlösung (GHS02, 07, 08)	3 Tr.	–	–	3 Tr.	3 Tr.

Harnstoff $H_2N-\overset{\overset{O}{\|}}{C}-NH_2$ N-Methylharnstoff $H_2N-\overset{\overset{O}{\|}}{C}-NHCH_3$

Durchführung:
In die Reagenzgläser 1 bis 3 werden die in der Tabelle aufgeführten Reagenzien pipettiert.

In die Reagenzgläser 4 und 5 pipettiert man jeweils 1 ml 1%ige Ureasesuspension und einige Tropfen Phenolphthaleinlösung (GHS02, 07). Anschließend gießt man gleichzeitig den Inhalt der Reagenzgläser 4 und 5 in die Reagenzgläser 2 und 3.

Die Reaktionen lassen sich am besten vor einem weißen Hintergrund beobachten.

1 Erstellen Sie eine Materialliste, führen Sie den Versuch durch und fertigen Sie ein Versuchsprotokoll an.

Material E Wirkung von Salzen auf Urease

Urease
+ Harnstoff
+ Phenolphthalein

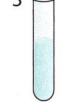
Urease
+ Harnstoff
+ Phenolphthalein
+ Kupfersulfat-lösung

Urease
+ Harnstoff
+ Phenolphthalein
+ Zinksulfat-lösung

Urease
+ Harnstoff
+ Phenolphthalein
+ Natriumchlorid-lösung

In einem Versuch wird der Einfluss von Kupfersulfat-, Zinksulfat- und Natriumchloridlösung auf die Reaktion von Urease mit Harnstoff untersucht. Hierzu werden vier Reagenzgläser entsprechend der Abbildung vorbereitet. Abschließend pipettiert man 2 Tropfen Phenolphthaleinlösung in die vier Reagenzgläser und schüttelt kurz.

1 Beschreiben Sie die Versuchsbeobachtungen.

2 Deuten Sie die unterschiedlichen Reaktionen.

1.16 Enzyme in der Anwendung

1 Jeans mit enzymatisch erzeugtem Stonewashed-Effekt

Wer denkt beim Kauf einer Blue Jeans an den Einsatz von Enzymen? Die hellen Flecken wurden früher mithilfe von Bimssteinen hervorgerufen, die die dunkelblaue Farbe regelrecht vom Gewebe abrieben. Heute setzt die Industrie Enzyme ein, um den Stonewashed-Effekt hervorzurufen. Welche Vor- und Nachteile hat der Einsatz von Enzymen? In welchen Bereichen werden Enzyme eingesetzt?

Industrielle Nutzung von Enzymen ● Bei der Betrachtung von Stoffwechselvorgängen in Organismen wurde bereits deutlich, dass Enzyme Reaktionen sehr spezifisch und mit geringem Energieeinsatz katalysieren können und bereits in kleinen Mengen wirken. Die Entdeckung, dass Enzyme auch außerhalb von lebenden Zellen wirken, macht sie für die Nutzung in Handwerk und Industrie sehr interessant. Behandelt man zum Beispiel eine Jeans mit Bimssteinen, um den Stonewashed-Effekt zu erzeugen, fallen pro Hose etwa 600 g giftiger, gewebe- und maschinenschädigender Steinabrieb an. Werden statt Bimssteinen Enzyme eingesetzt, welche die Fasern zunächst aufrauen, und dann solche, die den blauen Farbstoff durch Oxidation entfärben, lässt sich eine identische Optik bei deutlich reduzierter Belastung der Erdatmosphäre durch CO_2, geringerem Verbrauch von Wasser und Energie sowie Reduktion der Abfallmenge und Stäube erzeugen.

Mithilfe von Enzymen werden in der Industrie viele weitere Verfahren entwickelt, um Produkte kostengünstiger, schonender und auch umweltverträglicher herzustellen. Manche wertvollen Rohstoffe können überhaupt erst mithilfe von Enzymen ge-

nutzt werden wie zum Beispiel faserreiches Gras. Die geringeren Produktionskosten, die größeren Gewinnchancen, Umweltschutzgründe und die Erschließung neuer Ressourcen sind deshalb wesentliche Argumente der Industrie für den Einsatz von Enzymen.

So ist es kein Wunder, dass sich der Markt für Anwendungen von Enzymen sehr rasch entwickelt. Allein die Textil-, Wasch- und Reinigungsmittelindustrie setzt heute bereits über 250 bis 300 Enzympräparate bei der Fertigung ein. Aber auch in der Lebensmittelindustrie dienen Enzyme zur Herstellung vieler Produkte. Die Energiewirtschaft verwendet Enzyme, um zum Beispiel Mais und Gülle zur Produktion von Biogas zu nutzen, in der Pharmaindustrie und in der Medizin werden Enzyme sowohl als Medikamente und auch bei der Herstellung von Wirkstoffen eingesetzt (▶ ▣).

Zur Erforschung, Entdeckung und Nutzung von Organismen, ihrer Enzyme und Produkte für den Menschen arbeiten verschiedene Wissenschaften, Wirtschaft und Technik in dem fächerübergreifenden Arbeitsgebiet der **Biotechnologie** eng zusammen.

Enzyme in Waschmitteln • Der Fleck auf der Jeans, der verschüttete Kaffee auf der Tischdecke, die Salatsoße auf dem Hemd, dies sind nur einige Beispiele für Verschmutzungen auf Textilien, die eine Herausforderung beim Waschen darstellen. Besonders eiweißhaltige Flecken haften hartnäckig an Textilfasern und lassen sich mit Wasser und Seife kaum entfernen. Anfang des 20. Jahrhunderts gelang es, proteinspaltende Verdauungsenzyme aus der Bauchspeicheldrüse von Tieren zu gewinnen. Mit diesen Proteasen können schwer zu beseitigende Eiweißflecken aus Wäsche entfernt werden, indem sie die Eiweißverschmutzung enzymatisch in Aminosäuren und kurzkettige Peptide zerlegen, sodass sich beim Waschen der Schmutz von der Faser löst und mit der Waschlauge ausgewaschen wird (▶ 2).

Waschenzyme aus Mikroorganismen • Die Gewinnung der Enzyme aus den Bauchspeicheldrüsen von Schlachttieren ist teuer und aufwendig. In den 1950er-Jahren wurde ein bodenlebendes Bakterium, *Bacillus licheniformis*, entdeckt, welches das proteinspaltende Enzym Subtilisin produziert. Diese Protease arbeitet auch bei niedrigeren Waschtemperaturen und einem höheren pH-Wert von 9 oder 10, wie er in Waschlauge vorliegt. Daher ist es für den technischen Einsatz gut geeignet. Die Entdeckung von bakteriellen Enzymen veränderte die industrielle Gewinnung grundlegend. Da sich Mikroorganismen ohne hohen Aufwand in großen Kulturgefäßen, den Fermentern oder **Bioreaktoren,** kultivieren lassen, können Enzyme kostengünstig in großen Mengen produziert werden. Heute setzt man neben Proteasen in vielen Waschmitteln auch mikrobiell hergestellte fettspaltende Lipasen und stärkespaltende Amylasen zu, um fett- und stärkehaltige Flecken schonend und bei niedrigen Waschtemperaturen zu entfernen.

Bei der Produktion und dem Einsatz von großen Mengen der mikrobiologisch erzeugten Enzyme in Wasch- und Reinigungsmitteln müssen auch Risiken für Umwelt und Gesundheit betrachtet werden. Enzyme sind Proteine. Durch Kontakt mit Fremdeiweißen besteht bei den Mitarbeitenden in der Produktion die Gefahr, allergische Reaktionen auszulösen. Waschmittelenzyme gelangen zudem mit der Waschlauge in die Gewässer. Auch hygienische Ge-

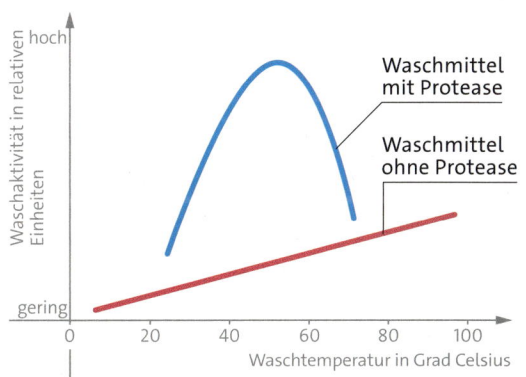
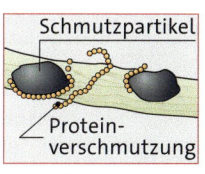
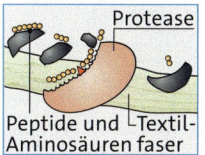

2 Waschaktivität von enzymhaltigen Waschmitteln mit und ohne Proteasen bei verschiedenen Waschtemperaturen

sichtspunkte müssen beim Waschen mit niedrigen Temperaturen betrachtet werden, ob zum Beispiel krankmachende Mikroorganismen in verschmutzter Wäsche zuverlässig abgetötet werden.

Maßgeschneiderte Enzyme • Forschende suchen nach Wegen, Enzyme zu optimieren. Sie fahnden zum Beispiel gezielt nach Bakterienstämmen, die ein Enzym produzieren, das zum Beispiel unempfindlicher gegenüber Bleichmitteln ist. Viele Waschmittel enthalten Bleichmittel, um Mikroorganismen abzutöten. Bleichmittel verändern jedoch auch das aktive Zentrum von Waschmittelenzymen durch Oxidation, sodass die Enzyme ihre Wirkung verlieren. Heute ist es möglich, die Proteinstruktur eines gewünschten Enzyms, das zum Beispiel gegenüber der Oxidation unempfindlicher ist, zu entschlüsseln und Bakterienzellen mithilfe von im Labor hergestellter Erbinformation umzuprogrammieren. Die auf diese Weise **gentechnisch veränderten Mikroorganismen** produzieren das modifizierte Enzym. Diese Verfahren zur Herstellung von maßgeschneiderten, am Computer entworfenen Proteinen, die dann durch gentechnisch veränderte Zellen synthetisiert werden können, nennt man **Protein-Engineering**.

1 Untersuchen Sie die Wirkung von Waschmitteln auf Proteine im Experiment (▶ 🔲).

2 Stellen Sie Chancen und Risiken der Anwendung von Enzymen beim Waschen und Reinigen kriterienbezogen dar. Nutzen Sie dazu auch die Grafik 2 und weitere Grafiken (🔲).

Zutaten: Mais-Sirup, Rohrzucker, Gelatine, Fruchtsaftkonzentrate (schw. Johannisbeere, Himbeere, Zitrone, Apfel, Säuerungsmittel (Zitronensäure), färbende Frucht- und Pflanzenauszüge (Orange, Passionsfrucht, chin. Gelbbeere, Holunder, Spinat, Brennessel, Curcuma), Trennmittel und Palmkernöl

1 Maissirup in der Zutatenliste von Fruchtgummi

Enzyme in der Lebensmittelindustrie ● Ohne die Zusammenhänge zu kennen, spielten Enzyme bei der Herstellung von Lebensmitteln bereits vor Tausenden von Jahren eine wichtige Rolle. Amylasen, die beim Quellen und Keimen von Getreide ganz natürlich aktiv werden, nutzt man seit dem Altertum zum Bierbrauen und Brotbacken. Dabei macht man sich die Stoffwechselenzyme von Hefen zunutze. Lactase, ein Milchzucker spaltendes Enzym der Milchsäurebakterien, ist für die Joghurtherstellung notwendig. Seit 8000 Jahren, mit Beginn von Ackerbau und Viehzucht, verwenden Menschen Chymosin oder Labferment, ein eiweißspaltendes Enzym aus dem Magen von Kälbern, um Käse herzustellen. Es spaltet Milcheiweiß, die Milch wird dickflüssig und kann zu Käse verarbeitet werden. Wenige Tropfen Chymosin reichen aus, um aus 10000 l Milch 1000 kg Käse herzustellen. Dazu benötigte man jedes Jahr über 70 Millionen Kälbermägen, um genügend Enzym zu produzieren. Heute gewinnt man Proteasen, die ähnlich wie Chymosin wirken, aus Pflanzen, wie zum Beispiel Ananasfrüchten. 1987 ist es gelungen, das Gen für die Synthese von Kälberchymosin zu entschlüsseln. Seitdem kann das Enzym mithilfe gentechnisch veränderter Mikroorganismen in großen Mengen hergestellt werden, indem ein zusätzlicher Genabschnitt in die Erbsubstanz der Bakterien oder Hefen eingeschleust wird. Diese gentechnisch veränderten Mikroorganismen werden unter optimalen Bedingungen kultiviert. Die Mikroorganismen produzieren das gewünschte Protein. Es wird abgeschöpft, um es bei der Herstellung der 18 Millionen Tonnen Käse weltweit einzusetzen.

Auch in der Zuckerindustrie kommen Enzyme zum Einsatz. Das amerikanische Agrarministerium meldete bereits vor Jahren, dass weltweit 159 Milliarden kg Zucker pro Jahr hergestellt werden – und der Bedarf steigt. Die Gewinnung von Zucker aus Zuckerrohr und Zuckerrübe deckt nur einen Teil der wachsenden Nachfrage. Um aus dem viel günstiger anzubauenden Mais und aus Kartoffeln Zucker zu gewinnen, setzt man stärkeabbauende Enzyme ein. Diese Amylasen zerlegen die Stärkemoleküle des Mais und der Kartoffel in Glucose. Ein Teil der Glucose kann durch ein weiteres Enzym, die Glucose-isomerase, in die noch stärker süßende Fructose umgewandelt werden. Der sehr kostengünstig produzierte Glucose-Fructose-Sirup kommt als Süßungsmittel besonders in den USA, aber inzwischen auch in Europa in vielen Softdrinks und Süßigkeiten zum Einsatz (▸ 🔲).

Enzyme in Medizin und Diagnostik ● Vielen erwachsenen Menschen fehlt im Darm das Enzym Lactase, das den Milchzucker, die Lactose, abbaut. Sie sind lactoseintolerant und reagieren mit Durchfall, Blähungen und Bauchkrämpfen auf Milchkonsum. Mithilfe von Tabletten, die das fehlende Enzym Lactase enthalten, können die Betroffenen die Milchprodukte leichter verdauen. Enzyme werden auch zur Behandlung von Blutgerinnseln in Blutgefäßen eingesetzt, die zu Schlaganfall und Herzinfarkt führen können. Die Enzyme können den gefährlichen Blutpfropf in den Kapillaren abbauen. Enzyme kommen neben der direkten Therapie auch zur Produktion von Medikamenten und in der Diagnostik zum Einsatz. Ein bekanntes Beispiel ist die Nutzung von Teststäbchen bei der Bestimmung von Glucose in Blut oder Urin. Ist in einer Flüssigkeit Glucose enthalten, kommt es zu einem Farbumschlag des Indikators auf dem Teststäbchen. Ein Enzym katalysiert die Oxidation von Glucose zu Gluconsäure und die Reduktion von Wasser zu Wasserstoffperoxid. Wasserstoffperoxid oxidiert den gelblichen Farbstoff Toluidin, er erscheint nun grünlich.

1 Erörtern Sie kurz- und langfristige Chancen und Risiken des Enzymeinsatzes in der Lebensmittelindustrie.

2 Recherchieren Sie weitere Einsatzmöglichkeiten von Enzymen in Industrie, Umwelt, Haushalt und dokumentieren Sie diese übersichtlich.

3 Erstellen Sie einen Erklärfilm zur Durchführung des Glucosenachweises mit Teststäbchen.

Material A Fleischklebeenzyme zur Fleischproduktion – eine Risikobewertung

A) Schweinefleisch

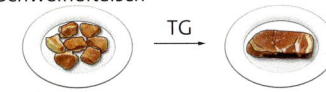

B) Jakobsmuschel

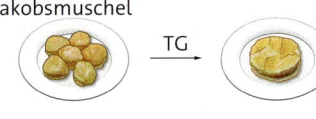

Transglutaminasen (TG) sind Enzyme, die in der Lebensmittelindustrie eingesetzt werden, um zum Beispiel Fleischstücke und -reste enzymatisch zu großen Fleischstücken zusammenzukleben (▶ A1). Auf diese Weise wird auch Formfleisch hergestellt, das natürlichem Fleisch zum Verwechseln ähnelt.

TG kommen in der Natur in vielen Lebewesen und auch beim Menschen vor. Sie vernetzen zum Beispiel Proteine im Blut bei der Blutgerinnung. Diese strukturgebenden Enzyme lassen sich für unterschiedliche Fleisch-, Fisch- und Milchprodukte nutzen. Die industriell eingesetzten Transglutaminasen werden mikrobiell – meist von gentechnisch veränderten Organismen – hergestellt (mTG). Ihr Einsatz ist in Deutschland bislang nicht auf den Produkten zu deklarieren, da es sich

um ein Verarbeitungsmittel handelt, das bei der Herstellung von Lebensmitteln genutzt wird, im Produkt aber nicht mehr aktiv ist. 2020 lag dem Bundesinstitut für Risikobewertung (BfR) eine Anfrage vor, inwieweit der Einsatz von mTG gesundheitliche Risiken für bestimmte Personengruppen darstellen könnte und deshalb, ähnlich wie in der Schweiz vorgeschrieben, eine Kennzeichnungspflicht sinnvoll ist. Die Ergebnisse stellt das BfR visualisiert in einem Risikoprofil dar, um auf einen Blick eine erste Übersicht zu bekommen.

1 Recherchieren Sie im Internet verschiedene Anwendungsmöglichkeiten der Transglutaminasen in Lebensmitteln. Sammeln Sie Aspekte, die Ihnen persönlich bei einer Risikoeinschätzung eines Einsatzes von Transglutaminasen wichtig sind.

2 Tragen Sie Pro- und Kontra-Argumente zum Einsatz von Transglutaminasen zusammen und gewichten Sie Ihre Argumente.

3 Informieren Sie sich mithilfe der Materialien im QR-Code, wie das BfR bei einer Risikobewertung vorgeht. Fassen Sie die Vorgehensweise zusammen 🔳 .

4 Werten Sie die Ergebnisse des Risikoprofils für den dargestellten Fall durch das BfR aus. Erläutern Sie einzelne Felder des Risikoprofils mithilfe der Stellungnahme des BfR.

5 Vergleichen Sie die Aussagen von Herstellerfirmen auf Übereinstimmung mit wissenschaftlichen Studien und den Aussagen des Bundesinstituts für Risikobewertung. Begründen Sie die Bedeutung der Quellenauswahl für den Bewertungsprozess.

6 Erörtern Sie die Schlussfolgerung des BfR bezüglich der Kennzeichnung des Einsatzes von Transglutaminasen. Reflektieren Sie die Chancen und Grenzen einer Risikobewertung und überprüfen Sie ggf. Ihr Verständnis der Vorgehensweise anhand der Risikoanalyse der gentechnischen Herstellung der mTG (▶ 🔳).

Material B Waschtemperaturen und Textilhygiene

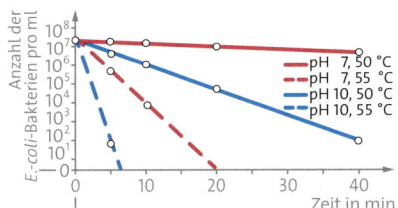

B1 Antibakterielle Wirkung eines Waschmittels

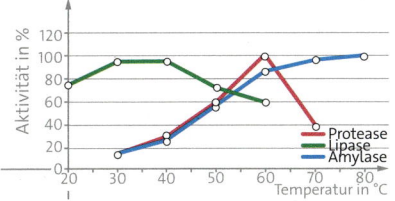

B2 Aktivität verschiedener Waschenzyme bei pH-Wert 10

In B1 untersuchte man die Empfindlichkeit von E. coli gegenüber verschiedenen Temperaturen und pH-Werten.

1 Beschreiben Sie die Untersuchungsergebnisse.

2 Leiten Sie aus den Ergebnissen eine Empfehlung für Waschtemperaturen ab.

3 Reflektieren und diskutieren Sie Ihre Empfehlungen für Waschtemperaturen unter verschiedenen Bewertungsaspekten.

Enzymhaltige Waschmittel können stark verschmutzte Wäsche bereits bei niedrigen Temperaturen ressourcenschonend säubern. Wäschestücke wie Spültücher, Handtücher und Unterwäsche können aber auch mit Mikroorga-

nismen belastet sein. Forschende führten Versuche mit E.-coli-Bakterien durch, um zu bestätigen, ob möglicherweise krankmachende Mikroorganismen bei niedrigen Waschtemperaturen sicher abgetötet werden.

Biologie der Zelle

Mit dieser Übersicht können Sie die wichtigsten Inhalte des Kapitels wiederholen. Ergänzen Sie das Schema um weitere Begriffe und finden Sie Querbeziehungen zwischen den Themen.

Zellulärer Bau der Lebewesen	Zellen

Mikroskopieren	Lichtmikroskop

Feinbau der Zelle	Zellbestandteile

Eukaryoten und Prokaryoten	Zellen mit und ohne Zellkern

Biomembranen	Struktur
	Funktion

Enzymatik	Struktur und Funktion von Enzymen
	Einflüsse auf die Enzymaktivität

Zelltypen

Zellen – Gewebe – Organe

Gewebetypen

Lichtmikroskopie

Elektronenmikroskopie

Fluoreszenzmikroskopie

Struktur und Wiedererkennung
der Zellbestandteile

Funktion der Zellbestandteile

Zusammenwirken der Zellbestandteile

Tierzelle

Pflanzenzelle

Prokaryotische Zelle

Eukaryotische Zelle

Aufbau der Biomembran

Diffusion und Osmose

Substrate, molekulare Partner,
Reaktionstypen

Temperatur, pH-Wert,
Substratkonzentration

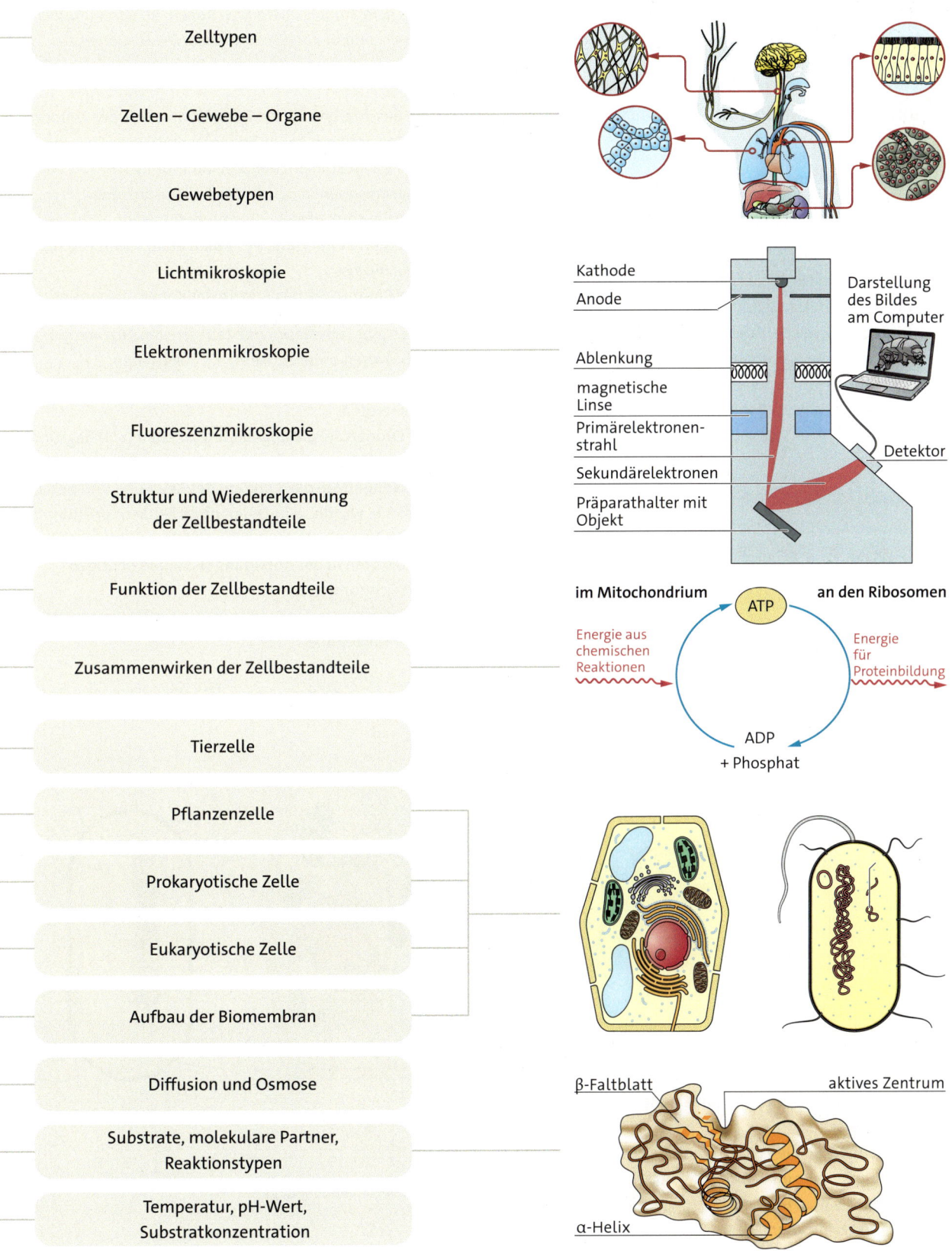

Kathode

Anode

Darstellung
des Bildes
am Computer

Ablenkung

magnetische
Linse

Primärelektronen-
strahl

Sekundärelektronen

Präparathalter mit
Objekt

Detektor

im Mitochondrium

ATP

an den Ribosomen

Energie aus
chemischen
Reaktionen

Energie
für
Proteinbildung

ADP
+ Phosphat

β-Faltblatt

aktives Zentrum

α-Helix

Biologie der Zelle

Mit den folgenden Aufgaben können Sie überprüfen, ob Sie die Inhalte aus dem Kapitel verstanden haben. An den Aufgaben finden Sie Angaben zu den Seiten, auf denen Sie zum jeweiligen Thema noch einmal nachlesen können. Die Lösungen zur Selbstüberprüfung finden sich im Anhang.

Struktur und Funktion von Zellen (S. 18-51)

1 In den Abbildungen unten sind verschiedene Gewebe (▶1) und Zellen (▶2) dargestellt.
a Nenne den Gewebetyp der Gewebe A–D in der Abbildung (▶1).
b Nennen Sie die Funktionen der Gewebetypen.
c Erläutern Sie an konkreten Merkmalen, bei welchen der abgebildeten Zellen (▶2) es sich um Pflanzen- beziehungsweise Tierzellen handelt.
d Ordnen Sie den abgebildeten Zellen jeweils eine der folgenden Funktionen begründet zu: a) Aufnahme von Stoffen, b) Transport von Stoffen, c) Speicherung von Stoffen.

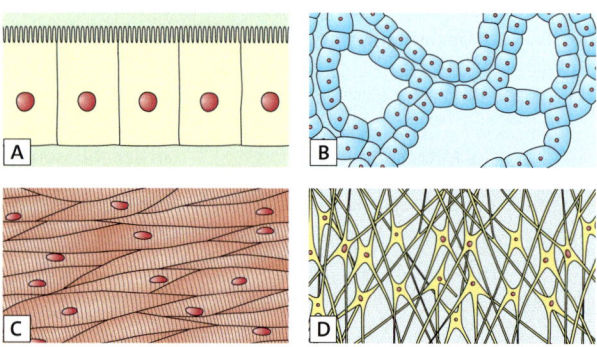

1 Gewebe

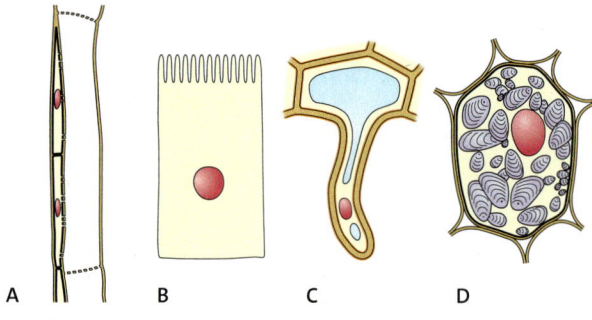

2 Zellen

2 Verschiedene Lebewesen haben unterschiedlich aufgebaute Zellen.
a Nennen Sie die Zellbestandteile einer Pflanzenzelle, die man bereits im lichtmikroskopischen Bild sieht, und solche, die man erst im elektronenmikroskopischen Bild erkennen kann.

b Beschreiben Sie die Zusammenarbeit der Zellorganellen Zellkern, raues Endoplasmatisches Reticulum und Dictyosom am Beispiel der Produktion von Verdauungsenzymen in Bauchspeicheldrüsenzellen.
c Erläutern Sie den Zusammenhang von Struktur und Funktion am Beispiel des rauen endoplasmatischen Reticulums.
d Erläutern Sie das Prinzip der Kompartimentierung.

3 Es Es gibt Lebewesen mit Zellkern, die Prokaryoten und Lebewesen ohne Zellkern, die Eukaryoten.
a Nennen Sie je zwei Beispiele für Prokaryoten und Eukaryoten.
b Ordnen Sie die abgebildeten Zellen (▶3) begründet Pro- und Eukaryoten zu.
c Nennen Sie die Funktion des Zellkerns und beschreiben Sie, wie diese in Zellen ohne Zellkern erfüllt wird.
d Ordnen Sie den mit Ziffern gekennzeichneten Strukturen in der Abbildung (▶3a) die richtigen Bezeichnungen zu.
e Vergleichen Sie tabellarisch eine Bakterienzelle und eine Tierzelle.

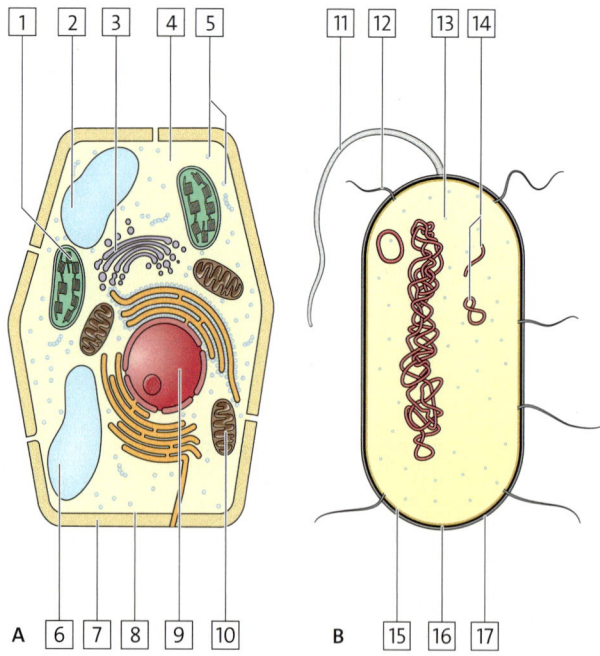

3 Zellen verschiedener Organismen

Struktur und Funktion von Biomembranen (S. 52-67)

4 Biomembranen bestehen aus Phospholipiden und Membranproteinen.

a Benennen Sie die Bestandteile 1–9 der Biomembran (▸4) mit den folgenden Begriffen: *Glykolipid, integrales Membranprotein / Transmembranprotein, Kohlenhydrat, Kopfregion, peripheres Glykoprotein, peripheres Membranprotein, Phospholipid/Membranlipid, Phospholipiddoppelschicht, Schwanzregion.*

b Erläutern Sie das Fluid-Mosaik-Modell.

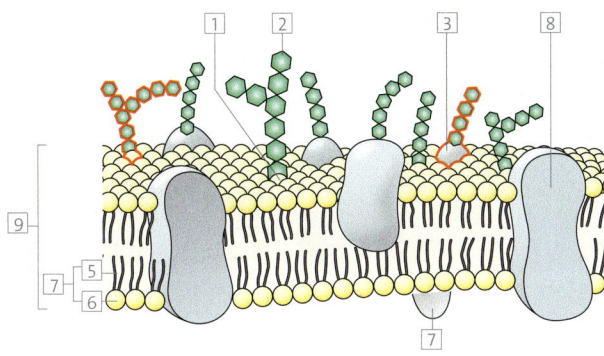

4 Biomembran

5 In der Abbildung unten (▸5) sind Vorgänge in einer Pflanzenzelle vereinfacht dargestellt.

a Beschreiben Sie den jeweiligen Zustand der Zellen.

b Beschreiben Sie die Vorgänge, die zu den jeweiligen Zuständen geführt haben, und verwenden Sie dabei passende Fachbegriffe.

c Erklären Sie die Vorgänge auf der Teilchenebene unter Verwendung geeigneter Fachbegriffe.

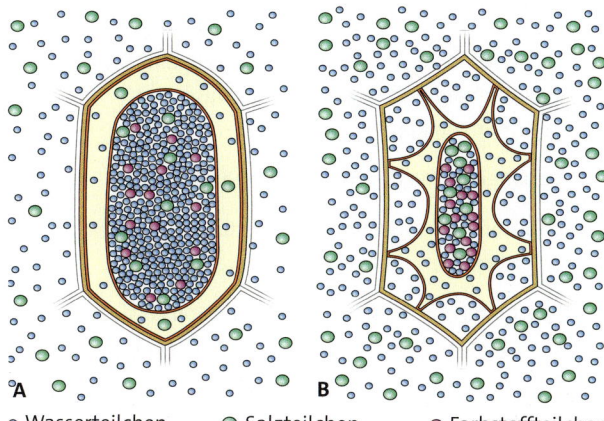

A   B

● Wasserteilchen   ○ Salzteilchen   ● Farbstoffteilchen

5 Vorgänge in einer pflanzenzelle (Schema)

Enzymatik (S. 68-89)

6 Enzyme setzen die Aktivierungsenergie für chemische Reaktionen herab. Die Strukturen der Enzyme und Substrate spielen dabei eine wichtige Rolle.

a Geben Sie den Unterschied zwischen ender- und exergonischen Reaktionen an.

b Beschreiben Sie die Wirkung eines Katalysators.

c Beschreiben Sie das Induced-fit-Modell am Beispiel von Enzymen.

d Begründen Sie den Einfluss der Substratkonzentration auf die Enzymaktivität.

e Benennen Sie den Unterschied zwischen kompetitiver und nichtkompetitiver Hemmung von Enzymen.

7 Bei Enzym-Substrat-Reaktionen spielt die Struktur eine große Rolle. Das aktive Zentrum eines Enzyms ist substratspezifisch.

a Beschriften Sie die abgebildeten Moleküle und Strukturen (▸6).

b Beschreiben Sie den Ablauf der enzymatischen Reaktion in (▸6).

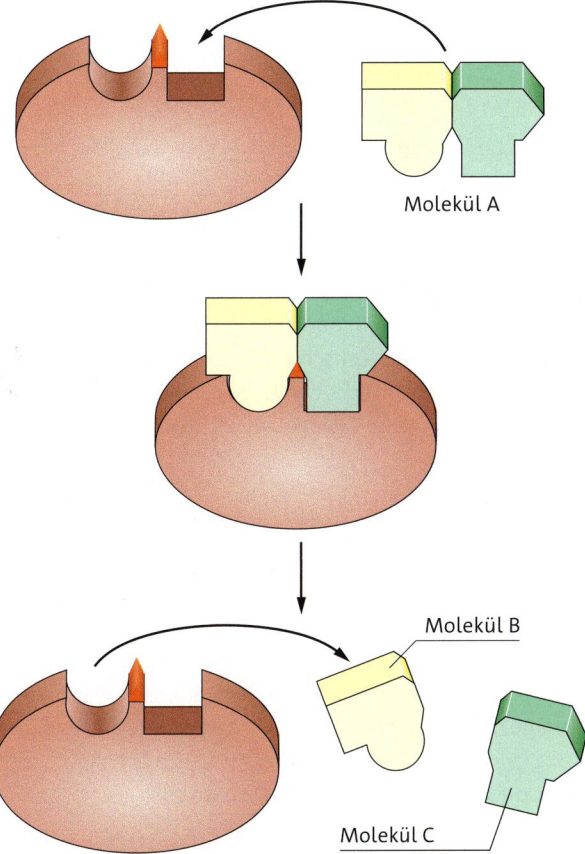

Molekül A

Molekül B

Molekül C

6 Enzymatische Reaktion

Training A Einschlüsse in Zellen der Küchenzwiebel

Das Präparat

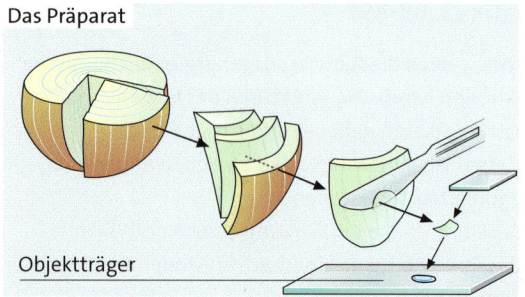

Objektträger

Versuch 1

Verdünnte
Salzsäure

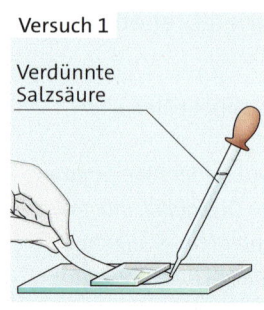

Versuch 2

Schwefelsäure

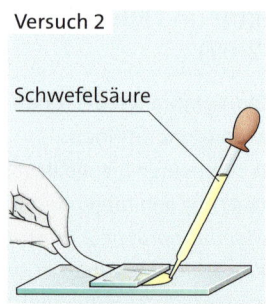

Lichtmikroskopische Bilder

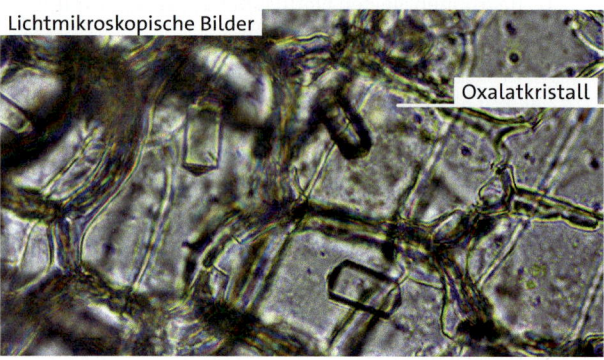

Oxalatkristall

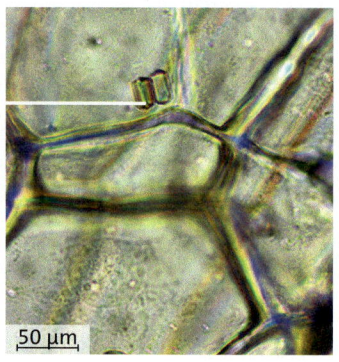

50 µm

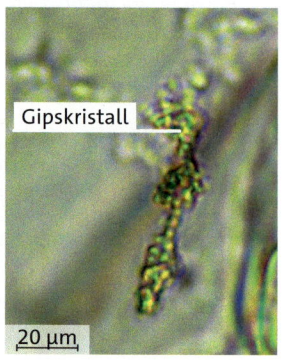

Gipskristall

20 µm

Mikroskopische Zeichnungen

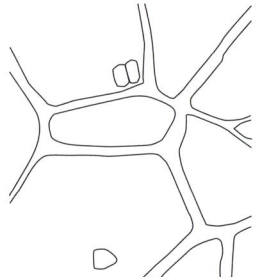

Viele Pflanzen, wie zum Beispiel die Küchenzwiebel, bilden in den Zellen äußerer Zellschichten Oxalatkristalle. Oxalate sind für viele Tiere giftig. Chemische Analysen zeigten, dass die Kristalle in den Zwiebelzellen aus Calciumoxalat bestehen.

Um die Oxalatkristalle in den Zwiebelzellen zu untersuchen, präpariert man eine Küchenzwiebel so, dass man die Zellen direkt unter der äußersten Zellschicht mikroskopieren kann. Es werden zwei Versuche mit jeweils einem neuen Zwiebelzellenpräparat durchgeführt. Wenn man zum Präparat Salzsäure gibt, verändern sich die Oxalatkristalle. Gibt man Schwefelsäure hinzu, verschwinden die Oxalatkristalle und es bilden sich Gipskristalle. Diese in den Versuchen zu beobachtenden Reaktionen nutzt man daher als Oxalatnachweis.

1 Beschreiben Sie die Anfertigung des lichtmikroskopischen Präparats, bis es auf dem Objekttisch liegt, sowie die anschließende mikroskopische Beobachtung.

2 Vergleichen Sie die Fotos mit ihren zugehörigen Zeichnungen und begründen Sie, dass gute Zeichnungen angefertigt wurden.

3 Beschreiben Sie die Versuchsergebnisse.

4 Erläutern Sie am Beispiel des Oxalatnachweises die typischen Merkmale eines Nachweisversuchs.

5 Begründen Sie, dass die Produktion von Oxalatkristallen für eine Pflanze von Vorteil sein kann, und erläutern Sie, wie Sie dies im Experiment testen würden.

Training B *Acetabularia* – **Kommunikation von Zellplasma und Zellkern**

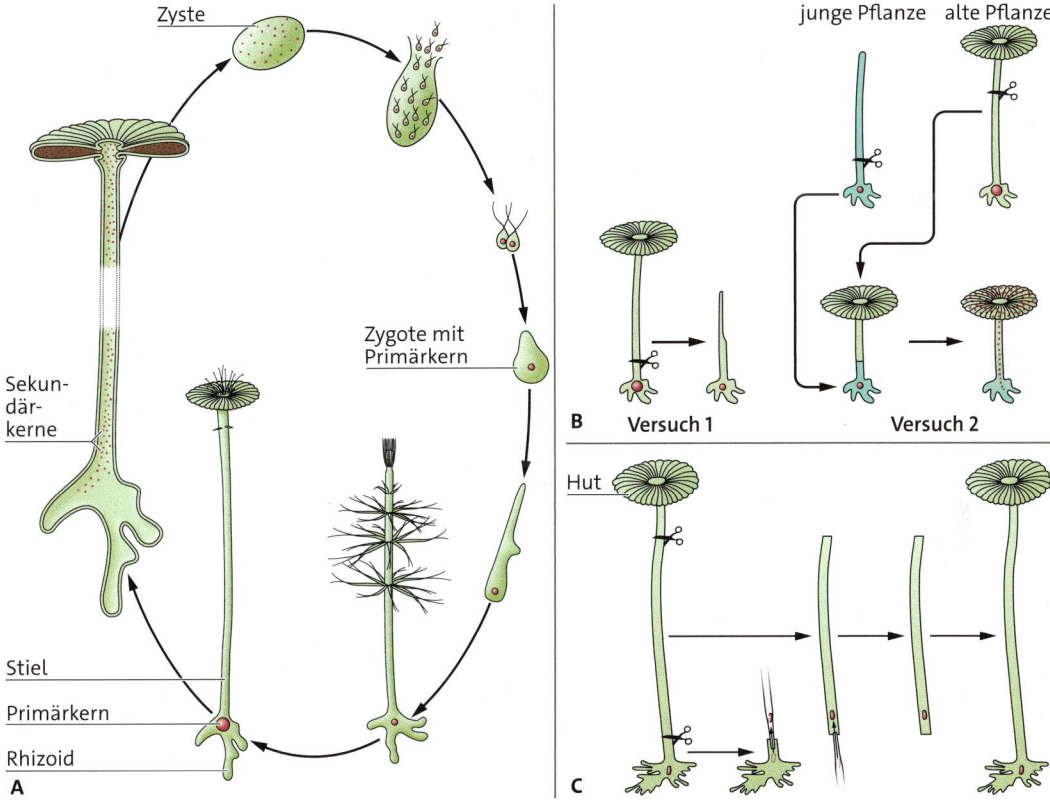

Die Schirmalge *Acetabularia* entwickelt sich aus zwei äußerlich gleichen Geschlechtszellen, die zu einer Zygote fusionieren. Diese vergrößert sich zu einem Stiel, der an seinem unteren Ende ein gelapptes Rhizoid besitzt. Das Rhizoid enthält den Zellkern. Am oberen Ende bildet der Stiel vergängliche Haarwirtel und schließlich einen etwa einen Zentimeter breiten Hut. Im ausgewachsenen Zustand ist der Hut in Kammern gegliedert. Im Labor wächst der Stiel in etwa drei Monaten auf eine Länge von bis zu 5 cm und einen Durchmesser von maximal 0,4 mm an. Die Hutbildung benötigt einen weiteren Monat.

Während des Wachstums vergrößert sich der Zellkern der Zygote, der Primärkern. Sein Durchmesser nimmt auf das Hundertfache zu. Ist der Hut reif, zerfällt der Primärkern und im Rhizoid entstehen durch Meiose und anschließende Mitosen Tausend haploide Sekundärkerne. Diese werden durch Plasmaströmung in die Hutkammern transportiert, wo einkernige

Ruhestadien, die Zysten, gebildet werden. In den geschlossenen Zysten finden weitere Mitosen statt, die zu haploiden Geschlechtszellen führen. Die Hüte zerfallen und die Zysten sinken zum Grund. Nach einer Ruhephase öffnen sich die Zysten und die Geschlechtszellen werden frei.

1 Beschreiben Sie die Durchführung und die Ergebnisse der Versuche in Abbildung B.

2 Erläutern Sie mithilfe der Ergebnisse, welche Einflüsse das Zellplasma auf den Zellkern hat.

3 Beschreiben Sie die Durchführung und die Ergebnisse des Versuchs in Abbildung C.

4 Deuten Sie das Versuchsergebnis in Abbildung C als einen Vorgang, bei dem Zellplasma und Zellkern sich gegenseitig beeinflussen. Erläutern Sie im selben Sinn die Bildung der Sekundärkerne.

Glossar

A

Abziehpräparat: für die Lichtmikroskopie hergestelltes Präparat durch Abziehen einer dünnen Gewebeschicht von einer Probe.

Adenosintriphosphat (ATP): organisches Molekül, das der Enegieübertragung in der Zelle dient.

Aktivierungsenergie: Energie, die benötigt wird, um eine Reaktion in Gang zu setzen

amphipathisch: Bezeichnung für Moleküle, die aus einer hydrophilen und einer hydrophoben Region bestehen

Ausstrichpräparat: Flüssiges Gewebe, beispielsweise Blut, wird auf dem Objektträger ausgestrichen.

B

Biomembran: einheitliche Bezeichnung für alle Membranen in der Zelle

C

Chloroplasten: von zwei Membranen umschlossene Zellbestandteile von Pflanzenzellen, die für die Fotosynthese verantwortlich sind.

Coenzyme, auch Cosubstrate: organische Moleküle, die während der enzymatischen Reaktion Elektronen, Wasserstoffatome oder chemische Gruppen auf das Substrat übertragen oder entfernen

Cofaktoren: anorganische Ionen, die fest an ein Enzym gebunden sind

Cytoskelett: Proteinstrukturen, die die Zelle durchziehen. Es hat eine stützende Funktion und ermöglicht Bewegungen und Transportvorgänge.

D

Deplasmolyse: Zunahme des Zellvolumens einer plasmolysierten Zelle in einer hypotonischen Lösung

Dictyosomen: stapelförmig angeordnete membranumgebene Hohlräume in der Zelle, in denen Sekrete gebildet werden. Die Gesamtheit der Dictyosomen bildet den **Golgi-Apparat**.

Diffusion: Ausbreitung von Teilchen im zur Verfügung stehenden Raum aufgrund ihrer Eigenbewegung.

E

Elektronenmikroskop: Gerät zur vergrößerten Abbildung sehr kleiner Objekte, das statt einer Lichtquelle eine Elektronenquelle im Vakuum verwendet. Dadurch wird die Auflösungsgrenze erhöht und es können feinere Zellstrukturen sichtbar gemacht werden.

endergonische Reaktion: biochemische Reaktion, die Energie benötigt. Sie läuft nicht freiwillig ab.

Endoplasmatisches Reticulum (ER): von Membranen umschlossenes Hohlraumsystem der Zelle. Wenn es mit Ribosomen besetzt ist, wird es als raues Endoplasmatisches Reticulum bezeichnet, Bereiche ohne Ribosomen nennt man glattes Endoplasmatisches Reticulum.

Entropie: Maß für die Unordnung eines Systems

Enzyme: spezielle Proteine, die als Biokatalysatoren die Aktivierungsenergie herabsetzen

Enzym-Substrat-Komplex: Übergangszustand, den ein Enzym mit dem umzusetzenden Molekül, dem Substrat, vorübergehend bildet

exergonische Reaktion: biochemische Reaktion, bei der Energie freigesetzt wird. Sie läuft freiwillig ab.

F

Fluoreszenzmikroskopie: lichtmikroskopisches Verfahren, bei dem das Präparat mit Fluoreszenzfarbstoffen gefärbt wird. Bei Bestrahlung des Präparats mit Licht einer bestimmten Wellenlänge wird durch abgestrahltes Licht einer anderen Wellenlänge ein Bild erzeugt.

freie Enthalpie: auch Gibbs-Energie G. Die Änderung der freien Enthalpie oder Gibbs-Energie gibt an, ob eine Reaktion freiwillig ($\Delta G < 0$) oder unter Energiezufuhr abläuft ($\Delta G > 0$).

G

Gewebe: Bezeichnung für Zellen mit gleichem Bau und gleicher Funktion

H

hydrophil: Fachbegriff für polare, wasserliebende Moleküle oder Molekülregionen

hydrophob: Fachbegriff für unpolare, wasserabweisende Moleküle oder Molekülregionen

I

Induced-fit-Modell: Modellvorstellung für enzymatische Reaktionen, nach der sich das aktive Zentrum des Enzyms in seiner Gestalt an das Substrat anpasst

K

Katalysatoren: Stoffe, die die Aktivierungsenergie herabsetzen

Kompartimente: abgegrenzte Räume innerhalb der Zelle, die bestimmte Funktionen erfüllen

kompetitive Hemmung: Vorgang, bei dem das Substrat- und das Hemmstoffmolekül um das aktive Zentrum des Enzymmoleküls konkurrieren

M

Membranlipide: Grundbausteine der Biomembran. Sie bestehen aus einer unpolaren Schwanzregion und einer polaren Kopfregion.

Membranproteine: In die Biomembran eingelassene Proteine

Michaelis-Menten-Konstante (K_M): Substratkonzentration, bei der die halbe Maximalgeschwindigkeit einer Reaktion erreicht ist.

Mitochondrium: von zwei Membranen umhüllter Zellbestandteil, der für die Energiebereitstellung in der Zelle verantwortlich ist

N

nichtkompetitive Hemmung, auch allosterische Hemmung: Vorgang, bei dem ein Hemmstoff an einer zweiten Bindungsstelle des Enzyms bindet. Dadurch ändert sich die Struktur des aktiven Zentrums. Dies reduziert die maximale Geschwindigkeit der Reaktion.

O

Organ: Teil des Tieres oder der Pflanze, der eine bestimmte Aufgabe erfüllt

Osmose: Diffusion eines Lösungsmittels durch eine selektiv permeable Membran

osmotischer Druck: Druck, der durch die im Lösungsmittel gelösten Stoffe auf die umgebende Membran ausgeübt wird

Oxidation: Abgabe von Elektronen

P

Phospholipide: häufigste Form der Membranlipide. Ihre Kopfregion enthält einen Phosphorsäurerest.

Plasmolyse: Abnahme des Zellvolumens durch Wasseraustritt aus der Zelle in einer hypertonischen Lösung

prosthetische Gruppe: organische Moleküle, die dauerhaft mit einem Enzym verknüpft sind

Q

Quetschpräparat: Weiches Gewebe, zum Beispiel Fruchtfleisch, wird zwischen Objektträger und Deckglas gequetscht.

R

Rasterelektronenmikroskop: Elektronenmikroskop, bei dem die Elektronenstrahlen das Präparat rasterförmig abtasten. Die Strahlen werden reflektiert und auf einen Bildschirm geleitet. Es entsteht ein räumlicher Bildeindruck.

Redoxreaktion: Reaktion, bei der ein Reaktionspartner oxidiert wird, also Elektronen abgibt, und ein anderer gleichzeitig reduziert wird, also Elektronen aufnimmt

Reduktion: Aufnahme von Elektronen

S

Schlüssel-Schloss-Modell: Modellvorstellung für enzymatische Reaktionen, nach der das Substrat in das aktive Zentrum des Enzyms passt wie ein Schlüssel ins Schlüsselloch

selektiv permeabel: Bezeichnung für Membranen, die das Lösungsmittel passieren lassen, nicht aber bestimmte darin gelöste Stoffe

Substrate: Stoff mit Affinität zum aktiven Zentrum eines Enzyms, das von diesem in einer katalysierten Reaktion umgesetzt werden kann

Substratspezifität: Ein Enzym kann nur ein Substrat oder eine bestimmte Anzahl an spezifischen Substraten in seinem aktiven Zentrum aufnehmen.

T

Transmissionselektronenmikroskop: Elektronenmikroskop, dessen Elektronenstrahlen das Präparat durchdringen und auf einem Bildschirm unterschiedliche Schattierungen erzeugen

W

Wirkungsspezifität: Ein Enzym kann nur eine ganz bestimmte Veränderung des Substrats bewirken und damit nur eine bestimmte chemische Reaktion katalysieren.

Z

Zellbestandteile: von Membranen umschlossene Zellbereiche mit bestimmten Funktionen

Zelle: die kleinste lebensfähige Einheit

Zellkern, Nucleus: Zellbestandteil, der die Erbinformation enthält und deren Funktion steuert

Zellplasma: gelartige oder flüssige Substanz, in die die Zellbestandteile eingebettet sind. Es wird auch als Cytoplasma bezeichnet.

Zellwand: äußere stabile Hülle der Pflanzenzellen. Auch Bakterienzellen sind von einer Zellwand umgeben.

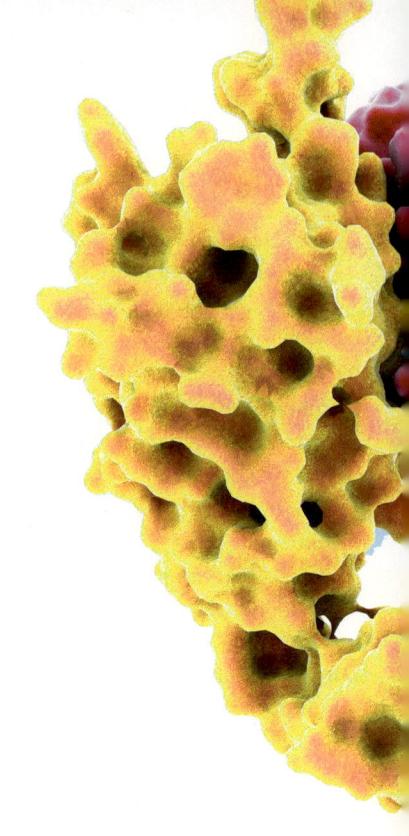

2

Zelluläre und molekulare Vorgänge der Immunabwehr

► Die Teile des Immunsystems werden vorgestellt und die Vorgänge der Immunabwehr bei einer Virusinfektion erklärt.

► Die Phagocytose von Erregern und die nachfolgende Antigenpräsentation auf MHC-Komplexen auf Antigen-präsentierenden Zellen und die Aktivierung verschiedener Zellen des Immunsystems werden erklärt.

► Die Zelldifferenzierung und klonale Selektion der B- und T-Lymphocyten wird erklärt.

► Die Produktion spezifischer Antikörper in Plasmazellen nach B-Zellaktivierung durch T-Helferzellen als Immunantwort auf eine virale Infektion wird erläutert.

► Die erworbene Immunität nach einer durchgemachten Infektion oder Impfung wird beschrieben und der sinnvolle Einsatz von Impfungen als Präventivmaßnahme diskutiert.

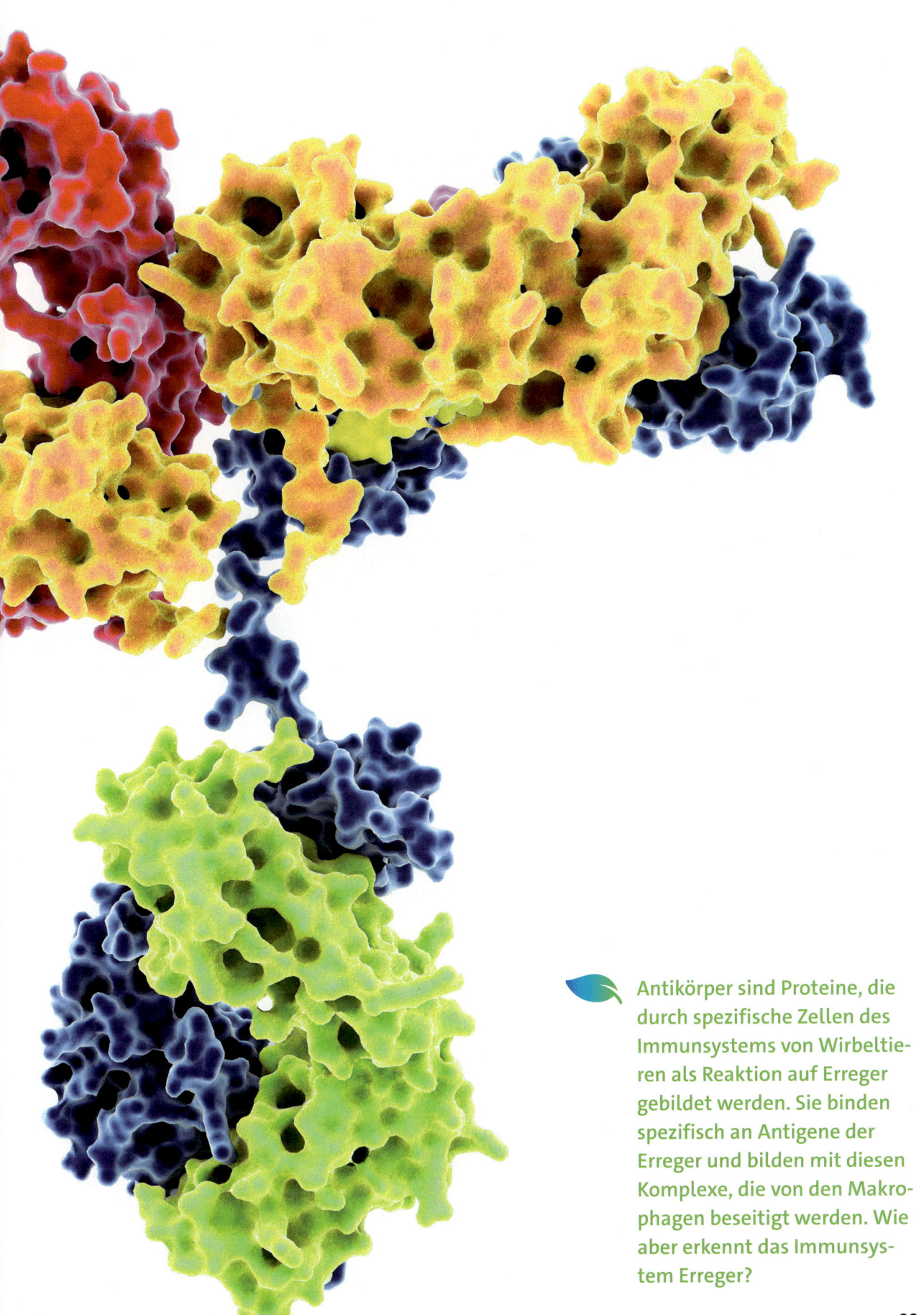

Antikörper sind Proteine, die durch spezifische Zellen des Immunsystems von Wirbeltieren als Reaktion auf Erreger gebildet werden. Sie binden spezifisch an Antigene der Erreger und bilden mit diesen Komplexe, die von den Makrophagen beseitigt werden. Wie aber erkennt das Immunsystem Erreger?

2.1 Das menschliche Immunsystem

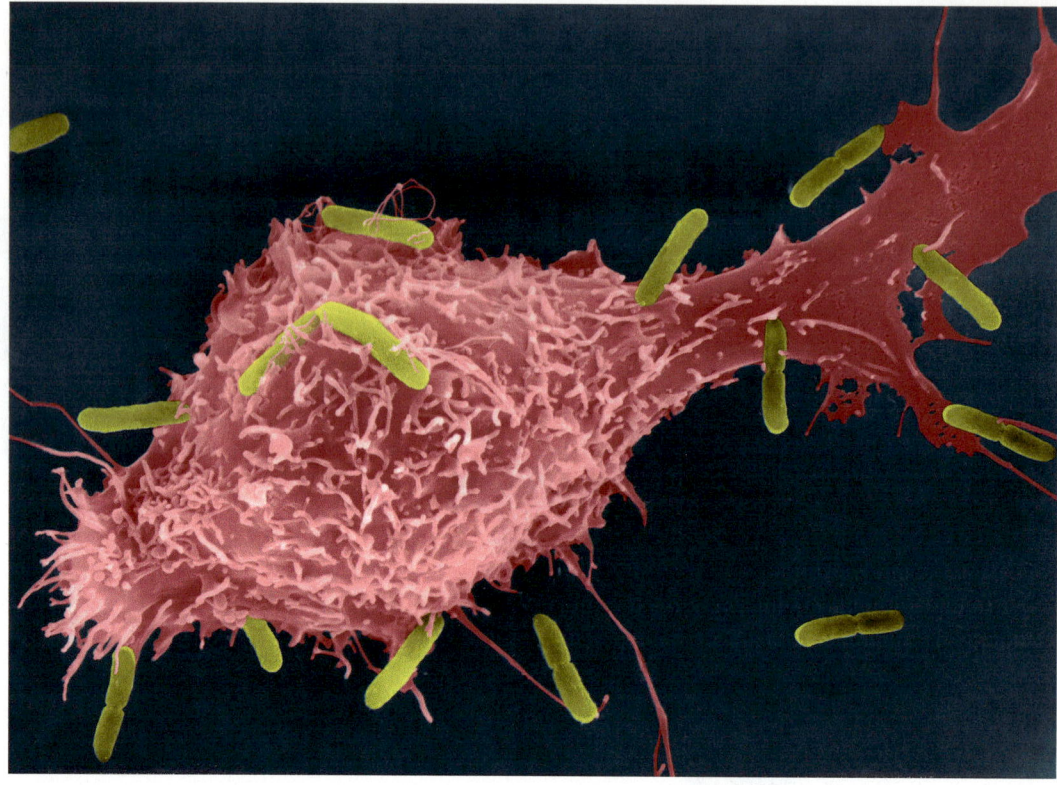

1 Stäbchenförmige Bakterien (grün gefärbt) werden von einem Makrophagen (rot gefärbt) beseitigt.

Unser Körper ist ständig von Bakterien, Viren und Pilzen umgeben, die uns als Krankheitserreger bedrohen. Dennoch erkranken wir nur selten, da es meist gelingt, Erreger auch ohne Medikamente erfolgreich zu beseitigen. So können zum Beispiel spezielle Zellen des Immunsystems eingedrungene Bakterien unschädlich machen. Wie beseitigen solche Immunzellen fremde Stoffe und Zellen? Und welche weiteren Strukturen und Mechanismen des Immunsystems sind wirksam?

lat. immunis = frei von der Leistung, unberührt

Ebenen des Immunsystems ● Krankheitserreger stellen eine der stärksten Bedrohungen für das Überleben von Organismen dar. Im Laufe der Evolution haben sich Mechanismen entwickelt, die drei verschiedene Schutzebenen bilden (▶ 2). Die erste Ebene verhindert durch **physikalische und chemische Barrieren** wie der Haut das Eindringen von Erregern.

unspezifisch		spezifisch
physikalische und chemische Barrieren	unspezifisches Immunsystem	spezifisches Immunsystem
durch Haut, Tränen usw.	mit Phagocyten usw.	mit Antikörpern, B-Lymphocyten usw.

2 Ebenen des Immunsystems

Auf der zweiten Ebene werden Zellen des **unspezifischen Immunsystems** wie Makrophagen aktiv. Diese beiden Ebenen des Immunsystems wirken gegen alle Arten von Erregern und werden daher als **unspezifisch** bezeichnet. Kommt es dennoch zur weiteren Ausbreitung eines Erregers im Körper, kann dieser sehr effektiv durch Mechanismen des **spezifischen Immunsystems** beseitigt werden, die stets auf einen bestimmten Erreger wie Pneumokokken ausgerichtet sind. Zu diesem Mechanismus gehört beispielsweise die Bindung der Erreger durch Antikörper.

Physikalische und chemische Barrieren ● Die Hornhaut der Körperoberfläche und die Schleimhäute des Verdauungs- und des Atmungstrakts bilden im gesunden Zustand eine physikalische Barriere, die das Eindringen der meisten Krankheitserreger in das körpereigene Gewebe verhindert. Talg- und Schweißdrüsen produzieren darüber hinaus einen Säureschutzmantel, der als chemische Barriere die Besiedlung der Haut durch Erreger hemmt. Jene Bakterien, die, angepasst an dieses Milieu, die natürliche Hautflora bilden, produzieren zusätzlich bakterizid wirkende Sekrete.

Auch entlang der Atemwege existieren diese Barrieren. So filtern feine Härchen im Nasenraum als physikalische Barriere Bakterien aus der Atemluft. In den Bronchien werden von speziellen Zellen täglich bis zu 100 ml eines dünnflüssigen Schleims produziert. Flimmerhärchen transportieren diesen Schleim mit darin festgehaltenen Mikroorganismen aus den Atemwegen zum Rachen. Dort werden sie verschluckt und anschließend im stark sauren und proteasehaltigen Magensaft abgetötet. In Speichel und Tränenflüssigkeit ist ein Enzym enthalten, das als chemische Barriere die Zellwand eingedrungener Bakterien auflöst.

Unspezifische Immunreaktion • Wenn Erreger die physikalischen und chemischen Barrieren des Körpers überwinden, treffen sie auf verschiedene Immunzellen, die insgesamt als **Leukocyten** bezeichnet werden. Einige Typen von Leukocyten sind in der Lage, fremde Zelle oder Stoffe in ihren Zellkörper aufzunehmen und zu verdauen, sie werden als **Phagocyten** (▶ 2, S. 102) zusammengefasst. Zu ihnen gehören **Makrophagen** als besonders effiziente Fresszellen und **neutrophile Granulocyten**, die Gefäße verlassen und in infizierte Gewebe einwandern

können. Diese Zellen der unspezifischen Immunreaktion können sofort aktiv werden, wenn sie auf fremde Zellen oder Stoffe treffen. Da so sehr viele Varianten fremder Erreger bekämpft werden können, wird sie als unspezifisch bezeichnet.

Entzündungsreaktion • Kommt es zu einer lokalen Vermehrung von Erregern, zum Beispiel nach dem Eindringen eines Holzsplitters, führt dies schnell zu einer Errötung des umgebenden Gewebes. Der Hautbereich fühlt sich warm an, schmerzt und schwillt an. Diese Symptome kennzeichnen eine Entzündungsreaktion, bei der **Mastzellen**, die im Hautgewebe liegen, durch Kontakt mit Fremdstoffen oder Erregern den Signalstoff **Histamin** ausschütten (▶ 3). Histamin diffundiert in das umgebende Gewebe und bewirkt dort in Sekunden, dass die Gefäße sich erweitern und durchlässiger für Lymphe und verschiedene Phagocyten werden. Das Gewebe schwillt an. Das durch die Gefäßerweiterung erhöhte Blutvolumen im Gewebe führt zur Erwärmung. Durch die erhöhte Anzahl von Phagocyten wie den neutrophilen Granulocyten werden die eingedrungenen Erreger effektiv entfernt. Nach der Phagocytose mehrerer Bakterien sterben die neutrophilen Granulocyten durch den programmierten Zelltod, die **Apoptose**. Abgestorbene Granulocyten, Gewebetrümmer und Lymphflüssigkeit bilden den Eiter, der in weniger Tagen vom Körper resorbiert wird oder aus der Wunde austritt. Durch eine Entzündungsreaktion kann so eine lokal begrenzte Ausbreitung von Erregern oder Fremdstoffen erfolgreich bekämpft werden.

Proteasen = eiweißabbauende Enzyme

griech. apo = ab ptosis = fallen

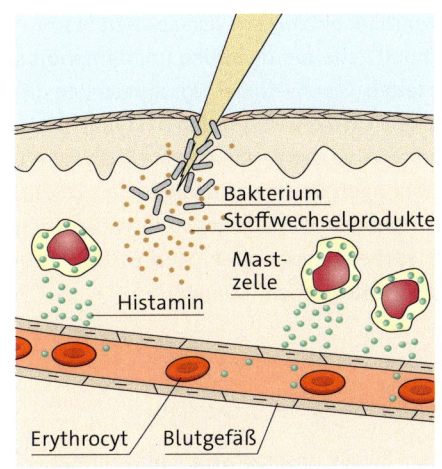
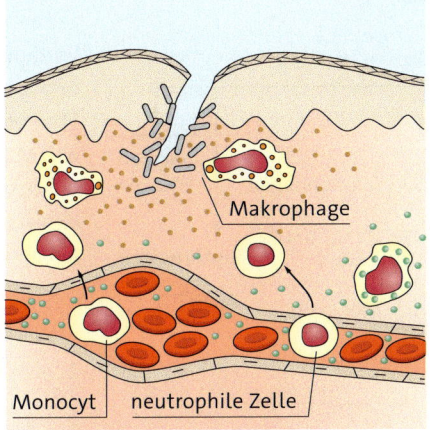
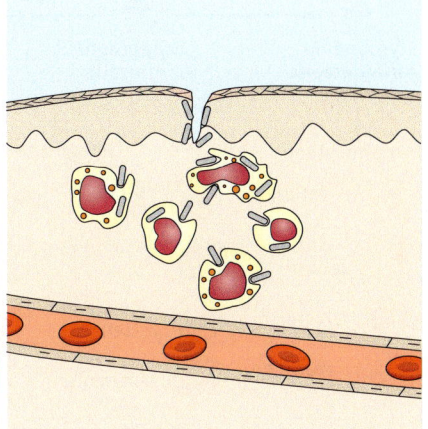

Bakterium
Stoffwechselprodukte
Mastzelle
Histamin
Erythrocyt / Blutgefäß

Makrophage
Monocyt / neutrophile Zelle

3 Verlauf einer Entzündungsreaktion

Ausbreitung von Erregern im Körper ● Wenn die Vermehrung eingedrungener Erreger örtlich begrenzt bleibt, spricht man von einer **lokalen Infektion**. Solche lokalen Infektionen können durch die Mechanismen der unspezifischen Immunreaktion auch deshalb so effektiv bekämpft werden, weil diese Abwehrmechanismen im gesamten Organismus aktiv werden.

Für die Verteilung der Immunzellen im ganzen Körper sorgen der Blutkreislauf und das Lymphsystem. Das Lymphsystem ist auch von großer Bedeutung bei der Abwehr von Erregern, die sich wie bei typi-schen Erkältungserkrankungen über weite Bereiche des Körpers ausbreiten und daher als **systemische Infektionen** bezeichnet werden.

Verteilungssystem für Immunzellen ● Blut und **Lymphe** weisen als Medien miteinander verbundener Gefäßsysteme eine sehr ähnliche Zusammensetzung auf. In beiden Flüssigkeiten sind Ionen und kleine Moleküle gelöst und sie enthalten Leukocyten und Thrombocyten. Im Gegensatz zum Blut enthält Lymphe keine Erythrocyten.

Die Lymphflüssigkeit tritt aus den feinen Blutkapillaren aus und verteilt sich in den interzellulären Räumen des gesamten Körpergewebes (▶1). Von dort gelangt sie durch feine Lymphkapillaren in die größeren Gefäße des Lymphsystems. Auf ihrem Weg durchströmt sie die fünf bis zehn Millimeter großen **Lymphknoten**. In den Lymphknoten werden Giftstoffe und Erreger entfernt. Spezielle Leukocyten, die **Lymphocyten** sind hier als Abwehrzellen aktiv. Die Lymphgefäße vereinigen sich zu einem großen Gefäß, das in die Schlüsselbeinvene mündet. Dadurch gelangt die Lymphe wieder in den Blutkreislauf, über den sie wieder zu den Geweben transportiert wird.

Entwicklung von Immunzellen ● Die Neubildung aller Blutzellen erfolgt im roten Knochenmark aus pluripotenten Stammzellen (▶2). Sie sind noch undifferenziert und teilen sich nur selten, bleiben aber lebenslang erhalten. Pluripotente Stammzellen haben die Fähigkeit, also Potenz, sich in jede spezialisierte Zelle des Körpers zu entwickeln.

Im Knochenmark entwickeln sich aus den Stammzellen schnell teilende **myeloide und lymphoide Vorläuferzellen**. Die myeloiden Vorläuferzellen differenzieren sich in mehreren Stufen zu Erythrocyten, Thrombocyten und den verschiedenen Phagocyten, wie Makrophagen und den dendritischen Zellen. Aus den lymphoiden Vorläuferzellen entwickeln sich die verschiedenen Lymphocyten, wie die T-Helferzellen und die cytotoxischen T-Zellen.

lat. lympha = klares Wasser

griech. myelos = Mark

Erythrocyten = rote Blutkörperchen

Thrombocyten = Blutplättchen

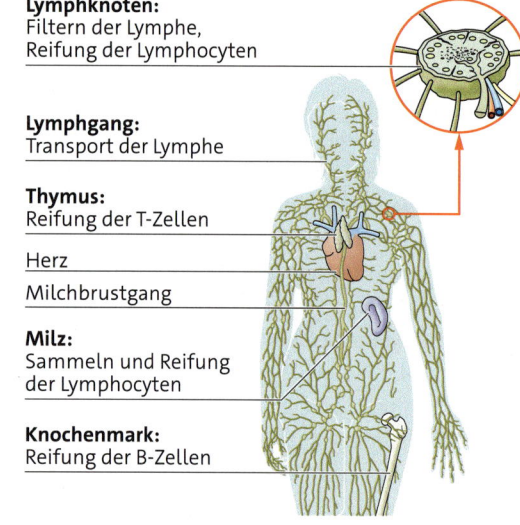

Lymphknoten: Filtern der Lymphe, Reifung der Lymphocyten

Lymphgang: Transport der Lymphe

Thymus: Reifung der T-Zellen

Herz

Milchbrustgang

Milz: Sammeln und Reifung der Lymphocyten

Knochenmark: Reifung der B-Zellen

1 Lymphsystem

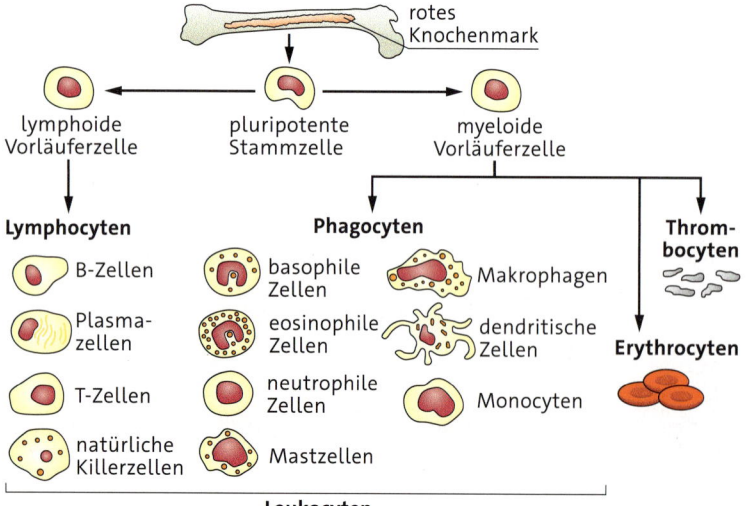

2 Differenzierung der Blutzellen

rotes Knochenmark

lymphoide Vorläuferzelle | pluripotente Stammzelle | myeloide Vorläuferzelle

Lymphocyten
- B-Zellen
- Plasma-zellen
- T-Zellen
- natürliche Killerzellen

Phagocyten
- basophile Zellen
- eosinophile Zellen
- neutrophile Zellen
- Mastzellen
- Makrophagen
- dendritische Zellen
- Monocyten

Thrombocyten

Erythrocyten

Leukocyten

1 Nennen Sie die Barrieren des Körpers.

2 Erläutern Sie die unspezifischen Abwehrmaßnahmen des Körpers.

Material A   Fremderkennung im Rahmen der unspezifischen Immunreaktion

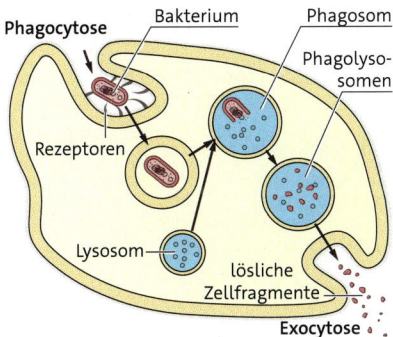

A1 Ablauf einer Phagocytose

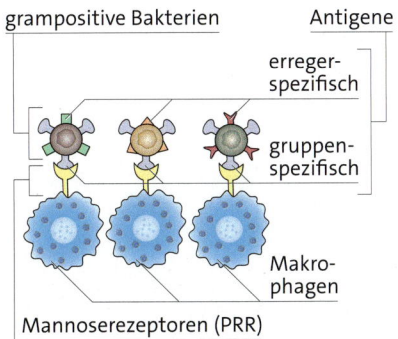

A2 PRRs auf Makrophagen

Makrophagen können im Rahmen der unspezifischen Immunreaktion entsprechend in den Körper eingedrungene Fremdzellen nur dann phagocytieren (▶ A1), wenn sie mit ihren Rezeptoren (pattern recognition receptor = PRR) Oberflächenstrukturen der Fremdzellen (pathogen associated molecular patterns = PAMP) binden. Bezüglich der Strukturen auf der Oberfläche von Fremdzellen kann man zwischen erreger- und gruppenspezifischen Strukturen unterscheiden. Erregerspezifisch sind jene Oberflächenmerkmale, die nur bei einer Bakterien- oder Virusart auftreten. Andere Oberflächenstrukturen treten bei einer ganzen Gruppe von Erregern auf. Ein Beispiel hierfür sind bestimmte Lipopolysaccharide bei grampositiven Bakterien, da sie eine Komponente der Zellwand von allen grampositiven Bakterien darstellen.

1 Beschreiben Sie den dargestellten Prozess von der Phagocytose bis zur Exocytose. Erläutern Sie, welche Eigenschaft von Biomembranen die gezeigten Abläufe ermöglicht.

2 Erklären Sie, warum die Fähigkeit zur Identifikation von Fremdzellen eine Voraussetzung für das gesamte Immunsystem ist.

3 A2 zeigt beispielhaft an welche Art von Oberflächenstrukturen von Fremdzellen die PRRs der Makrophagen binden. Erklären Sie, warum sich diese Oberflächenstrukturen als PAMP besonders eignet.

4 Diskutieren Sie, inwieweit man die Wechselwirkung zwischen Makrophagen und Fremdzellen als spezifisch oder unspezifisch bezeichnet sollte.

Material B   Immunbiologie und Sprache

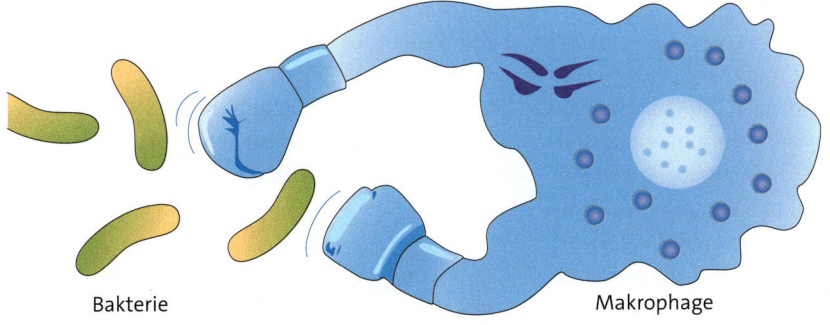

B1 Aktivierte Makrophage phagocytiert Bakterie

Die Reaktionen des Immunsystems auf Fremdzellen werden häufig sehr bildhaft beschrieben. So ist beispielsweise die Rede vom „Kampf gegen die Viren", von „Killerzellen" oder „Allroundkämpfern". Hierbei handelt es sich meist um sogenannte Kampfmetaphern, das heißt, um eine Übertragung von Vorstellungen aus dem Bereich kämpferischer

Auseinandersetzungen wie Krieg auf Vorgänge der Immunbiologie. Auch in vielen Abbildungen kann man dies feststellen (▶ B1). Solche Metaphern erleichtern einerseits das Verständnis für Prozesse, die wir nicht direkt wahrnehmen können. Andererseits erzeugen sie auch oft fachlich fehlerhafte Vorstellungen über die gezeigten Phänomene.

1 Analysieren Sie die Eigenschaften des aktiven Makrophagen, die in B1 zum Ausdruck kommen. Beurteilen Sie, welche Fehlvorstellungen über die Wechselwirkung zwischen Makrophagen und Bakterien hierdurch entstehen können.

Formulieren Sie den folgenden Satz über die unspezifische Immunreaktion so um, dass keine Kampfmetaphern mehr darin vorkommen: „Die schnelle Eingreiftruppe des Immunsystems hat den Kampf gegen die bakteriellen Eindringlinge gewonnen."

2.2 Bildung und Funktion von Antikörpern

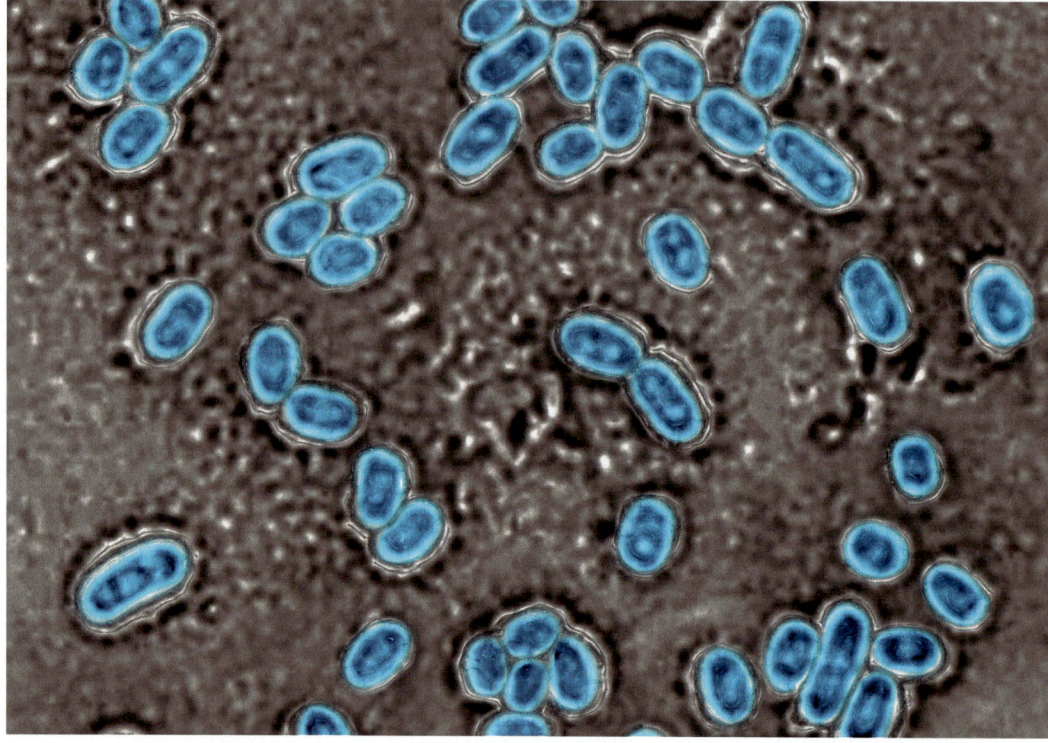

1 Pneumokokken

Vermehren sich Pneumokokken im Körper des Menschen in großen Mengen, liegt eine bakterielle Lungenentzündung vor. Diese löst eine spezifische Immunreaktion aus, die zu einem Anstieg körpereigener Proteine im Blut führt, den Antikörpern. Wie wirken diese Antikörper und wie werden sie gebildet?

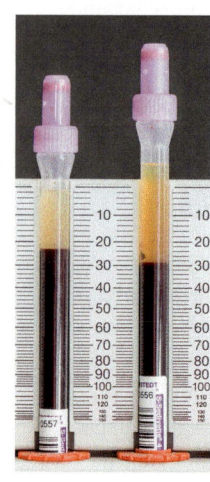

2 Blutsenkung

Antigen-Antikörper-Reaktion • Ärzte können bei Symptomen wie Atemnot oder Magenschmerzen nicht sicher einschätzen, ob eine Infektion vorliegt oder nicht. Um dies abzuklären, führen sie eine Blutsenkung durch, die die Menge von Proteinen im Blut anzeigt. Ist diese stark erhöht, kann man von einer systemischen Infektion ausgehen. Wird im Körper eine bestimmte Menge eines Erregertyps überschritten, löst dies eine spezifische Immunreaktion mit Bildung großer Mengen von Antikörpern aus. Der häufigste Antikörpertyp des Blutes ist das Immunglobulin G, kurz **IgG**. Der Grundaufbau ist Y-förmig mit einer konstanten und zwei variablen Regionen. Die beiden variablen Regionen sind Bindungsstellen, die an Strukturen auf der Oberfläche von Erregern oder an Fremdstoffe binden können, den Antigenen. Die Ausprägung der Bindungsstellen der Antikörper passt gemäß **Schlüssel-Schloss-Prinzip** jeweils zu den spezifischen Antigenen der Erreger, die die Immunreaktion auslösen. Durch die Bindung entstehen **Antigen-Antikörper-Komplexe**. Bakterien und auch

Viren werden so inaktiviert, man spricht von **Neutralisierung**. Auch Toxine können durch Antikörper gebunden und dadurch unwirksam werden. An Erreger gebundene Antikörper verstärken zudem deren Phagocytose durch Makrophagen.

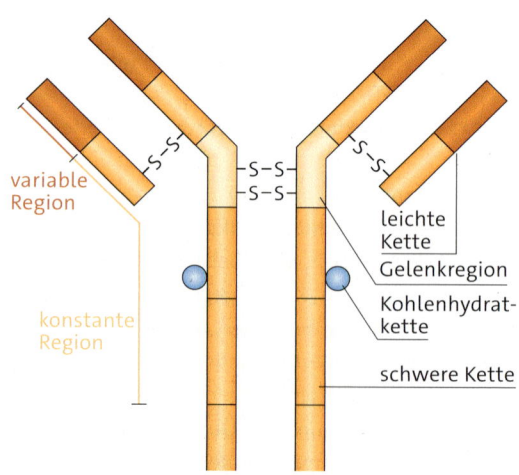

variable Region

konstante Region

S–S

S–S
S–S

S–S

leichte Kette

Gelenkregion

Kohlenhydratkette

schwere Kette

3 Struktur des IgG-Antikörpers

Kennzeichnend für Antikörper ist ihre hohe Spezifität für die Antigene der jeweiligen Erreger. Gelangen gleichzeitig oder zeitversetzt andere Erreger in den Körper, die sich ebenfalls stark vermehren, werden zusätzlich Antikörper mit einer spezifischen Bindungsstelle für diesen Erreger gebildet. Antikörper sind somit nur gegen einen bestimmten Erreger mit einem spezifischen Antigen wirksam. Daher gehören Antikörper zur **spezifischen Immunabwehr.** Doch wie gelingt es dem Immunsystem, die passenden Antikörper zu bilden?

Antikörperbildung ● An der Bildung von Antikörpern sind verschiedene Immunzellen beteiligt. Zunächst werden die Erreger von speziellen Phagocyten, die man wegen ihres verästelten Aussehens als dendritische Zellen bezeichnet, phagocytiert und intrazellulär abgebaut. Fragmente des Antigens werden dann auf der Zellmembran der dendritischen Zellen über spezielle Proteine präsentiert, den MHC-II-Komplexen. Über diese Antigenpräsentation werden **T-Lymphocyten** (▶ 2, S. 102) aktiviert. Diese T-Zellen verfügen hierfür über zwei Rezeptoren. Ihr CD4-Rezeptor bindet spezifisch an die CD4-Region des MHC-II-Komplexes. Verfügt nun die T-Zelle zudem über einen T-Zellrezeptor, der zum präsentierten Antigen passt, wird durch die zweite Bindung die T-Zelle aktiviert. Die aktivierten T-Zellen vermehren sich und werden zu **T-Helferzellen** mit passendem T-Zellrezeptor.

Um schließlich Antikörper bilden zu können, müssen parallel hierzu auch B-Lymphocyten aktiviert wer-

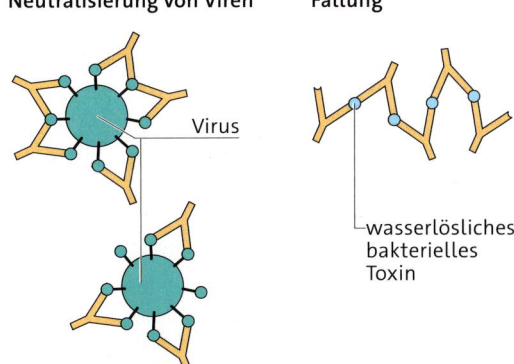

Neutralisierung von Viren **Fällung**

Virus

wasserlösliches bakterielles Toxin

4 Neutralisierung

den. Auch diese existieren im Körper in einer großen Vielfalt mit jeweils anderen B-Zellrezeptoren. Trifft eine B-Zelle auf die Antigene eines Erregers, die zu ihrem Rezeptor passen, kommt es zu einer spezifischen Bindung. Auch B-Zellen phagocytieren dann den Erreger und präsentieren seine Antigene über einen MHC-II-Komplex auf ihrer Zelloberfläche. An diese antigenpräsentierenden B-Zellen binden die aktivierten T-Helferzellen mit ihrem ebenfalls passenden T-Zellrezeptor. Infolgedessen schütten die T-Helferzellen Cytokine aus, wodurch die B-Zellen angeregt werden, sich zu teilen. Aus jeder B-Zelle entwickelt sich ein Zellklon. Die meisten Zellen des Klons reifen zu **Plasmazellen** heran, die jeweils bis zu 2000 auf das Antigen passende Antikörper pro Sekunde produzieren. Da die gebildeten Antikörper in die Körperflüssigkeiten wie Lymphe und Blut abgegeben werden, bezeichnet man die Antikörperbildung als **humorale Immunreaktion**.

griech. *dendron* = Baum

engl. MHC = Haupthistokompatibilitätskomplex

lat. humoral = die Körperflüssigkeiten betreffend

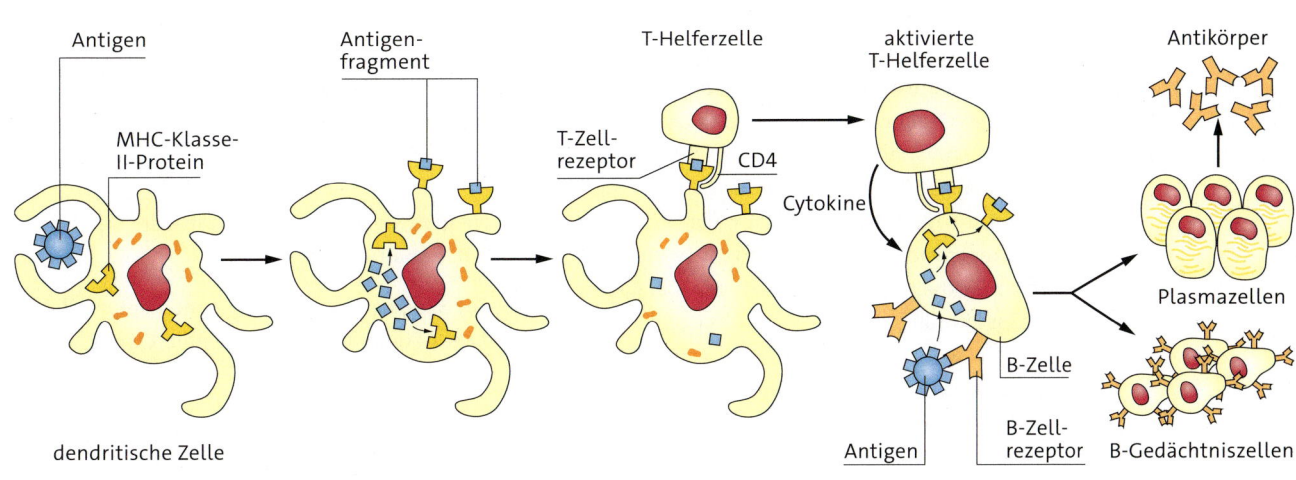

Antigen

MHC-Klasse-II-Protein

Antigenfragment

T-Helferzelle

T-Zellrezeptor   CD4

aktivierte T-Helferzelle

Cytokine

Antikörper

Plasmazellen

B-Zelle

Antigen   B-Zellrezeptor

B-Gedächtniszellen

dendritische Zelle

5 Produktion von Antikörpern

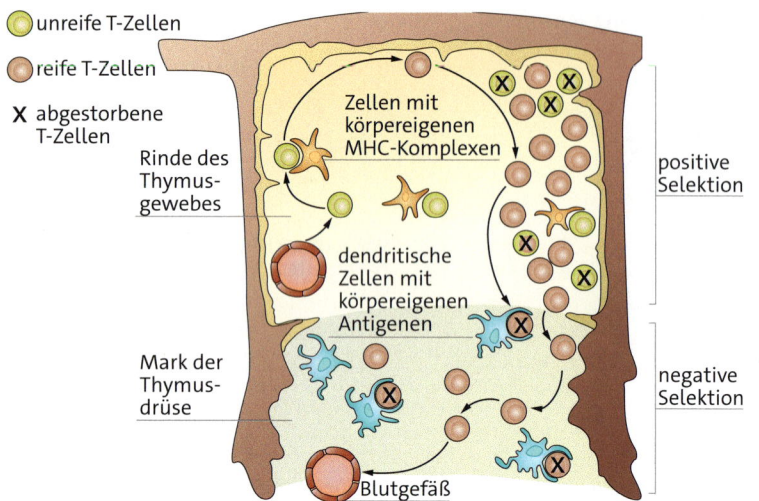

unreife T-Zellen

reife T-Zellen

X abgestorbene T-Zellen

Rinde des Thymus-gewebes

Mark der Thymus-drüse

Zellen mit körpereigenen MHC-Komplexen

dendritische Zellen mit körpereigenen Antigenen

Blutgefäß

positive Selektion

negative Selektion

1 Selektion von T-Zellen im Thymusgewebe

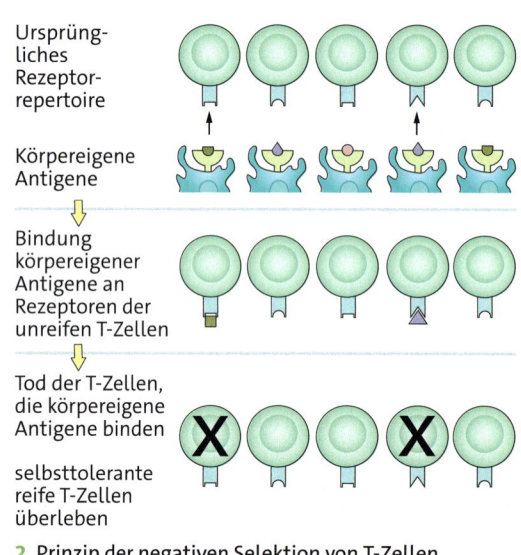

Ursprüng-liches Rezeptor-repertoire

Körpereigene Antigene

Bindung körpereigener Antigene an Rezeptoren der unreifen T-Zellen

Tod der T-Zellen, die körpereigene Antigene binden

selbsttolerante reife T-Zellen überleben

2 Prinzip der negativen Selektion von T-Zellen

Immunologisches Gedächtnis • Einige Zellen eines B-Zellklons entwickeln sich zu **Gedächtniszellen**. Wenn der Organismus ein weiteres Mal mit dem gleichen Krankheitserreger in Kontakt kommt, pro-duzieren diese Zellen sofort große Mengen spezifi-scher Antikörper. Hierdurch kann die Vermehrung der Erreger meist so früh gestoppt werden, dass keine Krankheitssymptome auftreten. Der Organis-mus ist immun.

Selbsttoleranz • Alle Formen von Immunreaktio-nen basieren auf der Fähigkeit, körpereigene von fremden Zellen zu unterscheiden. Diese Unterschei-dung erfolgt vor allem über MHC-Komplexe. So be-sitzt jede kernhaltige Zelle auf ihrer Oberfläche MHC-I-Komplexe, die für den Organismus charakte-ristisch sind. Bei einer Organtransplantation lösen beispielsweise die körperfremden MHC-I-Komplexe des Spenderorgans beim Empfänger eine Immunre-aktion aus.

Leukocyten verfügen zusätzlich über MHC-II-Kom-plexe, die an Antigene binden können. Bei der Bil-dung von Leukocyten im Knochenmark entsteht zunächst jedoch eine große Varianz von MHC-II-Komplexen, auch solche, die an körpereigene Anti-gene binden können und damit potenziell eine Im-munreaktion gegen körpereigene Zellen auslösen könnten. Vor der Reifung der Leukocyten erfolgt je-doch eine Auslese, die dies verhindert.

Unreife T-Zellen wandern aus dem Knochenmark in die Rinde des Thymusgewebes. Dort befinden sich Zellen mit körpereigenen MHC-Komplexen. Jene T-Zellen, die an diese körpereigenen MHC-Komplexe binden, erweisen sich als funktionstüchtig und rei-fen weiter heran. T-Zellen ohne Bindung in dieser Region sterben ab. Nach dieser **positiven Selektion,** die die funktionierende Kommunikation der T-Zellen mit den MHC-Komplexen anderer Zellen sichert, wandern die T-Zellen in das Mark der Thymusdrüse. Dort präsentieren dendritische Zellen körpereigene Antigene über MHC-II-Komplexe. Binden die T-Zellen mit ihrem T-Zellrezeptor an diese Antigene, wird der Zelltod der T-Zelle ausgelöst. Nur wenn sie ohne Bindung an körpereigene Antigene diese Thymusre-gion passieren, reifen sie weiter heran. Dieser Vor-gang der **negativen Selektion** sichert, dass nur selbsttolerante Immunzellen entstehen, die keine Immunreaktion gegen körpereigene Antigene aus-lösen. Jeden Tag werden auf diese Weise etwa 60 Millionen T-Zellen getestet, nur circa 2 Millionen bestehen den Test, der etwa zwei Wochen dauert.

1 Nennen Sie wesentliche Schritte der humora-len Immunreaktion.

2 Zur Bildung von Antikörpern müssen parallel zwei Aktivierungsprozesse initiiert werden. Erläutern Sie.

3 Erklären Sie die Mechanismen und jeweilige Bedeutung der positiven und negativen Selekti-on von T-Zellen.

Material A Angeborene und erworbene Immunreaktion

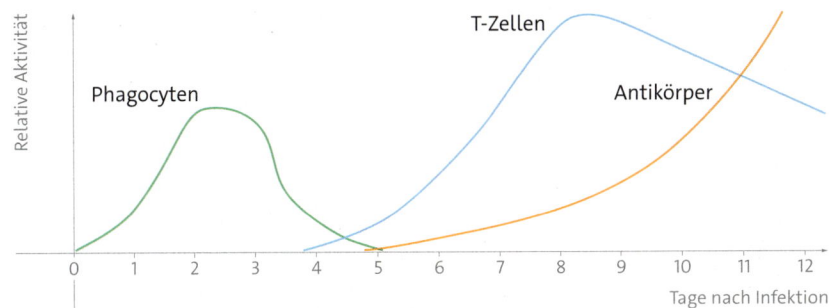

A1 Anzahl der Immunzellen während einer bakteriellen Infektion

Das Diagramm (▶A1) zeigt die relative Anzahl ausgewählter Immunzellen im Laufe einer bakteriellen Infektion.

1 Beschreiben Sie die dargestellten Messergebnisse.

2 Erläutern Sie die Datenverläufe und unterscheiden Sie hierbei zwischen Elementen der spezifischen und unspezifischen Immunreaktion.

3 Man unterscheidet zwischen angeborenen und erworbenen Immunreaktionen. Ordnen Sie die gezeigten Prozesse begründet diesen beiden Kategorien zu.

Material B Instruktion vs. klonale Selektion

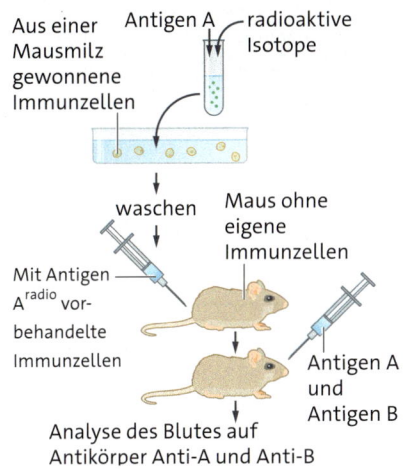

B1 Versuchsdurchführung zu Ansatz 2

Alternativ zur Theorie der klonalen Selektion wurde lange eine entgegengerichtete Hypothese zur Bildung spezifischer Antikörper diskutiert. Nach dieser Instruktionshypothese besitzen Immunzellen keine festgelegten Antigenrezeptoren, sondern bilden diese erst im Kontakt mit einem Fremdantigen aus, sie werden „instruiert".

Zur Überprüfung der Hypothesen führten zwei australische Immunologen vor mehr als 50 Jahren ein bahnbrechendes Experiment durch. Hierzu isolierten sie aus Milzgewebe von Mäusen Immunzellen, die noch keinen Kontakt zu Fremdantigenen hatten. Diese Immunzellen wurden in Versuchsansatz 1 mit Fremdantigen A gemischt, das aus Bakterien stammte. Durchschnittlich zeigte 1 von 5000 dieser Immunzellen eine Bindung mit den Antigenen. In Versuchsansatz 2 wurden die Antigen-A-Moleküle mit einem radioaktiven Isotop beladen und erst dann mit den Immunzellen gemischt (▶B1). Die Radioaktivität der

Isotope war hierbei so stark, dass alle an sie bindenden Zellen direkt abgetötet wurden, also ca. 1 von 5000. Die Immunzellen in Ansatz 3 wurden nicht behandelt (▶B2).

Parallel zu diesen Vorbehandlungen wurden Mäuse gezüchtet, deren eigene Immunzellen vollständig zerstört wurden. Diesen Mäusen injizierte man nun jeweils die vorbehandelten Immunzellen der Versuchsansätze 1, 2 oder 3. Danach verabreichte man ihnen eine Lösung mit Antigen A und einem weiteren Fremdantigen (Antigen B), um dann die Bildung entsprechender Antikörper zu messen (▶B2).

1 Stellen Sie in einer Tabelle die Versuchsschritte zu Versuchsansatz 2 dar (linke Spalte) und erläutern Sie jeweils die Funktion dieser Schritte (rechte Spalte) (▶ 🔲).

2 Erläutern Sie die Funktion der Versuchsansätze 1 und 3.

3 Werten Sie die dargestellten Messergebnisse mit Bezug zur Instruktionshypothese bzw. zur Theorie der klonalen Selektion aus.

Ansatz	Vorbehandlung der Immunzellen	gebildete Antikörper	
		Anti A	Anti B
1	Zugabe von Antigen A	+++	+++
2	Zugabe von Antigen A^{radio}	+/–	+++
3	keine	+++	+++

B2 Ergebnisse der Blutanalysen zu den Versuchsansätzen 1–3

107

2.3 Immunreaktion auf virale Infektionen

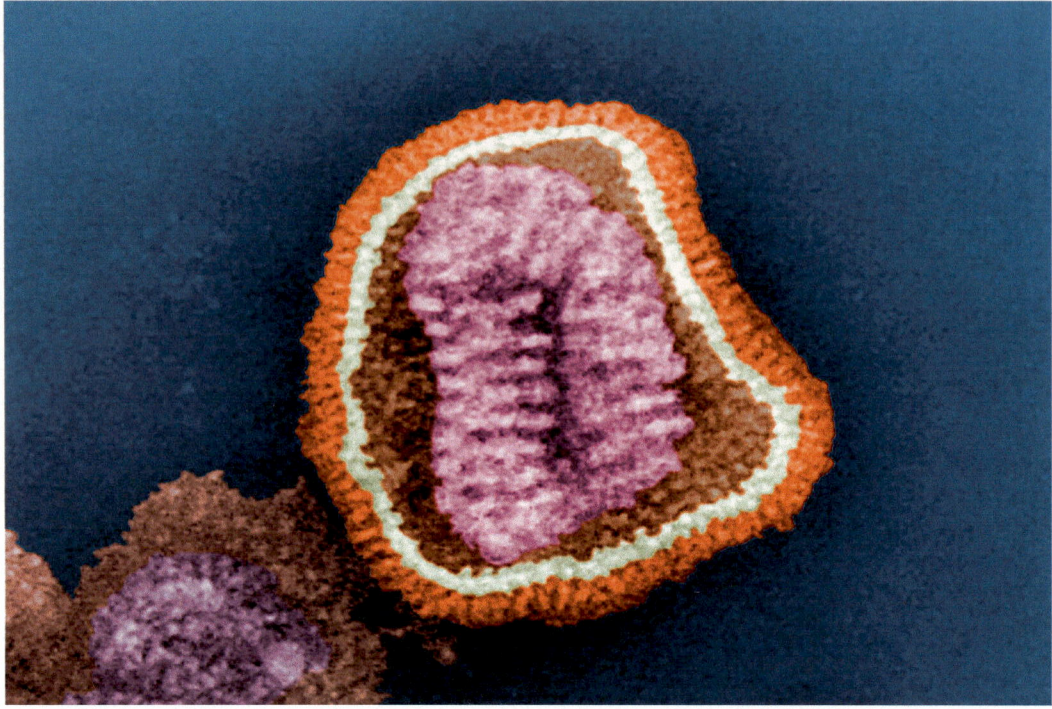

1 Influenza-Virus (koloriert)

Viren befallen bei einer Infektion bestimmte Körperzellen, indem sie in diese eindringen und sich dort vermehren. Die neu gebildeten Viren können sich dann in kurzer Zeit von Mensch zu Mensch weiter ausbreiten und eine Epidemie auslösen. Welche Eigenschaften von Viren begünstigen ihre Ausbreitung? Und wie reagiert das Immunsystem auf diese Viren?

Reproduktionszyklus • Viren haben keinen eigenen Stoffwechsel und sind zur Vermehrung auf Wirtszellen angewiesen. Mithilfe von Glykoproteinen auf ihrer Virushülle heften sie sich an spezifische Oberflächenstrukturen der Wirtszellen. Da diese Wirtszellenrezeptoren von Zelltyp zu Zelltyp variieren, ist ein Virus auf einen bestimmten Zelltyp als Wirt angewiesen.

Durch Bindung an einen Wirtszellenrezeptor wird ein Virus, das mehr als hundertfach kleiner ist als eukaryotische Zellen, von der Wirtszelle aufgenommen. Diese Aufnahme erfolgt wie beim *Herpes-simplex*-Virus durch Verschmelzen der Membranen oder durch Endocytose (▶ 4). Die Proteinhülle des Virus (▶ 2), das **Capsid**, wird enzymatisch abgebaut und das Viruserbgut freigesetzt. Manche Viren sind noch von einer weiteren Virushülle umgeben. Je nach Aufbau des Erbguts spricht man von DNA- oder RNA-Viren.

Auf der Grundlage des Viruserbguts und mithilfe des Syntheseapparats der Wirtszellen werden Virusproteine hergestellt. Zunächst entstehen frühe Proteine, die den weiteren Prozess der Virusproduktion steuern. Sie hemmen die Proteinsynthese der Wirtszelle. Zudem aktivieren sie die Wirtszelle zur Vervielfältigung des Viruserbguts und zur Produktion der späten Proteine in Form von Virusbausteinen, wie den Capsidproteinen.

Oberflächenprotein

Virengenom (RNA/DNA)

Capsid

Membranhülle

2 Aufbau von Viren

Nach dem Zusammenbau der Virusbestandteile werden die Viren freigesetzt (▶ 3). Erfolgt dies durch Exocytose, haben die neu gebildeten Viren eine Hülle, deren Struktur der Wirtsmembran entspricht. Bei anderen Virustypen wird die Zellmembran der Wirtszelle lysiert. Bei beiden Formen geht die Wirtszelle zugrunde. Mit den neu gebildeten Viren beginnt ein neuer Reproduktionszyklus.

Durch die Reproduktion entstehen innerhalb von kurzer Zeit große Virusmengen. Beim Influenza-Virus, das die Atemwege befällt, gelangen die Viren meist per **Tröpfcheninfektion** zum nächsten Wirt. Dieser Verbreitungsweg ist aufgrund der großen Virusmengen und der geringen Größe von Viren besonders effektiv.

Virusvarianten ● Bei der Vervielfältigung des Viruserbguts durch die Wirtszelle treten Fehler auf. Dadurch entstehen Virusvarianten. Nur wenige der neu entstandenen Varianten sind vermehrungsfähig. Diese können neue Eigenschaften aufweisen. Tragen diese Varianten veränderte Oberflächenmerkmale, werden sie nicht mehr von den Gedächtniszellen einer früheren Infektion erkannt. An der ursprünglichen Virusvariante erkrankte Menschen sind dann nicht mehr immun. Auch Impfstoffe müssen an neue Virusvarianten immer wieder angepasst werden. Gegen das Influenza-Virus wird zum Beispiel jedes Jahr ein neuer Impfstoff entwickelt.

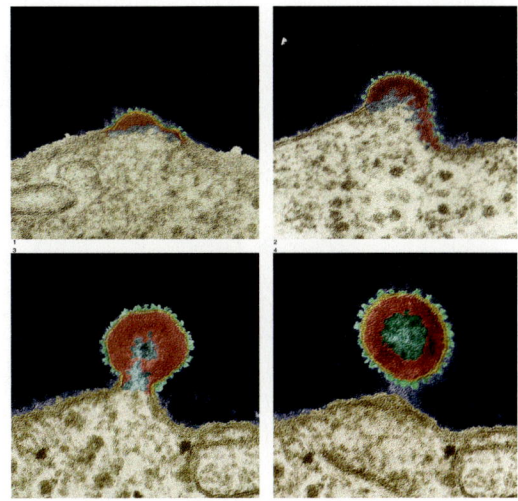

3 Freisetzung neuer Viren aus Wirtszelle

Immunreaktion gegen Viren ● Gelangen neu gebildete Viren aus den Wirtszellen in die Körperflüssigkeiten, können sie durch Antikörper der humoralen Immunantwort gebunden und neutralisiert werden.

Um eine virale Infektion erfolgreich abwehren zu können, müssen aber auch die befallenen Körperzellen beseitigt werden, bevor sie erneut große Virusmengen abgeben. Diese Aufgabe übernehmen bestimmte T-Zellen, die nach ihrer Aktivierung als **cytotoxische T-Zellen** befallene Wirtszellen zerstören. Diesen Vorgang bezeichnet man als **zelluläre Immunreaktion**.

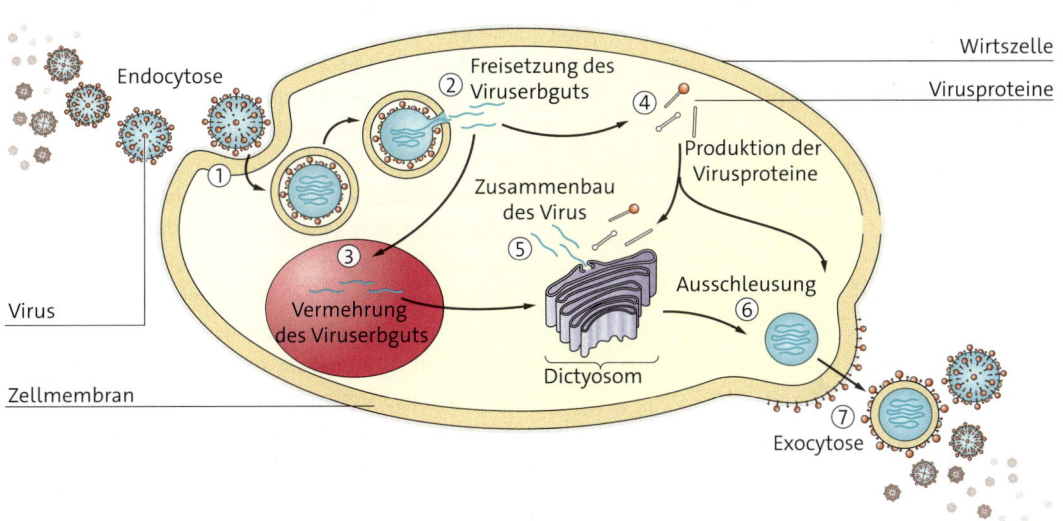

4 Reproduktion von Viren

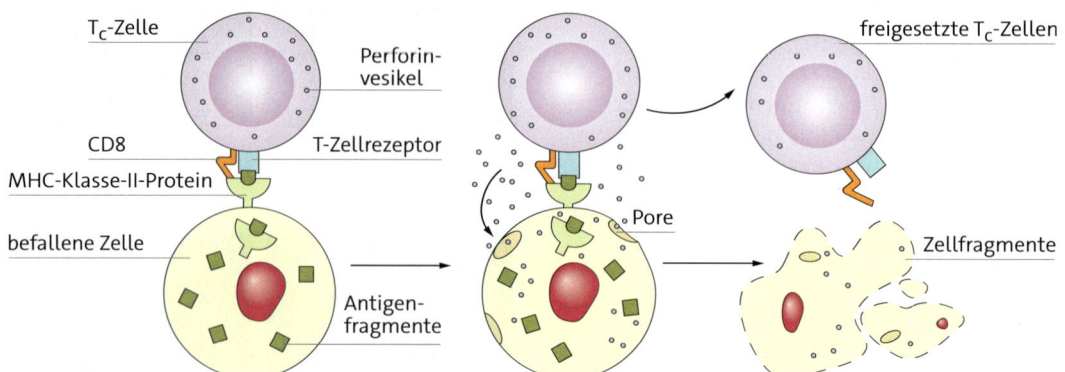

1 Lysis von Wirtszelle durch cytotoxische T-Zelle

Label descriptions in figure 1:
T$_C$-Zelle — Perforin-vesikel — CD8 — T-Zellrezeptor — MHC-Klasse-II-Protein — befallene Zelle — Antigen-fragmente — freigesetzte T$_C$-Zellen — Pore — Zellfragmente

Antigenpräsentation • Befallene Wirtszellen beladen MHC-I-Komplexe mit den Virusantigenen und präsentieren diese auf ihrer Zelloberfläche (▶ 1). Aktivierte cytotoxische T-Zellen mit ihrem passenden T-Zellrezeptor binden hieran und schütten Perforinproteine aus. Diese Proteine integrieren sich in die Zellmembran der Wirtszelle und bilden dort große Poren. Hierdurch tritt das Zellplasma aus der Wirtszelle aus. Diese lysiert und die Neusynthese von Viren ist gestoppt. Ähnlich wie die B-Lymphocyten der humoralen Immunreaktion werden auch die cytotoxischen T-Zellen von dendritischen Zellen und T-Helferzellen aktiviert (▶ 2). Die dendritischen Zellen phagocytieren die in den Körper eingedrungenen Viren und präsentieren die Virusantigene über MHC-I- und MHC-II-Komplexe. Inaktive Vorläufer der cytotoxischen T-Zellen mit passendem T-Zellrezeptor heften sich an die MHC-I-Komplexe. Gleichzeitig binden T-Helferzellen, die ebenfalls einen passenden T-Zellrezeptor besitzen, an die MHC-II-Komplexe und schütten Interleukin als Signalstoff aus. Durch die Bindung an den MHC-I-Komplex und Wir-

kung des Interleukins lösen sich die dann aktivierten cytotoxischen T-Zellen wieder von den dendritischen Zellen. Treffen sie auf virusbefallene Wirtszellen, werden diese mithilfe der Perforinausschüttung beseitigt.

Zell-Zell-Kommunikation • Immunreaktionen müssen präzise reguliert werden, um unnötige Reaktionen oder gar die Bekämpfung körpereigener Zellen zu verhindern. Diese Regulation erfolgt durch Zell-Zell-Kommunikation, die die Spezifität einer Immunantwort gewährleistet.

Im Zentrum dieser Kommunikation stehen die Antigene der Erreger. Die Spezifität der Immunreaktion für diese Antigene wird sowohl bei der humoralen als auch der zellulären Immunreaktion doppelt abgesichert. Erstens müssen die jeweiligen B- und T-Lymphocyten den passenden B- oder T-Zellrezeptor aufweisen. Zweitens müssen sie durch eine ebenfalls spezifisch bindende T-Helferzelle aktiviert werden. Diese doppelte Aktivierung sichert die Antigenspezifität der Immunreaktion.

Zusätzlich zur Antigenspezifität der Immunreaktionen werden durch die verschiedenen MHC-Komplexe jeweils spezifische Informationen mit den Antigenen verbunden. Fremdantigene an MHC-I-Komplexen geben das Signal: „Beseitige mich!" und aktivieren damit cytotoxische T-Zellen. Fremdantigene an MHC-II-Komplexen geben hingegen an Helferzellen das Signal: „Aktiviere alle Immunzellen, die für dieses Antigen spezifisch sind!". So können durch die MHC-Komplexe in Verbindung mit den Fremdantigenen verschiedene Informationen kommuniziert werden.

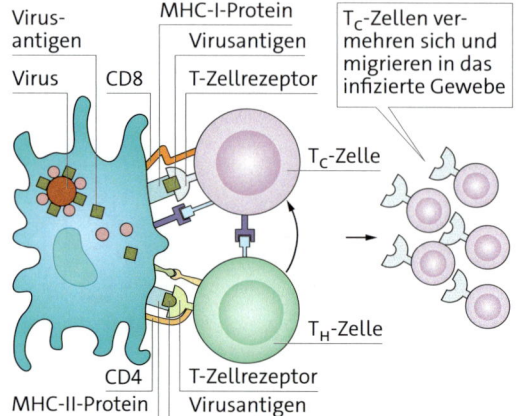

Label descriptions in figure 2:
Virus-antigen — Virus — CD8 — MHC-I-Protein — Virusantigen — T-Zellrezeptor — T$_C$-Zellen vermehren sich und migrieren in das infizierte Gewebe — T$_C$-Zelle — T$_H$-Zelle — CD4 — MHC-II-Protein — T-Zellrezeptor — Virusantigen

2 Aktivierung cytotoxischer T-Zellen

Coronaviren • In den Jahren 2002 und 2003 breitete sich weltweit eine Lungenkrankheit aus, das Schwere Akute Respiratorische Syndrom, kurz SARS. Das auslösende Coronavirus bezeichnete man als SARS-CoV-1 (▶ 3). Dessen Ausbreitung konnte durch Isolations- und Quarantänemaßnahmen innerhalb weniger Monate eingedämmt werden. Übertragen wurde das Virus wahrscheinlich von Fledermäusen über Schleichkatzen auf den Menschen. Derartige Übertragungen von Tieren auf Menschen nennt man **Zoonosen**.

Auch die im Jahr 2020 durch SARS-CoV-2 ausgelöste Pandemie ist auf eine Zoonose zurückzuführen. SARS-CoV-2, kurz Covid-19, wird hauptsächlich durch Aerosole und Tröpfchen übertragen und bindet an Rezeptoren von Zellen des Nasen- und Rachenraums sowie der Lunge. Da sich diese Rezeptoren auch in Geweben des Herzens, der Niere und des Magen-Darm-Trakts befinden, können sich unterschiedliche Krankheitsbilder entwickeln. Die Krankheitsverläufe haben sich zudem mit neu entstandenen Varianten verändert. Hierbei hat sich im Jahr 2022 tendenziell die Infektiosität erhöht, während die Symptome weniger schwerwiegend wurden. Dennoch können Covid-19-Infektionen bis heute tödlich verlaufen, vor allem bei älteren Menschen und Vorerkrankten. Infolge des Virusbefalls bestimmter Organe treten teilweise Langzeitfolgen wie eingeschränkte Lungenfunktion oder andauernde Erschöpfungszustände auf, die als **Long-Covid** bezeichnet werden. Den wirksamsten Schutz gegen Covid-19 stellen Impfungen dar (▶ 1, S. 116).

HIV • Im Jahr 1981 wurde in den USA erstmalig eine erworbene Immunschwächekrankheit diagnostiziert, die sich sehr schnell weltweit verbreitete und als acquired immunodeficiency syndrom, kurz Aids bezeichnet wird. Verursacher der Krankheit ist das human immunodeficiency virus, kurz HIV, das durch eine Mutation aus dem ähnlichen, nur für Affen gefährlichen Virus entstand. Die Übertragung von HIV erfolgt über infizierte Körperflüssigkeiten wie Blut, Sperma und Vaginalsekret. Geschlechtsverkehr ohne Kondom und nicht sterile Spritzen beim Drogenkonsum gelten als häufigste Infektionswege. HIV bindet an Wirtszellen, die einen CD4-Rezeptor auf ihrer Oberfläche tragen. Dies sind vor allem die für das Immunsystem wichtigen T-Helferzellen und Makro-

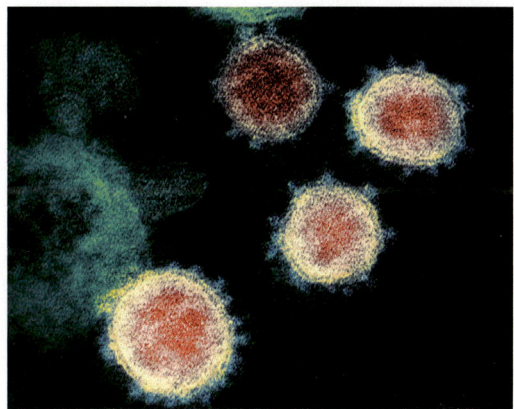

3 TEM-Aufnahme des Virus SARS-CoV-2

phagen. Da sich die Anzahl der T-Helferzellen nach einer Infektion stetig verringert, wird das Immunsystem kontinuierlich schwächer. Die Anfälligkeit für **opportunistische Infektionen** steigt. Dieses Stadium nennt man Aids.

Fluchtmutationen • Der tödliche Verlauf einer HIV-Infektion ist eine Folge der langjährigen Reduktion der Anzahl von Immunzellen. Doch auch direkt nach einer Ansteckung mit den HI-Viren gelingt es dem Immunsystem nicht, diese wieder zu beseitigen. Eine der Eigenschaften der HI-Viren, die dies verhindert, ist die andauernde Variation des Virus. Hierdurch entstehen ständig HIV-Varianten mit neuen Antigenen auf der Virusoberfläche. Die bis dahin erfolgte spezifische Immunreaktion, wie die Bildung von Antikörpern und cytotoxischen T-Zellen, wird unwirksam Diese Variation der Antigene, die auf Veränderungen des Erbguts beruhen, wird als Fluchtmutation bezeichnet. Sie entstehen aber nicht durch eine gezielte Flucht, sondern durch zufällig entstandene Varianten. Wird eine dieser Varianten von den bereits aktivierten Mechanismen des Immunsystems nicht beeinträchtigt, kann sie sich wieder ungehindert vermehren und so das Infektionsgeschehen dominieren.

1 Beschreiben Sie die Schritte der Reproduktion von DNA-Viren.

2 Erläutern Sie die Bedeutung von T-Helferzellen für spezifische Immunreaktionen.

3 Erläutern Sie die folgende Aussage: „Bei Fluchtmutationen wird die Stärke der spezifischen Immunreaktionen zur Schwäche."

Material A HIV-Infektion – Viruslast und Virusvarianten

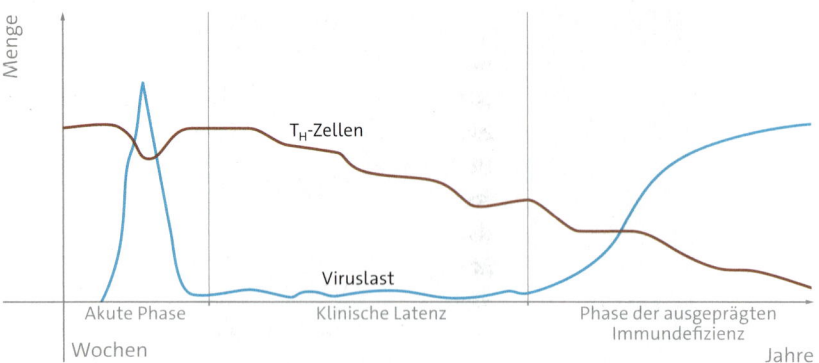

A1 Viruslast während einer HIV-Infektion

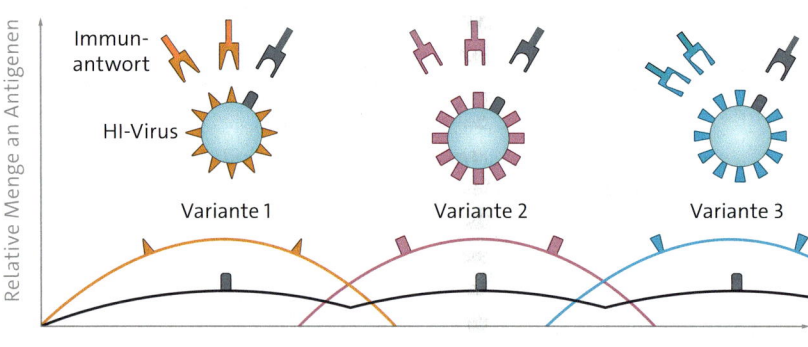

A2 Oberflächenantigene der HI-Viren

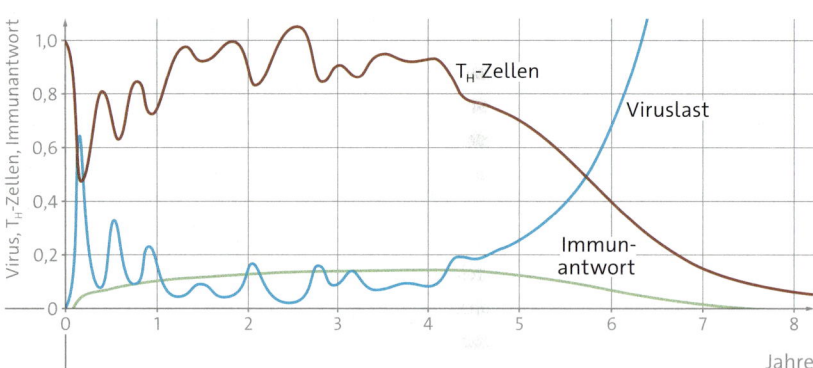

A3 Mathematische Modellierung einer HIV-Infektion

Die Entwicklung der Viruslast während einer HIV-Infektion (▸A1) wirft im Vergleich zu anderen Infektionen Fragen auf:
– Warum gelingt es dem Immunsystem am Ende der Akutphase nicht, die Viren vollständig zu eliminieren?
– Warum kommt es am Ende von Phase 2 zu einem Anstieg der Viruslast?

1 Beschreiben Sie den Infektionsverlauf hinsichtlich Viruslast und T-Helferzellen.

2 Beantworten Sie eine der zwei Fragen anhand der Daten zur Entwicklung der CD4-Zellen, die als Wirtszellen der HI-Viren fungieren.

HI-Viren weisen ähnliche wie andere Erreger eine hohe Variation ihrer Oberflächenantigene auf (▸A2). Diese Vari-ation stellt vor allem dann ein Problem für das Immunsystem dar, wenn dies Antigene betrifft, auf die die Immunreaktion ausgerichtet ist. Auf der Oberfläche von Erregern existieren stets weitere Antigene, die nicht variieren. Erfolgt jedoch nur eine verminderte Teilreaktion gegen diese konstanten Antigene, ist die gesamte Immunreaktion nur eingeschränkt wirksam. Die verminderte Reaktion gegen die konstanten Antigene kann zum Beispiel dadurch begründet sein, dass die Antigene nur in geringer Anzahl auf der Virusoberfläche ausgebildet werden, sodass die Kontaktwahrscheinlichkeit mit Immunzellen gering ist.

3 Nutzen Sie das allgemeine Schema zur Variation von Oberflächenantigenen von Erregern, um eine der oben formulierten Fragen (weiter) zu beantworten.

4 Erklären Sie, wie das Zusammenwirken von zwei besonderen Mechanismen einer HIV-Infektion zum Versagen des Immunsystems führt.

Mithilfe mathematischer Modelle kann man den Verlauf von Infektionen simulieren. Hierbei umfasst das Modell alle bekannten Mechanismen, von denen man annimmt, dass sie die Entwicklung beeinflussen. Den Verlauf der Modellierung vergleicht man dann mit realen Messdaten. Ein solches mathematisches Modell wurde zum Verlauf einer HIV-Infektion entwickelt und umfasst neben den Grundmechanismen einer Immunreaktion und der Vermehrungsrate von HI-Viren die Variation der Virusantigene und den Befall der CD4-Zellen durch die HI-Viren (▸A3).

5 Vergleichen Sie die Ergebnisse der Simulation (▸A3) mit den Messdaten (▸A1). Ziehen Sie Schlussfolgerungen aus dem Vergleich.

Material B SARS-CoV-2 im Wandel

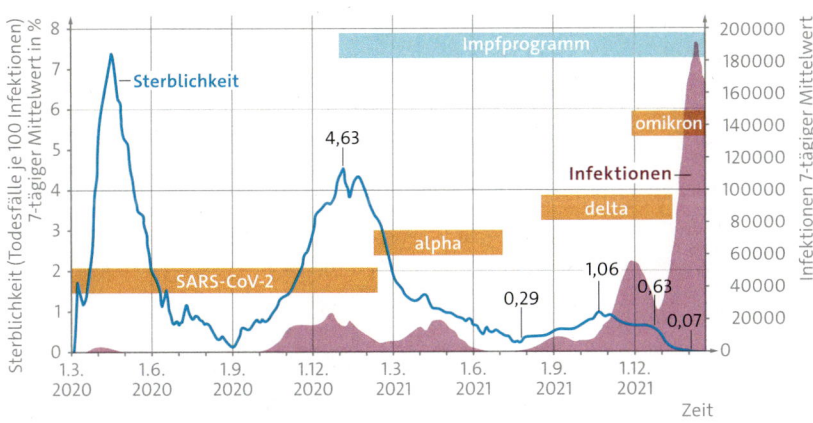

B1 SARS-CoV-2-Varianten und Sterblichkeit

SARS-CoV-2 hat während der ersten 24 Monate seiner epidemischen Ausbreitung verschiedene Varianten hervorgebracht. Diese Varianten haben in Deutschland das Infektionsgeschehen in unterschiedlichen Phasen dominiert.

Im Diagramm (▶B1) sind Daten zu den Infektionszahlen und zur Sterblichkeit in Deutschland über den Zeitraum von 24 Monaten gezeigt.

1 Beschreiben Sie zusammenfassend die Entwicklungstendenzen zu den Infektionszahlen und zur Sterblichkeit.

2 Die hier erkennbaren Entwicklungstendenzen eines Erregers während einer Pandemie konnten auch schon bei anderen Erregern beobachtet werden. Erläutern Sie, wodurch Erregervarianten mit diesen Eigenschaften sich erfolgreicher ausbreiten können als andere Merkmalsausprägungen.

Material C Die Maske macht's

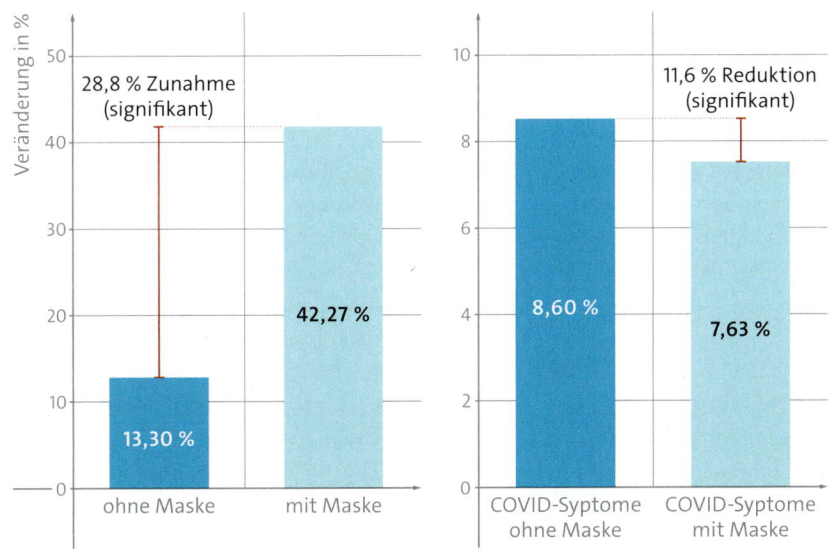

C1 Studie zum Effekt des Tragens von Masken

Das Tragen einer Mund-Nasen-Bedeckung ist eine der zentralen Maßnahmen gegen SARS-CoV-2. Wie wirksam diese Maßnahme ist, lässt sich nicht leicht nachweisen, da man in Experimenten Menschen nicht gezielt einem erhöhten Ansteckungsrisiko aussetzen darf. Die Infektionsentwicklung in verschiedenen Regionen zu vergleichen, in denen das Masketragen unterschiedlich ausgeprägt ist, bringt auch Auswertungsprobleme mit sich. Verschiedene Regionen weisen meist auch weitere Unterschiede auf, die sich auf die Ansteckungsrate auswirken können.

Daher hat man eine Werbemaßnahme für das Masketragen in Bangladesch genutzt, um den Effekt durch Vergleich mit geeigneten Kontrollgruppen zu analysieren. Hierzu wurde zunächst untersucht, wie viel höher der Anteil der Masketragenden in der Treatmentgruppe mit Werbung für das Masketragen im Vergleich zu einer geeignet ausgewählten Kontrollgruppe liegt (▶C1, links). Darüber hinaus hat man beide Gruppen bezüglich des Auftretens neuer COVID-19-Symptome analysiert (▶C1, rechts).

1 Erläutern Sie, in Bezug auf welche Merkmale sich die Treatment- und die Kontrollgruppe nicht unterscheiden sollten.

2 Beschreiben Sie die Ergebnisse der beiden Auswertungen und ziehen Sie Schlussfolgerungen zur Wirksamkeit des Tragens von Masken.

3 Beurteilen Sie die Eignung der Untersuchung zur Analyse der Wirksamkeit des Masketragens.

4 Bewerten Sie vor dem Hintergrund dieser Ergebnisse die Frage, ob die Pflicht zum Tragen von Masken in öffentlichen Verkehrsmitteln während einer Pandemie wie der durch SARS-CoV-2 gerechtfertigt ist. ▣

2.4 Immunisierung

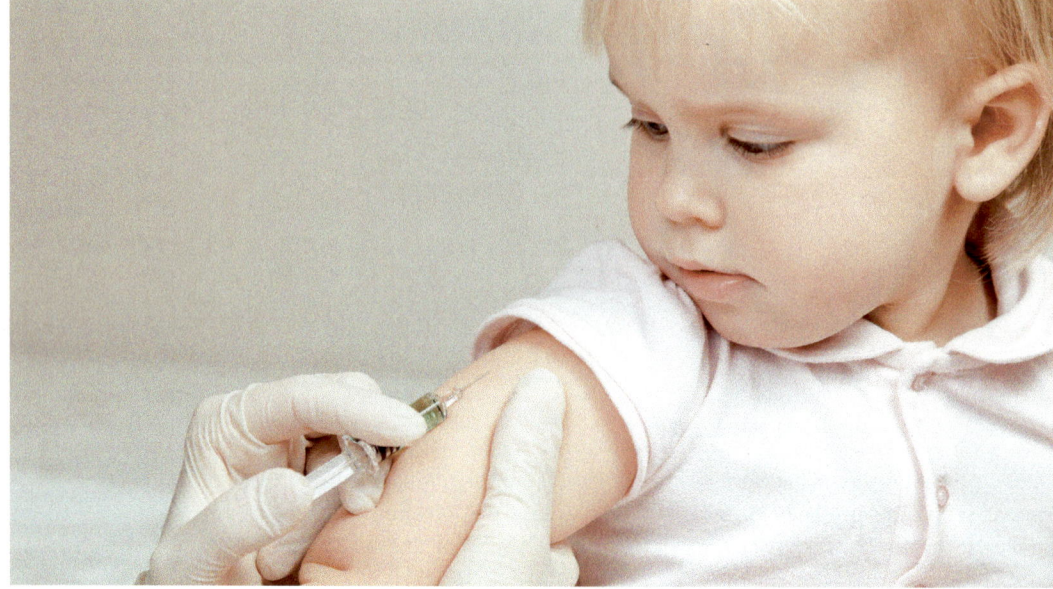

1 Impfung eines Kleinkindes

Bereits mit dem vollendeten zweiten Lebensmonat werden viele Babys gegen bis zu sieben verschiedene Infektionskrankheiten geimpft. Dies entspricht den Empfehlungen der „Ständigen Impfkommission" des Robert-Koch-Instituts, die diese Grundimmunisierung bis zum 23. Lebensmonat befürwortet. Wie wird durch Impfen der Ausbruch von Infektionskrankheiten verhindert?

lat. vacca = Kuh
Edward Jenner
(1749-1823)

Robert Koch
(1843-1910)

Louis Pasteur
(1822 – 1895)

griech. pathogen =
krankheitserregend

engl. WHO = World
Health Organization

Erfolgsgeschichte des Impfens ● Die Menschheit war lange Zeit gegen Seuchen durch Infektionskrankheiten machtlos. Insbesondere Pockenepidemien waren wegen ihrer hohen Todesrate in der Bevölkerung gefürchtet.

Im Jahr 1796 beobachtete der englische Arzt Edward Jenner, dass an harmlosen Kuhpocken erkrankte Mägde, anschließend immun gegen humanpathogene Pocken waren. Er verabreichte daraufhin einem achtjährigen Jungen das Sekret einer an Kuhpocken Erkrankten unter die Haut. Sechs Wochen später infizierte Jenner den Jungen mit den echten

Pocken. Der Junge blieb gesund. Jenner nannte seine Methode Vaccination. Impfstoffe werden seitdem auch als Vakzine bezeichnet.

Der deutsche Mediziner Robert Koch und der französische Chemiker Louis Pasteur begründeten im 19. Jahrhundert unabhängig voneinander die systematische Erforschung von Infektionskrankheiten und die Entwicklung von Impfstoffen. Als ersten großen Erfolg des Impfens verkündete die WHO im Jahr 1980, dass die Pocken weltweit ausgerottet seien. Bei vielen Infektionskrankheiten wie den Masern verhindern Impfungen bis heute unzählige

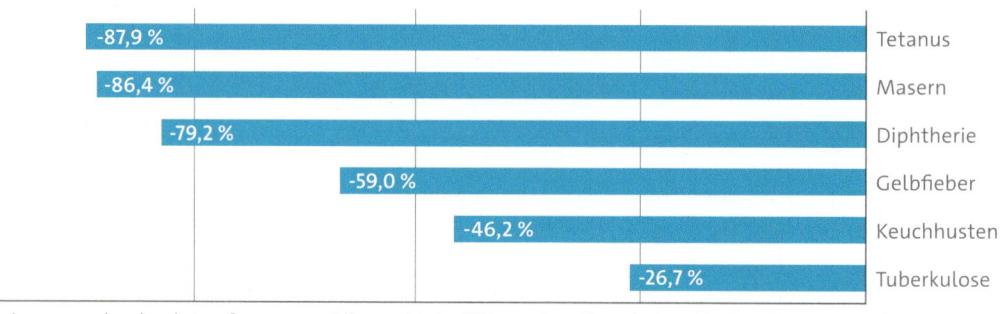

2 Impfstoffe verhindern viele Todesfälle

Verringerung der durch Impfung vermeidbaren Todesfälle weltweit nach Krankheiten 2017 versus 1990

Todesfälle (▶ 2), da sie bei Nicht-Geimpften einen tödlichen Verlauf nehmen können.

Sekundäre Immunantwort • Menschen, die eine Infektionskrankheit wie die Pocken, Masern, Windpocken oder Röteln überlebt haben, sind anschließend immun gegen diese Krankheit. Durch die Aktivierung der spezifischen Immunreaktion bei der Primärantwort werden neben Antikörpern und verschiedenen Immunzellen auch erregerspezifische Gedächtniszellen gebildet. Diese langlebigen Immunzellen werden bei wiederholtem Kontakt mit dem Erreger beziehungsweise mit dessen Antigenen sofort aktiviert. Im Zuge dieser sekundären Immunantwort bilden B-Gedächtniszellen sehr schnell große Mengen an Antikörpern (▶ 3). Hierdurch wird die Ausbreitung des Erregers meist so effektiv eingedämmt, dass keine Krankheitssymptome auftreten. Bei vielen Infektionskrankheiten besteht so eine lebenslange Immunität. Auch bei einer zellulären Immunantwort gegen virusinfizierte Körperzellen entstehen Gedächtniszellen.

Aktive Immunisierung • Bei einer Schutzimpfung macht man sich die Fähigkeit zur sekundären Immunantwort zunutze, indem man dem Organismus gezielt die spezifischen Antigene eines Erregers als Impfstoff zuführt und damit eine Immunreaktion mit Gedächtniszellenbildung auslöst (▶ 4). Da die Immunität hierbei durch das Immunsystem selbst ausgebildet wird, spricht man bei Schutzimpfungen von einer aktiven Immunisierung.

Die Herstellung der Impfstoffe für eine aktive Immunisierung muss gewährleisten, dass die darin enthaltenen Antigene noch intakt und entsprechend

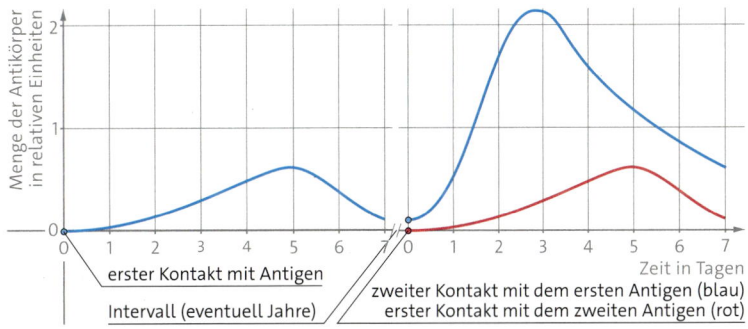

3 Primäre und sekundäre Immunreaktion

spezifisch sind, aber im Gegensatz zum vollständigen Erreger keine Erkrankung auslösen. Entsprechend abgeschwächte Viren oder Bakterien, die sich aber noch vermehren können, werden als **Lebendimpfstoffe** bezeichnet. Solche Lebendimpfstoffe werden beispielsweise gegen Masern, Mumps, Röteln und Kinderlähmung eingesetzt. Andere Impfstoffe enthalten vollständig abgetötete Viren oder Bakterien. Sie werden als **Totimpfstoffe** bezeichnet. Da Totimpfstoffe im Körper schnell abgebaut werden können, muss meist mehrfach geimpft werden, um eine starke Immunreaktion mit ausreichender Gedächtniszellenbildung auszulösen. Beispiele hierfür sind Tetanus- und Hepatitisimpfungen. Totimpfstoffe aktivieren zudem nur die humorale und nicht die zelluläre Immunantwort.

Ein Vorteil der Todimpfstoffe ist die bessere Verträglichkeit im Vergleich zu Lebendimpfstoffen. Außerdem besteht bei Totimpfstoffen ein geringes Risiko, dass es zu einer abgemilderten Form der Infektionskrankheit mit Symptomen kommt. Solche meist leichten Symptome werden teilweise irreführend als „Impfschäden" bezeichnet.

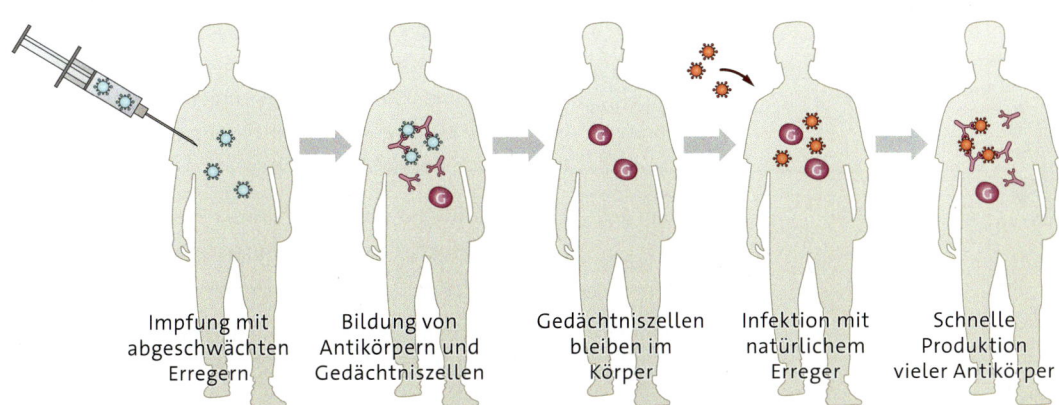

Impfung mit abgeschwächten Erregern → Bildung von Antikörpern und Gedächtniszellen → Gedächtniszellen bleiben im Körper → Infektion mit natürlichem Erreger → Schnelle Produktion vieler Antikörper

4 Aktive Immunisierung

Passive Immunisierung • Trotz der hohen Effizienz des Immunsystems kann dies von einer sehr schnellen Vermehrung von Erregern oder von dem Eindringen von Toxinen wie bei einem Schlangenbiss überfordert sein. Für eine aktive Immunisierung ist es dann zu spät, da deren Schutzwirkung erst nach einigen Wochen einsetzen würde. Eine sofortige Wirkung als Notfallmaßnahme erreicht man hingegen durch Injektion von zuvor hergestellten Antikörpern, die nach Injektion sofort an die Toxine oder Erreger binden können. Da das eigene Immunsystem hieran nicht beteiligt ist, spricht man von passiver Immunisierung. Der Schutz hierdurch ist auf wenige Monate bis zum Abbau der Antikörper begrenzt, da keine Gedächtniszellen gebildet werden. Obwohl sich diese passive Immunisierung grundlegend von der aktiven unterscheidet, wird sie teilweise irreführend auch als **passive** oder als **Heilimpfung** bezeichnet.

Die Herstellung der Antikörper erfolgt dadurch, dass Menschen oder Tieren die jeweiligen Antigene injiziert werden, um nach Einsetzen der humoralen Immunantwort die gebildeten Antikörper aus ihrem Blut zu extrahieren.

Genbasierte Impfstoffe • Im Zuge der SARS-CoV-2-Pandemie kam eine neue Art von Impfstoffen zum Einsatz, die gezielt die Erbsubstanz von Viren nutzt. Die Wirkungsweise dieser genbasierten Impfstoffe besteht darin, dass mithilfe der viralen Erbsub-

stanz Körperzellen des Geimpften dazu gebracht werden, die Virusantigene selbst zu produzieren. Dadurch müssen die Antigene nicht wie bei den Lebend- oder Totimpfstoffen aufwendig hergestellt und in den Körper eingebracht werden.

Es existieren zwei Formen genbasierter Impfstoffe (▸1). **Vektorimpfstoffe** bestehen aus einfachen Virushüllen, in die jeweils die Erbsubstanz für ein bestimmtes Virusantigen eingeschleust wird, zum Beispiel für das Spikeprotein bei SARS-CoV-2. Über die Virushülle, den Vektor, gelangt das eingeschleuste Viruserbgut ähnlich wie bei einer natürlichen Virusinfektion in die Zellkerne der Wirtszellen. Dort wird eine Boten-Erbsubstanz gebildet, die mRNA, die als Informationsträger die Bauanleitung für das Fremdantigen vom Zellkern in das Zellplasma transportiert. Dort werden mithilfe der mRNA-Moleküle die Antigene produziert. Gelangen diese Antigene dann aus den Zellen ins Gewebe, lösen sie dort eine spezifische Immunantwort aus und regen die Bildung von Gedächtniszellen an. Der Geimpfte ist nun immun.

Besonders erfolgreich werden gegen SARS-CoV-2 **mRNA-Impfstoffe** eingesetzt, zum Beispiel der Hersteller Biontech und Moderna. Diese Impfstoffe enthalten mRNA-Moleküle, die als Bauanleitung für ein Antigen wie dem Spikeprotein dienen. Diese mRNA-Moleküle gelangen über Lipidnanopartikel direkt ins Zellplasma von Körperzellen, wo sie die Synthese des Antigens auslösen. Gelangen die synthetisierten Antigene aus den Zellen in das Lymphsystem, lösen sie dort eine spezifische Immunreaktion mit Gedächtniszellenbildung aus. Die mRNA-Impfstoffe kommen hierbei nicht mit der Erbsubstanz im Zellkern in Kontakt und sind zudem nach wenigen Wochen/Tagen im Körper wieder abgebaut.

1 Nennen Sie die Anforderungen, die Impfstoffe für eine aktive Immunisierung erfüllen müssen, und begründen Sie diese.

2 Während eine aktive Immunisierung prophylaktisch wirkt, kann eine passive Immunisierung in akuten Fällen helfen. Erklären Sie.

3 Totimpfstoffe lösen eine humorale, aber keine zelluläre Immunreaktion aus. Erklären Sie.

DNA – engl. desoxyribonucleic acid (doppelsträngiges Molekül)

RNA – engl. ribonucleic acid (einsträngiges Molekül)

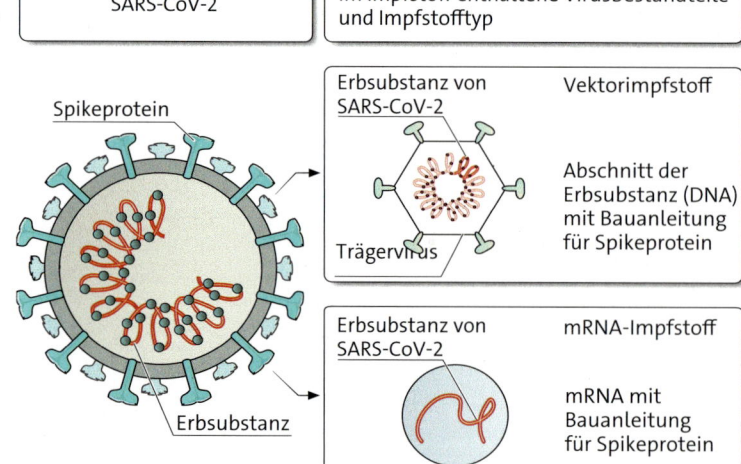

SARS-CoV-2	Im Impfstoff enthaltene Virusbestandteile und Impfstofftyp

Spikeprotein

Erbsubstanz

Erbsubstanz von SARS-CoV-2	Vektorimpfstoff
Trägervirus	Abschnitt der Erbsubstanz (DNA) mit Bauanleitung für Spikeprotein

Erbsubstanz von SARS-CoV-2	mRNA-Impfstoff
	mRNA mit Bauanleitung für Spikeprotein

1 Genbasierte Impfstoffe gegen SARS-CoV-2

Material A SARS-CoV-2-Vermehrung und -Impfung

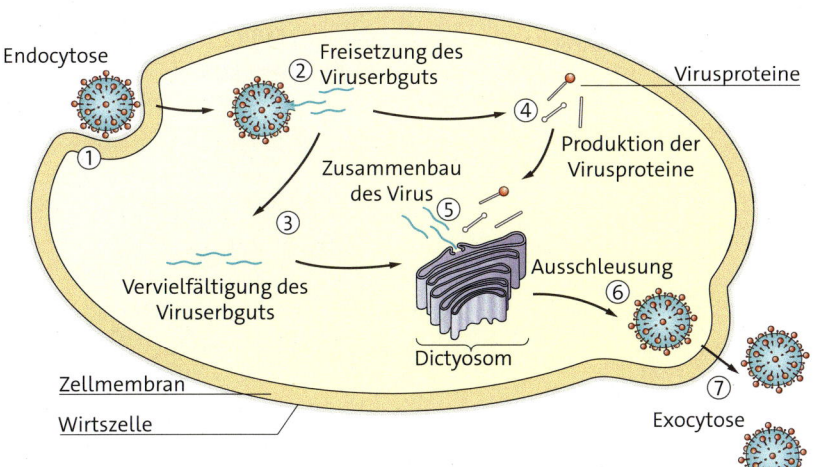

A1 Vermehrungszyklus von SARS-CoV-2

SARS-CoV-2 gehört zu den RNA-Viren und unterscheidet sich in seinem Vermehrungszyklus von DNA-Viren.

1 Vergleichen Sie die Abbildung zum Vermehrungszyklus von SARS-CoV-2 (▶A1) mit dem von DNA-Viren (▶4, S. 109). Beschreiben Sie Ähnlichkeiten und Unterschiede.

2 Vergleichen Sie die beiden Formen genbasierter Impfstoffe (▶1, S. 116) mit den Vermehrungszyklen von RNA- und DNA-Viren.

3 Genbasierte Impfstoffe lösen im Gegensatz zu Totimpfstoffen nicht nur eine humorale, sondern auch eine zelluläre Immunreaktion aus. Erklären Sie.

4 Nehmen Sie Stellung zu der Behauptung einiger Impfgegner in 2020, dass die Genetik des Menschen sich durch die neuen Impfstoffe verändern wird.

Material B Impfpflichtdebatte

Häufige Einwände gegen Impfen (RKI):

1. *Die Wirksamkeit von Impfungen wurde niemals belegt.*
2. *Keiner der angeblichen Krankheitserreger wurde bisher gesehen.*
3. *Impfungen müssen ständig wiederholt werden.*
4. *Man kann trotz Impfung erkranken.*
5. *Das Durchmachen von Krankheiten ist besser als eine Impfung. [...]*
7. *Die Abwehrstoffe, die Babys von der Mutter erhalten, reichen doch aus. [...]*
12. *Impfungen fördern Allergien. [...]*
13. *Die Nebenwirkungen und Risiken von Impfungen sind unkalkulierbar.*
16. *Es gibt Ärzte, die vom Impfen abraten.*
17. *Die meisten Krankheiten, gegen die geimpft wird, treten in Deutschland gar nicht mehr auf.*
18. *Impfungen sind überflüssig, da man die Krankheiten zum Beispiel mit Antibiotika behandeln kann.*
19. *Erkrankungen sind wegen besserer Hygiene und Ernährung, aber nicht wegen Impfungen seltener.*
20. *Mit Impfungen will die Pharmaindustrie nur Geschäfte machen.**

Bestimmte Argumente in Debatten zielen darauf, die Ergebnisse wissenschaftlicher Forschung zu leugnen. Fünf häufige Argumentationstypen werden als PLURV-Strategien der Wissenschaftsleugnung bezeichnet:

• **Pseudoexperten**
Aussagen nicht qualifizierter Personen werden herangezogen.

• **Logische Fehler**
Fehlerhafte Aussagen oder Schlussfolgerungen werden angeführt.

• **Unerfüllbare Erwartungen**
Überhöhte Erwartungen werden als Maßstab angelegt.

• **Rosinenpickerei**
Nebensächliche Fakten werden als bedeutsam herausgestellt.

• **Verschwörungserzählungen**
Einer Forderung oder Behauptung wird unterstellt, dass sie Teil eines geheimen Plans ist.

Sowohl die Impfdebatte zu SARS-CoV-2 als auch die Diskussion zur Masern-Impfpflicht ist von vehementen Einwänden gegen das Impfen geprägt.

1 Übernehmen Sie die aufgeführten Einwände in die linke Spalte einer vierspaltigen Tabelle. Notieren Sie in der zweiten Spalte, ob Sie diesen Einwänden jeweils zustimmen, diese ablehnen oder unentschlossen sind. Notieren Sie zudem, ob Ihnen zur Einschätzung noch weitere Informationen fehlen.

2 Tauschen Sie sich in Kleingruppen über Ihre Einschätzungen und Fragen aus. Verteilen Sie in der Gruppe entsprechende Rechercheaufträge.

3 Stellen Sie sich gegenseitig Ihre Rechercheergebnisse vor und tragen Sie relevante Informationen in Spalte 3 ein. Überprüfen Sie Ihre Einschätzungen aus Spalte 2.

4 Überprüfen und notieren Sie (Spalte 4), inwieweit sich die häufigsten Einwände zum Impfen den PLURV-Strategien zuordnen lassen. Diskutieren Sie die Ergebnisse und deren Bedeutung.

2.5 Überblick Immunreaktionen

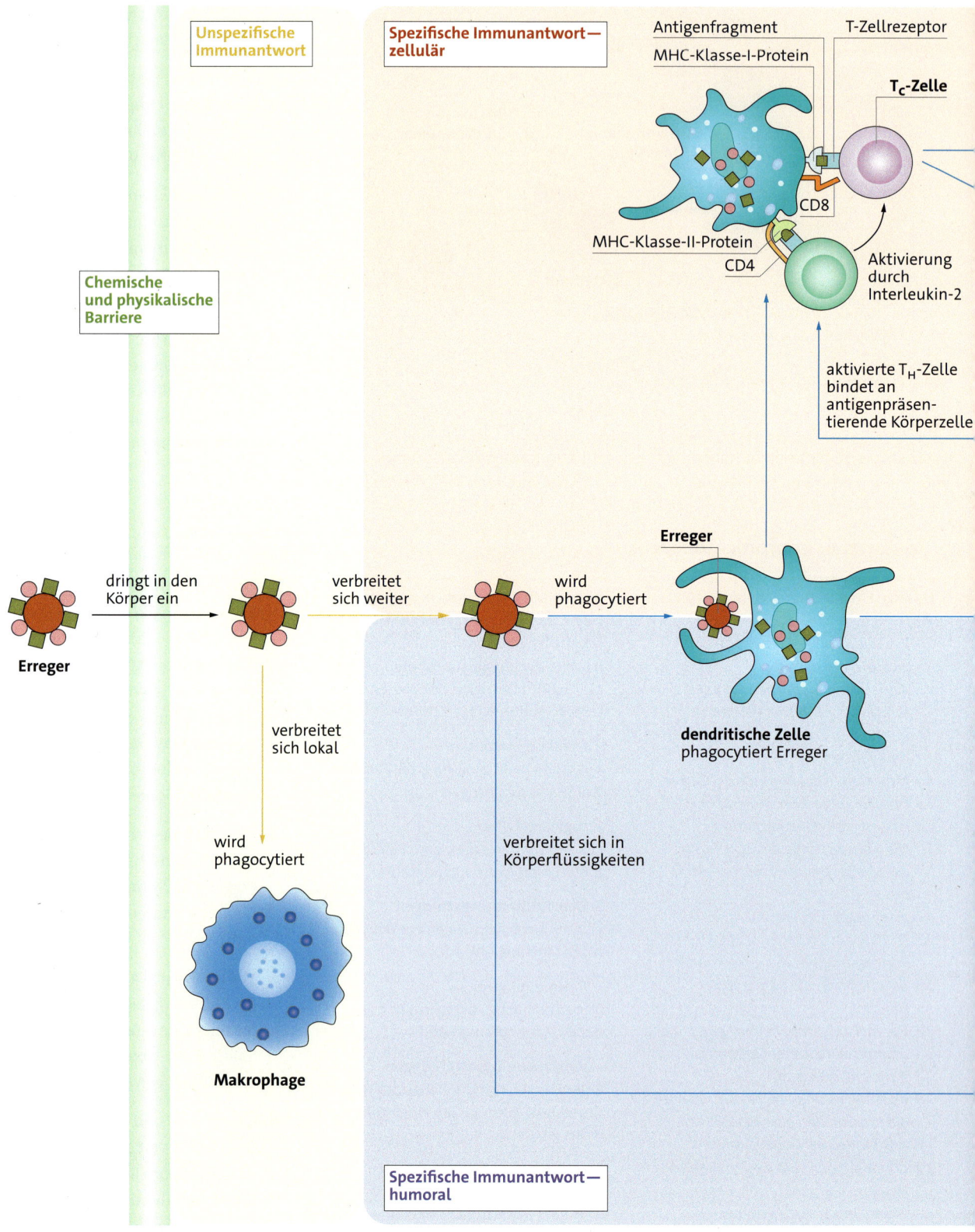

1 Immunreaktionen im Überblick

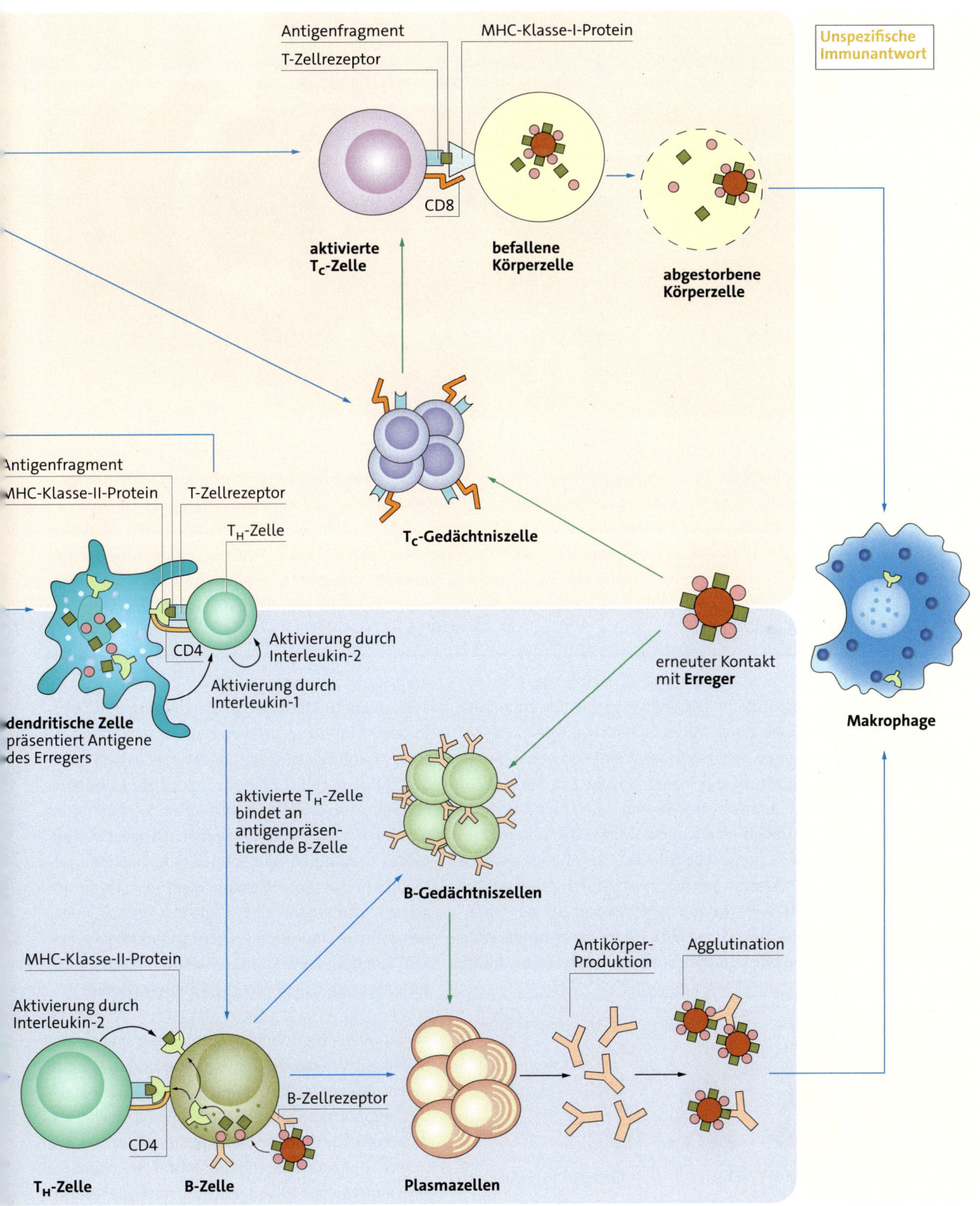

Antigenfragment

T-Zellrezeptor

MHC-Klasse-I-Protein

Unspezifische
Immunantwort

CD8

**aktivierte
T$_C$-Zelle**

**befallene
Körperzelle**

**abgestorbene
Körperzelle**

Antigenfragment

MHC-Klasse-II-Protein

T-Zellrezeptor

T$_H$-Zelle

T$_C$-Gedächtniszelle

Aktivierung durch
Interleukin-2

Aktivierung durch
Interleukin-1

dendritische Zelle
präsentiert Antigene
des Erregers

CD4

erneuter Kontakt
mit **Erreger**

Makrophage

aktivierte T$_H$-Zelle
bindet an
antigenpräsen-
tierende B-Zelle

B-Gedächtniszellen

MHC-Klasse-II-Protein

Antikörper-
Produktion

Agglutination

Aktivierung durch
Interleukin-2

B-Zellrezeptor

CD4

T$_H$-Zelle

B-Zelle

Plasmazellen

119

2.6 Was wirklich wirkt

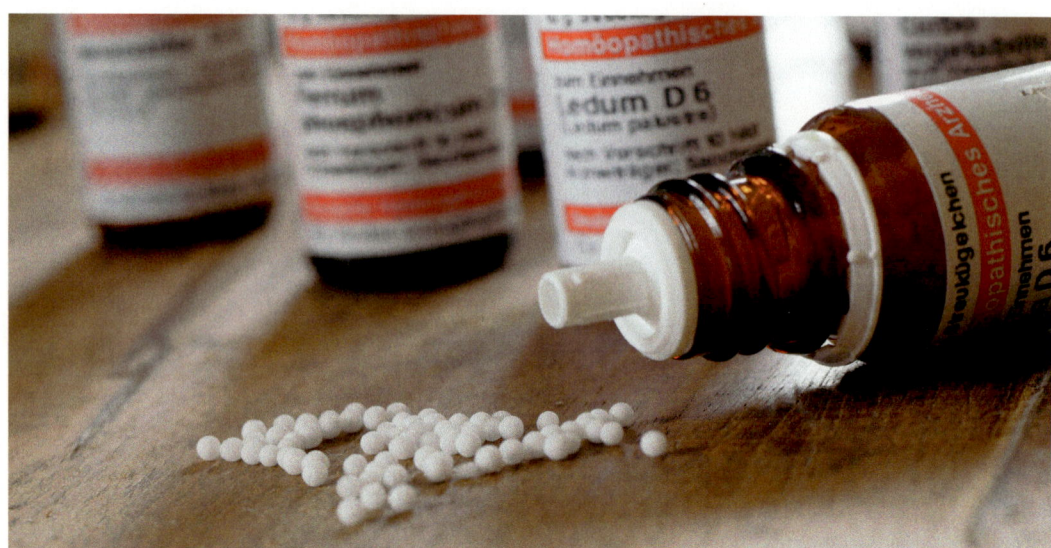

1 Homöopathische Mittel in Form von Globuli

Viele Menschen nutzen zur Behandlung von Erkrankungen Methoden der Alternativmedizin wie Homöopathie oder Akupunktur. Laut Umfrage nehmen etwa 10 % der Bevölkerung in Deutschland regelmäßig homöopathische Mittel zur Behandlung von Beschwerden ein. Homöopathen empfehlen ihre Mittel gegen Infektionen wie Erkältungen oder Blasenentzündungen, aber auch zur Behandlung von Krebserkrankungen. Mediziner stellen die Wirksamkeit homöopathischer Mittel infrage. Sie verweisen auf das Fehlen von Wirksamkeitsnachweisen, wie sie für konventionelle Medikamente der Schulmedizin erbracht werden müssen. Doch wie funktionieren solche Wirksamkeitsnachweise für Medikamente und welche Ergebnisse liefern sie für die Mittel der Homöopathie?

lat. conventio = Übereinkunft; hier üblich, herkömmlich

Homöopathie ● Die Homöopathie beruht auf der Grundidee, durch Mittel zu heilen, die den Symptomen der zu behandelnden Krankheit ähnlich sind. Der Begründer der Homöopathie, Samuel Hahnemann, forderte entsprechend, „dass durch ein ähnliches Leiden erzeugendes Mittel die Krankheiten weichen und geheilt werden". So soll eine erhöhte Nasensekretion beispielsweise durch Zwiebeln behandelt werden, da auch dessen Saft zu einer erhöhten Nasensekretion führt. Hahnemann entwickelte am Ende des 18. Jahrhunderts auch die bis heute angewendete Methode zur Herstellung homöopathischer Mittel. Hierbei wird zunächst ein potenzieller Wirkstoff wie zum Beispiel Zwiebelsaft in Wasser oder Alkohol gelöst. Diese Urtinktur wird in mehreren Schritten jeweils im Verhältnis 1:10 verdünnt und nach jedem Verdünnungsschritt geschüttelt. Dieses Verdünnen und Schütteln bezeichnen Homöopathen als **Potenzierung**. Hierdurch erhöht sich gemäß Hahnemann die Wirkung der Tinktur, indem sie sich in ihr „individuelles geistartiges Wesen" auflöst. Die potenzierte Tinktur wird dann auf kleine, zuckerhaltige Kügelchen gesprüht, die **Globuli**.

lat. globulus = Kügelchen

Aufgrund der mehrfachen Verdünnung sind die potenziellen Wirkstoffe der Urtinktur in den Globuli kaum oder gar nicht mehr nachweisbar. Die Potenz D24 entspricht beispielsweise einem Tropfen reinen Wirkstoffs verdünnt im Volumen des Atlantiks. Die Herstellung homöopathischer Mittel steht daher in einem deutlichen Widerspruch zur nachgewiesenen Wirkungsweise konventioneller Medikamente, bei denen eine erhöhte Dosis zu einer erhöhten Wirkung

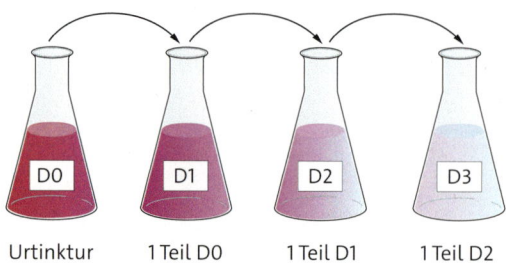

| Urtinktur | 1 Teil D0 | 1 Teil D1 | 1 Teil D2 |
| | 9 Teile Wasser | 9 Teile Wasser | 9 Teile Wasser |

2 Homöopathische Verfahren der Potenzierung

führt. Dies und auch die auf Ähnlichkeit beruhende Grundidee wecken Zweifel an der Wirksamkeit homöopathischer Mittel. Dennoch werden in Deutschland ungefähr 400 Millionen Euro für homöopathische Mittel ausgegeben. Neben den etwa 10 % der Bevölkerung in Deutschland, die homöopathische Mittel regelmäßig nutzen, haben weitere 30 % diese bereits einmal ausprobiert. Nur für 20 % der Deutschen kommt Homöopathie als Behandlungsmethode gar nicht infrage. Diese verbreitete Nutzung homöopathischer Mittel erfordert eine Klärung ihrer Wirksamkeit, denn diese unterliegen keiner strengen Prüfung wie konventionelle Medikamente. Eine Klärung ihrer Wirksamkeit ist auch deshalb von großer Bedeutung, da sich Menschen auch mit schwerwiegenden Erkrankungen wie Krebs oder als Alternative zu einer konventionellen Corona-Impfung auf Homöopathie verlassen.

Medikamentenprüfung ● Bevor neu entwickelte Medikamente zugelassen werden, erfolgt eine aufwendige Prüfung ihrer Wirksamkeit. Hierbei geht es um den verlässlichen Nachweis, dass das Medikament auch wirklich die angenommene Wirkung auslöst. Diese Auflage gilt nicht für Mittel der alternativen Medizin.

Im Kern erfolgt ein Wirksamkeitsnachweis dadurch, dass zwei Gruppen von Patienten miteinander verglichen werden, von denen die eine den Wirkstoff bekommt und die andere nicht. Dieses Vorgehen entspricht der experimentellen Methode in Form eines Experimental-/Kontrollgruppen-Vergleichs und dient generell dem Nachweis von Ursache-Wirkungs-Zusammenhängen.

Placeboeffekt ● Dennoch sind Wirksamkeitsnachweise mit Menschen in mehrfacher Hinsicht komplizierter als solche mit Mäusen oder Algen. Zunächst muss durch Vortests das Gefährdungsrisiko für die Teilnehmenden minimiert werden. Aber auch die Teilnehmenden selbst stellen ein Problem dar. Denn die Wirkung von Medikamenten hängt nicht nur von der stofflichen Zusammensetzung des Medikaments ab, sondern auch von der Einstellung eines Patienten zur Behandlung. Erwartet ein Mensch die Wirkung eines Medikaments, so kann allein dadurch eine Symptombesserung eintreten, selbst wenn die verabreichte Tablette, Spritze oder

Homöopathie
Apotheke verkauft Globuli aus Covid-19-Impfstoff

Am Freitag war bekannt geworden, dass eine Apotheke aus Koblenz aus Resten aus Covid-19-Impfstoffen Globuli herstellt und ein knappes Dutzend Mal verkauft haben soll.

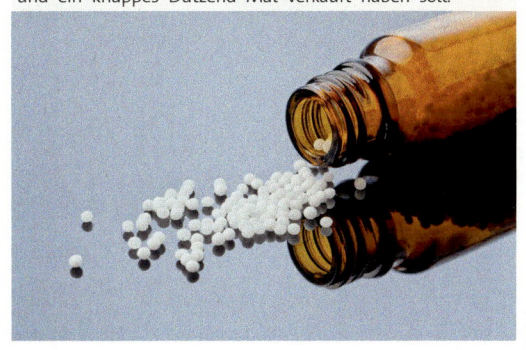

3 Meldung über den Verkauf homöopathischer Globuli als Corona-Impfstoff

Salbe keine Wirkstoffe enthält. Diese Wirkung, die unabhängig von einem Wirkstoff ausgelöst wird, bezeichnet man als Placeboeffekt. Hierdurch wird durchschnittlich eine Wirkung von etwa 20 % der möglichen Symptombesserung erreicht. Der Placeboeffekt ist damit bei allen medizinischen Behandlungen ein potenzieller Mitverursacher der Symptombesserung (▶ **4**).

Die Höhe des Placeboeffekts ist abhängig von verschiedenen Einflussfaktoren. Tendenziell gilt, dass der Placeboeffekt steigt, wenn ein Arzt die Behandlung vornimmt und je mehr Zeit er mit dem Patienten verbringt. Zudem fällt der Placeboeffekt bei leichten Krankheitssymptomen höher aus als bei schweren. Außerdem gilt, dass Placebos grundsätzlich bei manchen Menschen stärker wirken als bei anderen und dass zu manchen Krankheitssymptomen wie zum Beispiel Schmerzen besonders hohe Placeboeffekte erreicht werden können. Zur schmerzlindernden Wirkung von Placebos konnte auch ein Mechanismus nachgewiesen werden: So

lat. placebo = ich werde gefallen

4 Placeboeffekt bei Medikation mit und ohne Wirkstoff

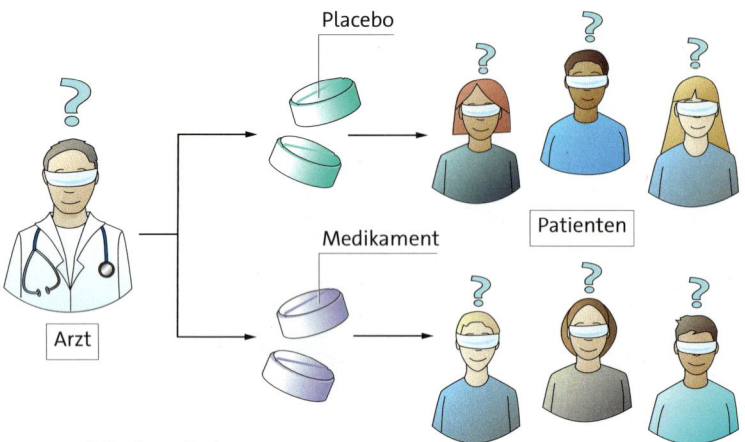

1 Doppelblind-Methode

alle Testpersonen ein Präparat in Form einer Tablette oder Spritze, wissen aber nicht, ob es sich dabei um einen Placebo oder den realen Wirkstoff handelt. Darüber hinaus können auch von den Personen, die das Medikament verabreichen, Signale ausgehen, die eine Erwartungshaltung bei den Testpersonen auslösen. Daher werden auch diese nicht darüber informiert, in welcher Tablette oder Spritze sich der Wirkstoff befindet. Da somit weder die Patienten noch das medizinische Personal über die Art des Medikaments informiert sind, bezeichnet man das Vorgehen als Doppelblindstudie.

Um weitere Fehlerquellen im Vergleich zweier Gruppen auszuschließen, werden Patienten den Gruppen zufällig zugeordnet, sie werden randomisiert. Wirksamkeitsprüfungen mit diesen Standards bezeichnet man daher als randomisierte Doppelblindstudie.

aktiviert bereits die Erwartung einer Wirkung die Ausschüttung von Endorphinen, die die Schmerzwahrnehmung vermindern. Hierdurch konnte auch gezeigt werden, dass Placeboeffekte zumindest teilweise durch reale Prozesse im Körper entstehen und nicht nur durch eine veränderte Wahrnehmung.

Doppelblindstudien • Der Placeboeffekt stellt eine große Herausforderung für Analysen zur Wirksamkeit von Medikamenten dar. So kann sich bei Testpersonen nach Medikamenteneinnahme eine Symptombesserung allein aufgrund ihrer positiven Erwartung einstellen. Im einfachen Vergleich mit Patienten ohne jegliche Medikamentengabe kommt es dann leicht zu falschen Schlussfolgerungen. Medizinische Wirksamkeitsstudien nutzen daher eine Strategie, die die Erwartungshaltung der Testpersonen als Einflussgröße neutralisiert. Hierzu erhalten

Wirksamkeitsstudien zur Homöopathie • Es existieren deutlich weniger fundierte Forschungsdaten zur Wirksamkeit der Homöopathie als für Medikamente der Schulmedizin, da für die Zulassung homöopathischer Mittel kaum relevante Standards gelten. So kommt eine Vergleichsstudie aus dem Jahr 2017 zu dem Ergebnis, dass wissenschaftliche Standards bei nur etwa 10 % der Einzelstudien zur Homöopathie angemessen berücksichtigt wurden. Dennoch wurde bereits 1997 eine randomisierte Doppelblindstudie veröffentlicht, die die Wirkung einer homöopathischen Therapie gegen chronische Kopfschmerzen im Vergleich zu entsprechenden Placebos testete (▶2). Die Studie kommt zu dem eindeutigen Ergebnis, dass keine Differenz zwischen Homöopathie und Placebo feststellbar ist. Auch eine Metastudie aus dem Jahr 2005, die eine Vielzahl von Einzelstudien ausgewertet hat, bestätigte diesen Befund: Es gibt nur „schwache Beweise für eine spezifische Wirkung von homöopathischen Mitteln, aber starke Beweise für spezifische Wirkungen von konventionellen Maßnahmen. Dieses Ergebnis ist mit der Vorstellung vereinbar, dass die klinischen Wirkungen der Homöopathie Placeboeffekte sind".

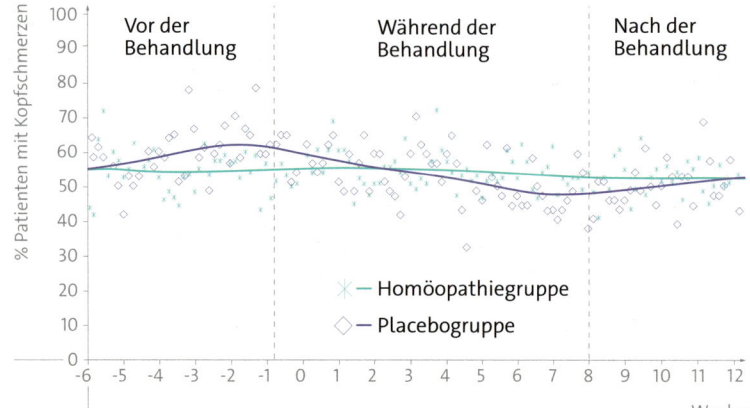

2 Ergebnisse einer Studie zur Wirksamkeit homöopathischer Mittel gegen chronische Kopfschmerzen im Vergleich zu Placebos

1 Beschreiben Sie das Verfahren zur Herstellung homöopathischer Mittel.

2 Erläutern Sie, welche Annahmen der Homöopathie den Prinzipien der konventionellen Medizin widersprechen.

Material A Akupunktur

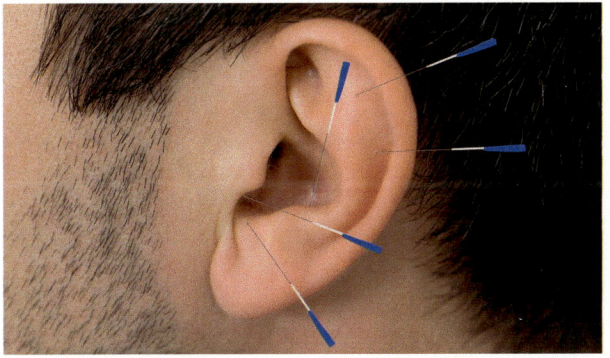

A1 Akupunktur am Ohr

Ferse	Daumen
Sprungelenk	Knie
Hüftgelenk	Handgelenk
	Ellenbogen
Wirbelsäule	Brustkorb
Nullpunkt	Schulter
Magen	Lunge, links
Lunge, rechts	Herz
Vagusnerv	Thalamus
Zunge	Unterkiefer
	Innenohr
Nase	Auge

A2 Akupunkturpunkte am Ohr

A3 Studie zur Wirksamkeit von traditioneller Akupunktur und Scheinakupunktur gegen Kiefergelenkschmerzen; (die Sterne markieren, wenn sich zwei Messpunkte signifikant voneinander unterscheiden)

Legende zur Grafik A3:
- Akupunktur
- Scheinakupunktur
- Median (= Mitte einer Datenreihe)
- Streubreite
- * markiert einen signifikanten Unterschied zwischen Messpunkten

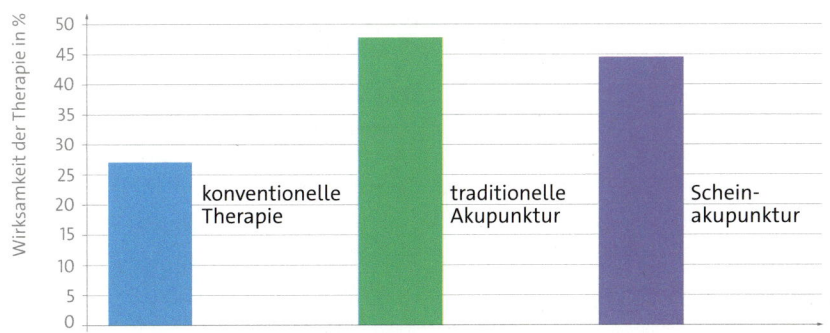

A4 Studie zur Wirksamkeit einer konventionellen Therapie, einer Behandlung gemäß traditioneller Akupunktur und einer Scheinakupunktur mit willkürlich gesetzten Akupunkturpunkten zur Behandlung chronischer Rückenschmerzen

Schulmedizinische Untersuchungen konnten keine Zusammenhänge zwischen den Linien der Meridiane und entsprechenden Strukturen oder Prozessen im Körper finden. Da die Erklärung der Akupunktur mit dem Wissen der konventionellen Medizin nicht nachvollzogen werden kann, besteht ein großes Interesse daran, die Wirksamkeit der Akupunktur zu überprüfen. Die Anwendung der Doppelblindstrategie als wissenschaftlicher Standard stößt jedoch bei der Akupunktur an Grenzen, da eine Akupunkturbehandlung nicht über Tabletten oder Globuli erfolgt, sondern direkt über das Einstechen von Nadeln.

1 Erklären Sie, weshalb zur Akupunktur nur Einzelblind-, aber keine Doppelblindstudien durchgeführt werden können.

2 Werten Sie die Ergebnisse der Studie zur Wirksamkeit traditioneller Akupunktur im Vergleich zu einer Scheinakupunktur aus (▶A3).

3 Vergleichen Sie die Ergebnisse der Studie zur Wirksamkeit einer konventionellen Therapie, einer Behandlung gemäß traditioneller Akupunktur und einer Scheinakupunktur zur Behandlung chronischer Rückenschmerzen (▶A4). Diskutieren Sie die Beliebtheit der Akupunktur vor dem Hintergrund dieser Ergebnisse.

Akupunktur ist eine traditionelle chinesische Heilmethode, bei der durch das Einstechen feiner Nadeln in die Haut die Selbstheilungskräfte des Körpers aktiviert werden sollen (▶A1). Für alle zu behandelnden Symptome existieren spezifische Akupunkturpunkte, die über den ganzen Körper verteilt sind (▶A2). Gemäß der traditionellen Lehre der Akupunktur befinden sich die Akupunkturpunkte an Linien des Energieflusses im Körper, den Meridianen. Das punktgenaue Setzen der Nadeln ist daher eine zentrale Fähigkeit von Therapeuten, die die Methode der Akupunktur anwenden.

Zelluläre und molekulare Vorgänge der Immunabwehr

Mit dieser Übersicht können Sie die wichtigsten Inhalte des Kapitels wiederholen. Ergänzen Sie das Schema um weitere Begriffe und finden Sie Querbeziehungen zwischen den Themen.

Immunsystem
- Schutzbarrieren
- Unspezifische Abwehr
- Spezifische Abwehr

Infektionskrankheiten
- Viren
- Ansteckung und Übertragung

Immunisierung
- Impfen

Medizin
- Wirksamkeit

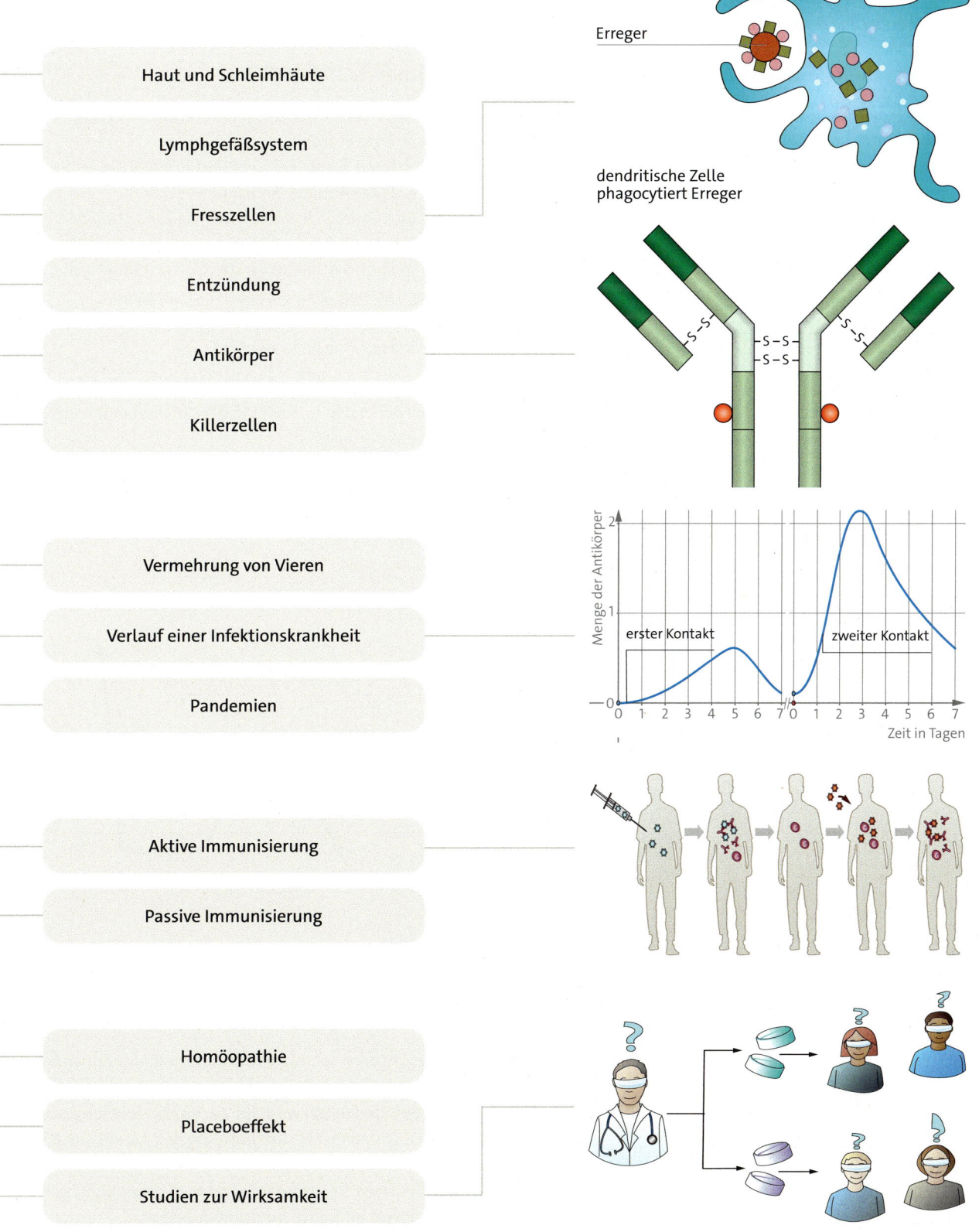

Haut und Schleimhäute

Lymphgefäßsystem

Fresszellen

Entzündung

Antikörper

Killerzellen

Vermehrung von Vieren

Verlauf einer Infektionskrankheit

Pandemien

Aktive Immunisierung

Passive Immunisierung

Homöopathie

Placeboeffekt

Studien zur Wirksamkeit

Erreger

dendritische Zelle
phagocytiert Erreger

Menge der Antikörper

erster Kontakt

zweiter Kontakt

Zeit in Tagen

Zelluläre und molekulare Vorgänge der Immunabwehr

Mit den folgenden Aufgaben können Sie überprüfen, ob Sie die Inhalte aus dem Kapitel verstanden haben. An den Aufgaben finden Sie Angaben zu den Seiten, auf denen Sie zum jeweiligen Thema noch einmal nachlesen können. Die Lösungen zur Selbstüberprüfung finden sich im Anhang.

Immunsystem (S. 100-103)

1 Das menschliche Immunsystem bekämpft Infektionen durch verschiedene Abwehrreaktionen.
a Nennen Sie drei wichtige Schutzbarrieren des menschlichen Körpers gegen das Eindringen von Erregern.
b Nennen Sie die Immunzellen der unspezifischen Immunreaktion.

2 Sind Krankheitserreger in den Körper eingedrungen, reagiert dieser mit verschiedenen Abwehrmechanismen.
a Erklären Sie, wie das unspezifische Abwehrsystem des Körpers arbeitet.
b Beschreiben Sie, was bei einer Entzündungsreaktion (▶1) geschieht.

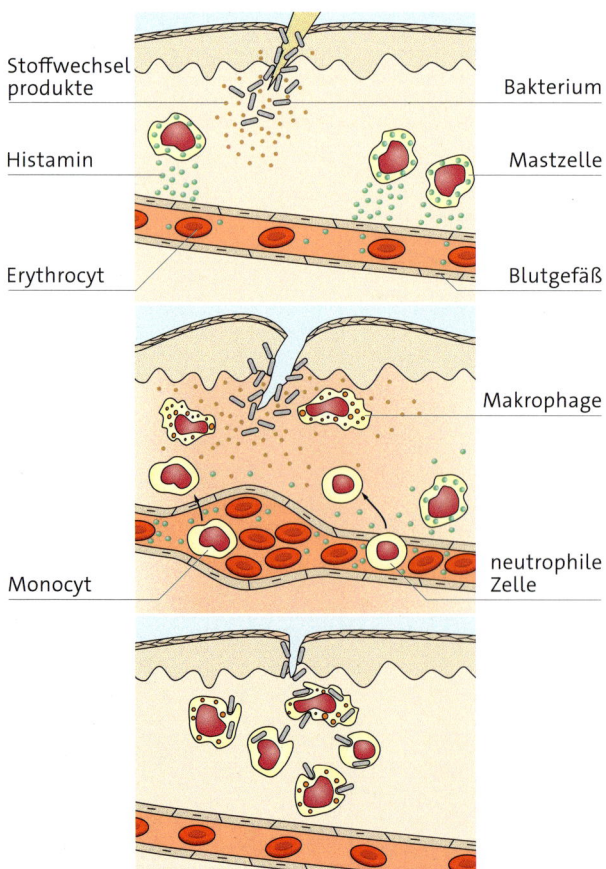

1 Entzündungsreaktion

Antikörper (S. 104-107)

3 Das spezifische Abwehrsystem richtet sich gegen bestimmte Erreger.
a Erklären Sie das Schlüssel-Schloss-Prinzip am Beispiel der Antigen-Antikörper-Reaktion.
b Beschreiben Sie die Schritte, die zur Antikörperbildung führen.
c Erklären Sie, wieso das spezifische Immunsystem gegen körpereigene Antigene nicht reagiert.
d Nennen Sie die spezifische Immunreaktion, bei der Antikörper eine Rolle spielen.

4 Das Diagramm unten (▶2) zeigt die Antikörperreaktion nach der ersten und der zweiten Infektion mit dem gleichen Erreger.
a Beschreiben Sie die dargestellten Ergebnisse.
b Erklären Sie den unterschiedlichen Verlauf der Antikörperreaktion bei Erst- und Zweitkontakt mit dem Erreger.

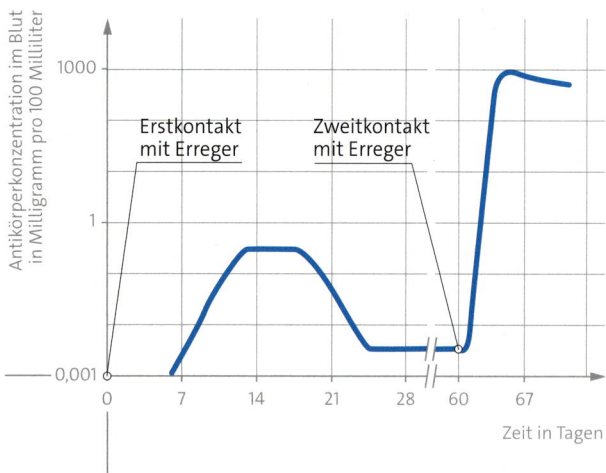

2 Immunreaktion nach Erst- und Zweitinfektion

Virale Infektionen (S. 108-113)

5 Verschiedene Lebewesen, aber auch Viren können beim Menschen Krankheiten verursachen.
a Begründen Sie, weshalb Viren keine Lebewesen sind.
b Beschreiben Sie stichwortartig den Ablauf bei der Vermehrung von Viren.
c Erklären Sie, wieso jedes Jahr ein neuer Impfstoff gegen die Influenza-Viren entwickelt wird.

6 Virale Infektionen werden durch das spezifische Immunsystem abgewehrt.

a Nennen Sie die spezifische Art der Immunreaktion, durch die Viren abgewehrt werden.

b Beschreiben Sie den Ablauf der Immunreaktion gegen Viren in Stichpunkten.

7 Erreger können sich durch Infektionen in der Bevölkerung ausbreiten.

a Beschreiben Sie den Unterschied zwischen einer Epidemie und einer Pandemie.

b Nennen Sie Schutzmaßnahmen, die gegen eine epidemische oder pandemische Ausbreitung helfen können.

Immunisierung (S. 114-117)

8 Durch eine Impfung wird der Körper immunisiert, das heißt unempfindlich gegen einen Erreger gemacht, und so vor einer Erkrankung geschützt.

a Beschreiben Sie die in Abbildung 3 gezeigten Vorgänge in der Reihenfolge von 1 bis 7.

b Nennen Sie die Fachbezeichnung für diesen Prozess.

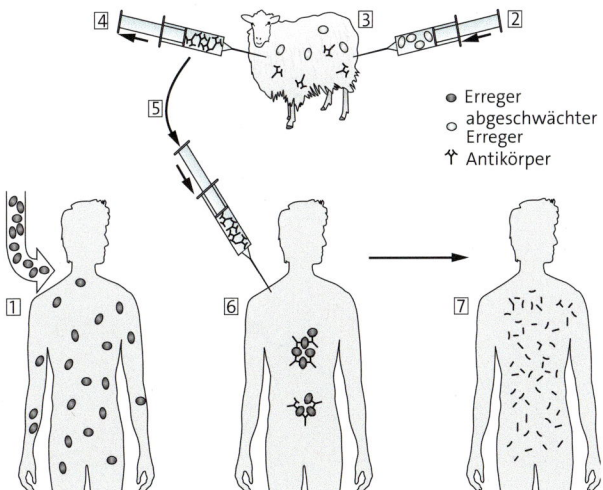

3 Form der Immunisierung

9 In Abbildung 4 ist eine von zwei Formen der Immunisierung dargestellt.

a Nennen Sie die passenden Begriffe zu 1 bis 3 und beschreiben Sie die Vorgänge von A bis D (▶ **4**).

b Ordnen Sie die Abbildung begründet einer Form der Immunisierung zu.

c Erklären Sie, weshalb die passive Immunisierung auch Heilimpfung genannt wird und die aktive Immunisierung Schutzimpfung.

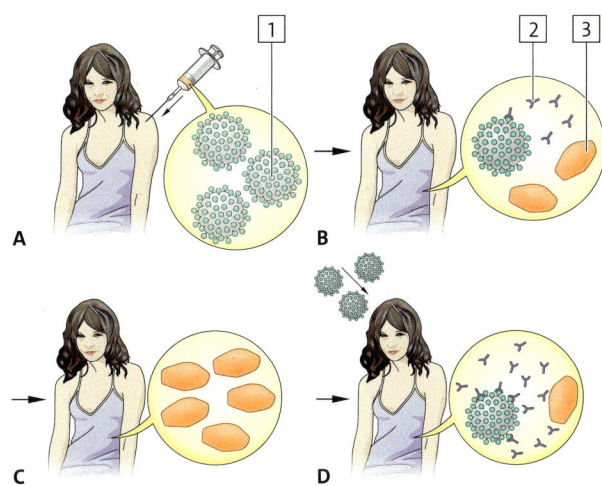

4 Immunisierung

10 Im Zuge der SARS-CoV-Pandemie wurden neue Impfstoffarten auf den Markt gebracht.

a Erklären Sie das Prinzip der mRNA-Impfstoffe.

b Nennen Sie die Unterschieden zwischen Vektorimpfstoffen und mRNA-Impfstoffen.

Was wirklich wirkt (S. 120-123)

11 Verschiedene Heilmittel zur Behandlung sind bekannt.

a Beschreiben Sie das Prinzip der Homöopathie.

b Erklären Sie, wie die Wirksamkeit eines Medikaments sichergestellt wird, bevor es auf den Markt kommt.

c Beschreiben Sie das Prinzip von der Doppelblindmethode (▶ **5**).

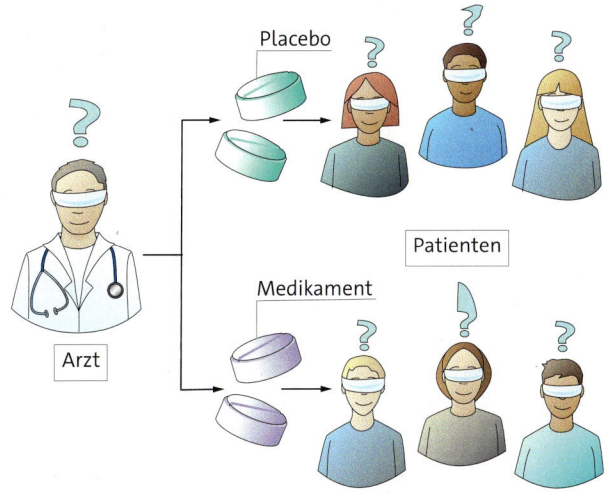

5 Doppelblindmethode

Training A Unspezifische und spezifische Immunabwehr

A

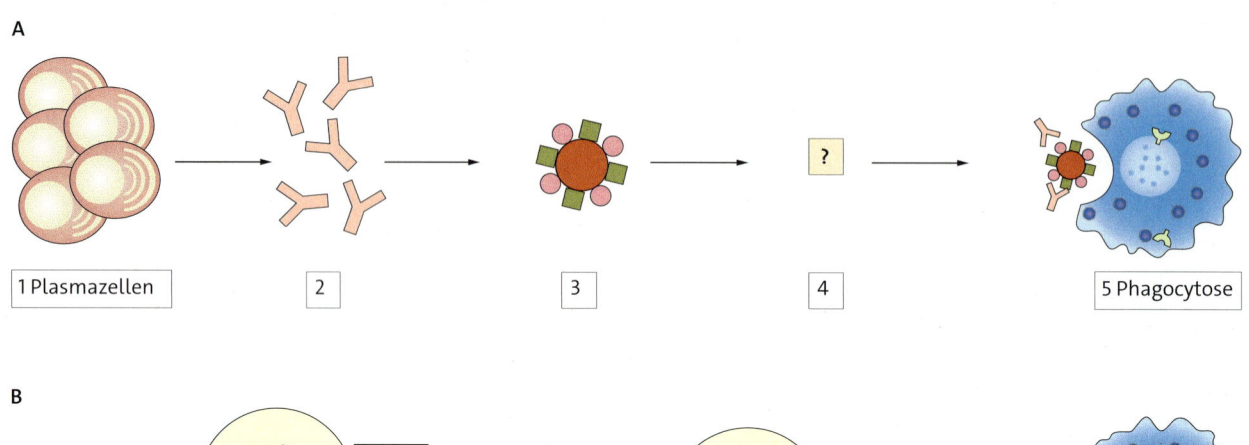

| 1 Plasmazellen | 2 | 3 | 4 | 5 Phagocytose |

B

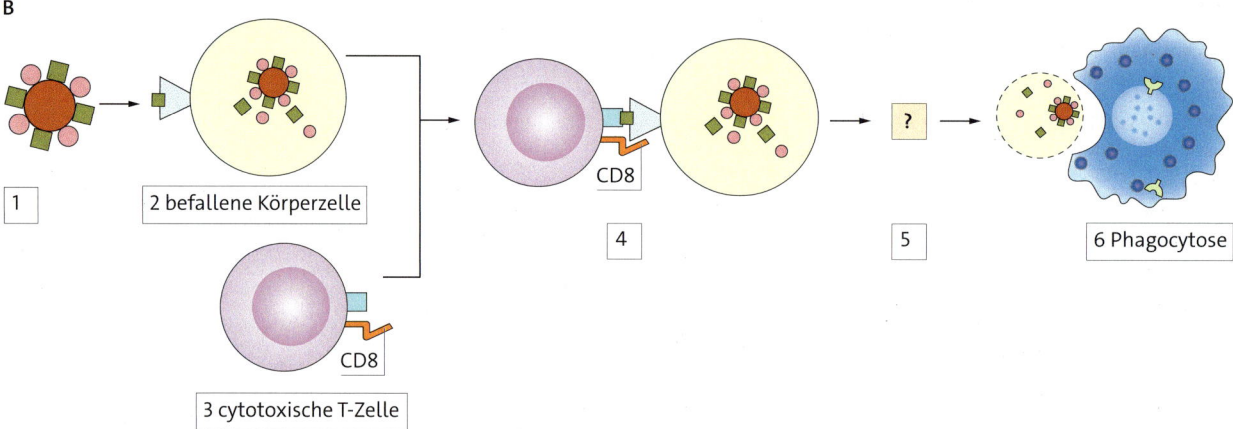

A1 Abwehrvorgänge des Immunsystems

Das körpereigene Abwehrsystem besteht aus der unspezifischen und der spezifischen Immunantwort. Es schützt den Organismus vor Infektionen durch Erreger. Dabei entwickelt sich auch ein immunologisches Gedächtnis.

1 Stellen Sie den Vorgang der unspezifischen Immunabwehr als Fließschema dar! Begründen Sie, weshalb sie als unspezifisch bezeichnet wird.

2 Skizziere in Abbildung **A1 A** und **B** die fehlenden Strukturen und benenne alle Strukturen mit Fachbegriffen.

3 Beschreiben Sie den in Abbildung **A1 A** dargestellten Prozess.

4 Beschreiben Sie den in Abbildung **A1 B** dargestellten Prozess

5 Erläutern Sie die Bedeutung des Schlüssel-Schloss-Prinzips für die in Abbildung **A1** und **B** gezeigten Vorgänge.

6 Beschreiben Sie das Diagramm **A2** und die darin gezeigten Daten zur Entwicklung der Erreger der Schlafkrankheit im Verlauf einer Infektion!

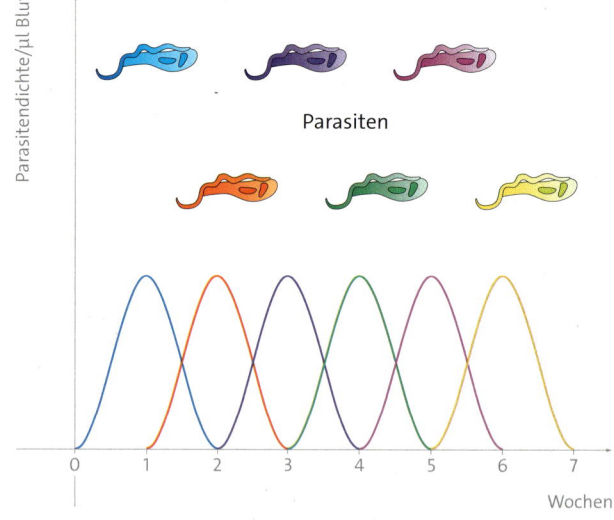

A2 Zeitlicher Verlauf des Auftretens von Antigenvarianten des Erregers der Schlafkrankheit bei einer erkrankten Person

7 Deuten Sie die Entwicklung der Erreger der Schlafkrankheit im Verlauf einer Infektion und begründen Sie hierbei, warum die Erreger vom Immunsystem nicht erfolgreich beseitigt werden können.

Training B Immunisierung

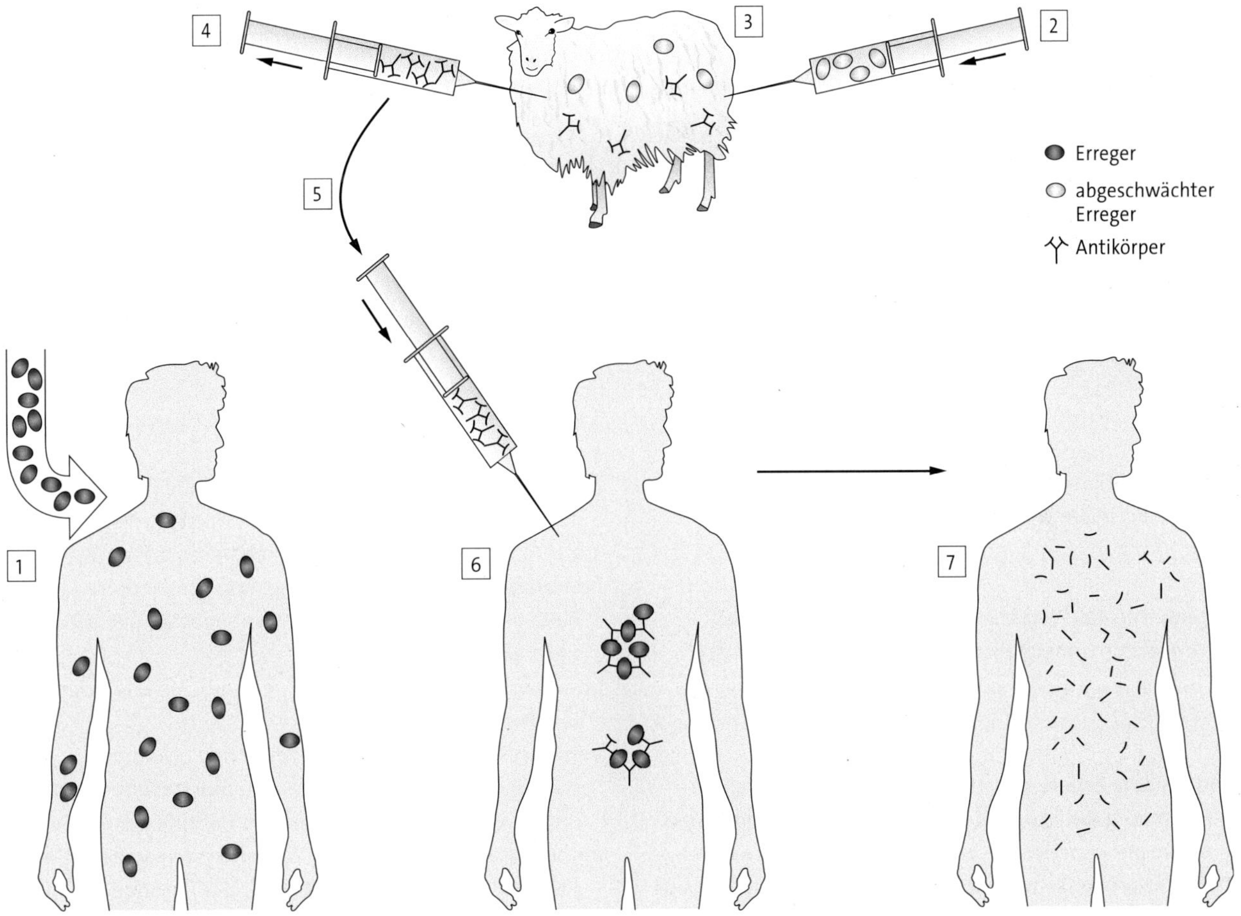

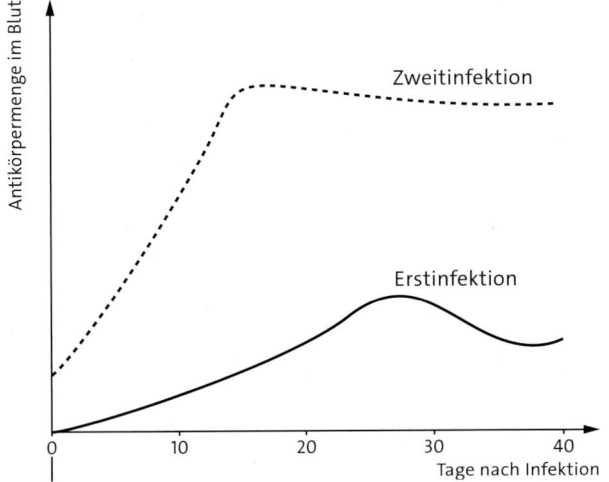

Erreger

abgeschwächter Erreger

Antikörper

B1 Abwehrvorgänge des Immunsystems

B2 Antikörperkonzentration im Blut bei Infektionen

(Diagramm: y-Achse „Antikörpermenge im Blut", x-Achse „Tage nach Infektion" mit Werten 0, 10, 20, 30, 40. Kurven: „Zweitinfektion" und „Erstinfektion".)

1 Beschreiben Sie den in Abbildung **B1** gezeigten Vorgang in der Reihenfolge von 1 bis 7

2 Nennen Sie die vollständige Fachbezeichnung für den in Abbildung **B1** dargestellten Prozess und nennen Sie einen Vorteil und einen Nachteil dieser Art der Immunisierung.

3 Erläutere, inwieweit diese Art der Immunisierung ein Mittel gegen den Erreger der Schlafkrankheit (▶A2) sein könnte.

4 Beschreibe das Diagramm in Abbildung **B2** und die jeweiligen Datenverläufe.

5 Beschreiben Sie die Vorgänge, die bei der Erstinfektion vom Zeitpunkt der Infektion bis zum Höhepunkt der Kurve im Körper ablaufen.

6 Begründen Sie, wie sich die Menge der Antikörper bei einer Person entwickeln müsste, die sich ein Jahr zuvor aktiv, und einer Person, die sich passiv gegen diesen Erreger immunisieren ließ.

Glossar

A

Antigene: körperfremder Stoff oder Teil eines Erregers, der vom Immunsystem erkannt wird und die Immunantwort aktiviert

Antikörper: von weißen Blutzellen (▶ Plasmazellen) gebildete Proteine, die spezifisch an ▶ Antigene binden und diese so inaktivieren können

Apoptose: intrazellulär kontrollierter Selbstmord der Zelle, der die Anzahl der Zellen im Körper reguliert und der Entfernung infizierter oder mutierter körpereigener Zellen dient. Die apoptotische Zelle wird durch ▶ Phagocyten beseitigt

B

B-Zellen: Leukocyten, die sich zu ▶ B-Gedächtniszellen oder ▶ Plasmazellen entwickeln, sie bilden ▶ Antikörper.

C

Capsid: eine aus Proteinen bestehende Hülle, die das Virusgenom umgibt. Bei direkter Verbindung mit der Nukleinsäure des Virus wird es Nucleocapsid genannt.

D

dendritische Zellen: gehören zu den ▶ Phagocyten. Ihre Hauptaufgabe ist die Präsentation von Fremdantigenen um so die ▶ spezifische Immunantwort zu aktivieren.

Differenzierung: Zelldifferenzierung; Vorgang, bei dem sich Zellen unterschiedlich entwickeln; geht meist mit einer Spezialisierung der Zellen einher

E

Epidemie: starke zeitliche Häufung einer Infektionskrankheit in einem begrenzten Verbreitungsgebiet

Erreger: Krankheitserreger; verursachen in anderen Organismen gesundheitsschädliche Effekte durch ▶ Infektion.

F

Fluchtmutation: Mutation eines ▶ Virus, die dazu führt, dass dieses den Zellen des ▶ Immunsystems unbekannt erscheint und so eine neue Immunreaktion gestartet werden muss

G

Gedächtniszellen: bei ▶ Infektion oder ▶ aktiver Immunisierung gebildete langlebige ▶ Leukocyten. Sie lösen bei erneuter ▶ Infektion mit demselben ▶ Erreger eine schnelle Immunantwort aus.

Granulocyten, neutrophile: gehören zu den ▶ Phagocyten, können zusätzlich Substanzen wie freie Radikale oder Wasserstoffperoxid freisetzen und Erreger abtöten

H

Histamin: Botenstoff, der von ▶ Mastzellen bei Entzündungen ausgeschüttet wird. Es bewirkt eine erhöhte Permeabilität der Gefäßwände kleiner Blutgefäße und damit eine bessere Durchlässigkeit für die ▶ Phagocyten.

humorale Immunreaktion: auf der Bildung von im Blut und in der Lymphe löslichen ▶ Antikörpern basierende Abwehr von Krankheitserregern

I

Immunisierung, aktive: Die ▶ Impfung mit einem abgeschwächten oder abgetöteten ▶ Krankheitserreger führt zur Aktivierung des ▶ spezifischen Immunsystems.

Immunisierung, passive: Impfung mit ▶ Antikörpern bei einer akuten ▶ Infektion. Das Immungedächtnis wird nicht aktiviert.

Immunsystem: alle an der körpereigenen Abwehr beteiligten Organe und Zellen

Immunsystem, spezifisches: erkennt und bekämpft spezifische Erreger durch eine ▶ humorale Immunreaktion mit ▶ Antikörpern oder zellulär mithilfe der ▶ T-Zellen

Immunsytem, unspezifisches: Abwehrsystem gegen alle Arten von ▶ Krankheitserregern und Giftstoffen

Impfung: künstlich hergestellte Immunität gegenüber einem Krankheitserreger durch ▶ aktive Immunisierung oder Zufuhr von ▶ Antikörpern (▶ passive Immunisierung)

Infektion: Eindringen von ▶ Krankheitserregern in einen Organismus

L

Leukocyten: Blutzellen, die im Gegensatz zu den Erythrocyten einen Zellkern besitzen. Sie werden auch als weiße Blutzellen bezeichnet.

Lymphocyten: sind eine Untergruppe der ▶ Leukocyten, die dem ▶ Immunsystem angehören.

Lymphsystem: Teil des ▶ Immunsystems; umfasst die Lymphgefäße mit der Lymphflüssigkeit (Lymphe) und die lymphatischen Organe wie Knochenmark, Milz, ▶ Thymus, Mandeln und Lymphknoten

M

Makrophagen: gehören zu den ▶ Phagocyten, ihre Hauptaufgabe ist die Beseitigung von ▶ Erregern und toten Körperzellen.

Mastzellen: ▶ Leukocyten, die Botenstoffe wie ▶ Histamin speichern und bei einer Immunreaktion oder allergischen Reaktion ausschütten

MHC: major histocompatibility complex, Proteine auf der Oberfläche körpereigener Zellen, die dem ▶ Immunsystem Informationen liefern und die Art der Immunreaktion beeinflussen

MHC-I-Proteine: präsentieren cytosolische Proteinfragmente. Im Falle eines passenden Fremdantigens wird werden durch Bindung an den MHC-I-Antigen-Komplex die cytotoxischen T-Zellen aktiviert.

MHC-II-Proteine: präsentieren durch Endocytose aufgenommene Fremdantigene zur Aktivierung von ▶ T-Helferzellen.

O

opportunistische Infektionen: Nach einer HIV-Infektion kommt es zu einem Immundefekt. Dies hat bei Betroffenen zur Folge, dass andere ▶ Krankheitserreger ▶ Infektionen wie Lungenentzündung oder Tuberkulose hervorrufen können.

P

Pandemie: Eine Infektionskrankheit ist nicht mehr räumlich beschränkt, sondern breitet sich über mehrere Länder und Kontinente aus.

Perforin: cytolytisches Protein der ▶ cytotoxischen T-Zellen, das zur Perforation und Zerstörung von Zielzellen führt

Phagocyten: ▶ Leukocyten, Bestandteile des ▶ unspezifischen und ▶ spezifischen Immunsystems; machen Fremdkörper und infizierte Körperzellen durch Aufnahme ins Zellinnere unschädlich und aktivieren weitere Abwehrzellen. Zu den ▶ Phagocyten zählen die ▶ Makrophagen, ▶ dendritischen Zellen und ▶ Granulocyten.

Phagocytose: Aufnahme und Verdauung von Fremdstoffen, Zelltrümmern und Erregern in eine körpereigene Zelle, einen ▶ Phagocyten. So können die aufgenommenen Partikel entweder entfernt oder deren Bestandteile, die ▶ Antigene, auf der Zelloberfläche des ▶ Phagocyten präsentiert werden.

Plasmazelle: reife ▶ B-Zelle, die spezifische ▶ Antikörper produziert

R

Rezeptor: Bindungsstelle auf der Oberfläche der Zellmembran von Zellen, die aufgrund ihrer Struktur spezifisch für einen bestimmten Stoff ist

S

Selektion, negative klonale: Unreife ▶ T-Zellen werden auf Bindung körpereigener ▶ Antigene getestet und im Falle dessen aussortiert.

Selektion, positive klonale: Unreife ▶ T-Zellen werden auf Fähigkeit, an körpereigene ▶ MHC-Komplexe binden zu können, getestet und andernfalls aussortiert.

Symptom: Anzeichen, mit dem eine Erkrankung in Erscheinung tritt

T

T-Helferzellen: erkennen ▶ Antigene, die ihnen vor allem von ▶ dendritischen Zellen präsentiert werden. Dadurch werden sie aktiviert und beeinflussen die weiterführende Immunreaktion.

Thymus: Drüse des ▶ Lymphsystems, liegt hinter dem Brustbein. Sie ist an der Ausbildung der ▶ spezifischen Immunabwehr maßgeblich beteiligt, hier findet die ▶ klonale Selektion der ▶ T-Zellen statt.

T-Zellen: ▶ Leukocyten, die sich zu ▶ T-Helferzellen oder ▶ cytotoxischen T-Zellen entwickeln können und die Immunreaktion beeinflussen

T-Zellen, cytotoxische: überprüfen den Zustand körpereigener Zellen. Infizierte Zellen oder Krebszellen werden abgetötet.

V

Virus: infektiöser Partikel, der hauptsächlich aus Nukleinsäuren und Proteinen besteht. Sie besitzen keinen eigenen Stoffwechselapparat und sind zur Vermehrung auf Wirtszellen angewiesen. Daher zählen sie allgemein nicht zu den Lebewesen.

Virusvariante: Replikation des Virusgenoms führt regelmäßig zu Mutationen, wodurch Varianten des ▶ Virus mit abweichenden Eigenschaften entstehen.

Vorläuferzellen, lymphoide: Zellen, aus denen sich die ▶ Lymphocyten entwickeln

Vorläuferzelle, myeloide: Zellen, aus denen sich die ▶ Granulocyten entwickeln

Z

zelluläre Immunreaktion: Immunreaktion unter Beteiligung spezifischer Abwehrzellen wie ▶ T-Zellen und ▶ Makrophagen

Gefahren- und Sicherheitshinweise

Auf den Materialseiten werden Experimente vorgeschlagen, die im Rahmen des Biologieunterrichts üblicherweise durchgeführt werden. Dabei wurde darauf geachtet, dass möglichst wenig Gefahrstoffe und diese in möglichst geringen Mengen zum Einsatz kommen. Alle Experimente sind als Versuch im Material gekennzeichnet und mit einer Sicherheitsleiste versehen, die mithilfe von Symbolkästen auf mögliche Gefahren, Sicherheitsvorkehrungen und Entsorgungswege hinweist. Für ein sicheres Experimentieren ist es unerlässlich, dass jede Schülerin und jeder Schüler die in den Versuchsanleitungen verwendeten Kennbuchstaben und die zugehörigen Gefahrensymbole, wie sie auf Chemikalienetiketten zu finden sind, kennt und über entsprechende Sicherheitshinweise unterrichtet ist. Sollten diese Ihnen nicht aus dem Chemieunterricht geläufig sein, machen Sie sich bitte mit den auf der Folgeseite aufgeführten Hinweisen gründlich vertraut.

Beachten Sie beim Experimentieren die speziellen Sicherheitshinweise Ihrer Lehrerin oder Ihres Lehrers genauestens und halten Sie die im Folgenden aufgelisteten allgemeinen Regeln für das praktische/experimentelle Arbeiten in Biologie ein.

Allgemeine Regeln für das praktische/experimentelle Arbeiten

— Informieren Sie sich über die Notfalleinrichtungen (Notausschalter, Feuerlöscher, Erste Hilfe) im Arbeitsraum.

— Halten Sie Ihren Arbeitsplatz sauber und ordnen Sie ihn übersichtlich.

— Essen und trinken Sie niemals während der praktischen/experimentellen Arbeit.

— Schützen Sie Ihre Augen beim Umgang mit Chemikalien grundsätzlich durch eine Schutzbrille.

— Pipettieren Sie niemals mit dem Mund, sondern immer mit einer Pipettierhilfe.

— Achten Sie außer auf Ihre eigene Sicherheit immer auch auf die Ihrer Mitschülerinnen und Mitschüler.

— Sollten Sie sich bei der Arbeit verletzen, informieren Sie bitte sofort Ihre Lehrerin/Ihren Lehrer.

— Für Experimente mit Mikroorganismen gelten besondere Sicherheitshinweise, über die Sie Ihre Lehrerin/Ihr Lehrer informiert.

— Waschen Sie sich nach praktischer/experimenteller Arbeit stets gründlich die Hände.

Einstufung von Gefahrstoffen nach der GHS-Verordnung

Mit dem neuen GHS (*Globally Harmonised System of Classification and Labelling of Chemicals*) werden die Kriterien für die Einstufung der Gefahrstoffe neu festgelegt und mit international einheitlichen Piktogrammen versehen. Neu ist auch die Verwendung der Signalwörter Gefahr und Achtung für das Ausmaß der Gefahr: „Gefahr" bei hoher Gefährdung oder „Achtung" bei geringerer Gefährdung. Das GHS gilt seit 2009. Die Übergangsfristen für die bisherigen Verordnungen sind seit dem 1. Juni 2017 ausgelaufen.

Gefahrenpiktogramm und Piktogrammcode	Mit dem Gefahrenpiktogramm gekennzeichnete Stoffe und Gemische	Signalwort
2 GHS02	entzündbare, selbsterhitzungsfähige und gefährliche selbstzersetzliche Stoffe und Gemische, pyrophore Stoffe sowie Stoffe und Gemische, die bei Berührung mit Wasser entzündbare Gase entwickeln	Gefahr oder Achtung
5 GHS05	Stoffe und Gemische, die schwere Verätzungen der Haut und/oder schwere Augenschäden verursachen	Gefahr
7 GHS07	Stoffe und Gemische, die Haut- und/oder Augenreizungen verursachen und/oder allergische Hautreaktionen, Reizungen der Atemwege und/oder Schläfrigkeit und Benommenheit verursachen können	Achtung
8 GHS08	Stoffe und Gemische, die bei Verschlucken und Eindringen in die Atemwege tödlich sein können und/oder eine Gefahr für die Gesundheit darstellen. Diese Stoffe und Gemische schädigen bestimmte Organe und/oder können Krebs erzeugen, die Fruchtbarkeit beeinträchtigen, das Kind im Mutterleib schädigen und/oder genetische Defekte und/oder beim Einatmen Allergien, asthmaartige Symptome oder Atembeschwerden verursachen.	Gefahr oderAchtung

Hinweise auf Sicherheitsvorkehrungen beim Durchführen von Versuchen

 Schutzbrille tragen

 Schutzhandschuhe tragen

Hinweise auf die korrekte Entsorgung

 Abwasser   nicht gefährliche und wasserlösliche Stoffe

 Behälter 1   Säuren und Laugen

Lösungen der Check-up-Aufgaben

Biologie der Zelle (Seiten 92–93)

1 a A = Epithelgewebe (Darm), B = Epithelgewebe (Lunge), C = Muskelgewebe, D = Nervengewebe
b Das Epithelgewebe kleidet das Innere von Organen aus, wie das Darmepithel (A). Das Epithelgewebe der Lungenbläschen ist sehr dünn und hat die Funktion der Aufnahme und Abgabe von Stoffen (B). Muskelgewebe ermöglicht Bewegungen (C). Nervengewebe leitet Informationen im Körper weiter und verarbeitet sie (D).
c A = Pflanzenzellen: Die Zellen besitzen eine Zellwand; B = Tierzelle: Die Zelle besitzt keine Zellwand, nur eine Zellmembran, Cytoplasma sowie einen Zellkern. An einer Seite besitzt die Zelle viele feine Ausstülpungen. Es handelt sich um die Zelle aus dem Dünndarmepithel C = Pflanzenzelle: Die Zelle besitzt Zellwand und Vakuole. Auf einer Seite hat die Zelle eine Ausstülpung, es ist eine Wurzelhaarzelle dargestellt; D = Pflanzenzelle: Die Zelle besitzt eine Zellwand und einen Zellkern. In der Zelle befinden sich viele Stärkekörner, es handelt sich um eine pflanzliche Speicherzelle.
d A – b) Stofftransport (Leitgewebszelle transportiert Wasser und Mineralstoffe; B – b) Stofftransport (Epithelzelle des Dünndarms transportiert Nährstoffe ins Blut); C – a) Aufnahme von Stoffen (Wurzelhaarzelle nimmt Wasser und Mineralstoffe auf); D – c) Speicherung von Stoffen (Speicherung von Stärke in Form von Stärkekörnern)

2 a Lichtmikroskopisch: Zellwand, Cytoplasma, Vakuole, Zellkern, Chloroplasten (Mitochondrien); Elektronenmikroskopisch: Endoplasmatisches Reticulum (raues und glattes ER), Ribosomen, Mitochondrien (mit doppelter Membran sowie Einfaltungen), Thylakoide und Stärkekörner in den Chloroplasten, Golgi-Apparat (Dictyosom) und Vesikel
b Enzyme werden wie andere Proteine durch die Proteinbiosynthese gebildet. Die Erbinformation für das Protein auf der DNA im Zellkern wird durch mRNA-Moleküle ins Cytoplasma transportiert und an den Ribosomen des rauen ER wird das Protein zusammengebaut. Anschließend werden die gebildeten Proteine direkt in das Kanalsystem des rauen ER abgegeben. Sie werden weitertransportiert und über Vesikel an benachbarte Dictyosomen übertragen. Hier werden die Verdauungsenzyme funktionsfähig gemacht und in Golgi-Vesikel verpackt. Diese gelangen an die Zellmembran, mit der sie verschmelzen. So werden die Enzyme nach außen abgegeben.
c Das endoplasmatische Reticulum besteht aus einem Netzwerk aus taschenförmigen Kammern und Kanälen, das von einer einfachen Membran umhüllt ist. Vor allem in der Nähe des Zellkerns ist es häufig mit Ribosomen besetzt. Die Nähe zum Zellkern ist wichtig für die Funktion der Proteinbiosynthese, da für diese die mRNA aus dem Zellkern zum ER gelangen muss. Die eigentlichen Orte der Proteinbiosynthese, die Ribosomen, sitzen dicht am ER an. Proteine, die am Ribosom entstehen, können so direkt ins Innere des ER gelangen.
d Als Kompartimentierung wird die Untergliederung in verschiedene Räume, die Kompartimente, bezeichnet. So sind einige Zellorganellen von Membranen umgeben und bilden dadurch eigene Räume innerhalb der Zelle. In diesen Räumen können jeweils getrennte Stoffwechselvorgänge ablaufen, beispielsweise die Fotosynthese in den Chloroplasten und die Zellatmung in den Mitochondrien einer Pflanzenzelle.

3 a Prokaryoten: Darmbakterium (*Escherichia coli*), Cyanobakterien; Eukaryoten: Augentierchen (*Euglena*, Einzeller), Regenwurm
b Links ist eine Pflanzenzelle dargestellt = eukaryotische Zelle, rechts ist eine Bakterienzelle zu sehen = prokaryotische Zelle.

c Im Zellkern ist die Erbinformation eines Organismus enthalten, die DNA. Durch sie werden alle Stoffwechselvorgänge in der Zelle gesteuert. Bei Prokaryoten liegt die Erbinformation frei im Cytoplasma vor. Sie kann dort ebenfalls abgelesen werden und die Vorgänge in der Zelle steuern.
d 1 = Chloroplast, 2 = Vakuole, 3 = Dictyosom, 4 = Cytoplasma, 5 = Ribosomen, 6 = Vakuole, 7 = Zellwand, 8 = Zellmembran, 9 = Zellkern, 10 = Mitochondrium, 11 = Geißel, 12 = Pilus, 13 = Cytoplasma, 14 = Plasmide, 15 = Zellmembran, 16 = Zellwand, 17 = Kapsel
e

Bakterienzelle	Tierzelle
besitzen jeweils Zellmembran, Cytoplasma, Ribosomen, DNA als Erbinformation	
Zellwand und Kapsel vorhanden	keine Zellwand, keine Kapsel vorhanden
Erbinformation frei im Cytoplasma	Erbinformation im Zellkern
Mitochondrien, Golgi-Apparat, ER vorhanden	Mitochondrien, Golgi-Apparat, ER nicht vorhanden

4 a 1 = Glykolipid, 2 = Kohlenhydrat, 3 = (peripheres) Glykoprotein, 4 = Phospholipid/Membranlipid, 5 = Schwanzregion, 6 = Kopfregion, 7 = peripheres Membranprotein, 8 = integrales Membranprotein/Transmembranprotein, 9 = (Phospholipid-) Doppelschicht
b Die Phospholipide und die Membranproteine sind zu allen Seiten hin beweglich. So verändert sich die Anordnung der Membranbestandteile ständig. Das ist die Vorstellung des Fluid-Mosaik-Modells.

5 a In A ist die Vakuole groß und enthält viel Wasser. Die Zellmembran mit Cytoplasma liegt direkt der Zellwand an. In B ist die Vakuole verkleinert und enthält nur noch wenig Wasser. Die Zellmembran und das Cytoplasma haben sich von der Zellwand gelöst.
b Ist eine die Zelle umgebende Lösung hypertonisch, hat sie eine höhere Salzkonzentration als das Zellinnere, es wird ein Konzentrationsausgleich angestrebt. Die Vakuole und der Zellinhalt schrumpfen durch austretendes Wasser. Da sich dabei das Cytoplasma von der Zellwand ablöst, nennt man diesen Vorgang Plasmolyse (Bild B).
Überführt man die Zelle in eine hypotonische Lösung, gelangt Wasser vermehrt in die Zelle. Das Cytoplasma und die Vakuole dehnen sich dadurch aus (Bild A). Diesen Vorgang nennt man Deplasmolyse.
c Ist die umgebende Lösung hypertonisch, hat sie also einen höhere Salzkonzentration als das Zellinnere, diffundieren Wasserteilchen verstärkt aus der Vakuole und dem Cytoplasma. Sie können leicht durch die Membranen hindurchgelangen. Die gelösten Salzteilchen dagegen können nur die Zellwand passieren, nicht aber die Zellmembran. Dies hat zur Folge, dass das Volumen des Zellinneren abnimmt.
Überführt man die Zelle in eine hypotonische Lösung, findet der umgekehrte Prozess statt: Die Wasserteilchen diffundieren nun vermehrt zurück ins Cytoplasma und in die Vakuole. Das Cytoplasma und die Vakuole dehnen sich dadurch aus (Bild A).

6 a Endergonische Reaktionen benötigen Energie, exergonische setzen Energie frei.
b Er setzt die Aktivierungsenergie für eine Reaktion herab und beschleunigt diese so.

c Das Substrat passt zunächst nicht ins aktive Zentrum des Enzyms. Erst durch die Wechselwirkung mit dem Substrat wird das aktive Zentrum des Enzyms an die Form des Substrats angepasst und das Substrat kann daran binden.
d Je mehr Substrate es gibt, desto höher ist die Wahrscheinlichkeit, dass Enzym und Substrat aufeinandertreffen.
e Kompetitive Hemmstoffe binden an das aktive Zentrum des Enzyms, nichtkompetitive an einer anderen Stelle.

7 a 1: Enzym, 2: aktives Zentrum, 3: Substrat, 4: Enzym-Substrat-Komplex, 5: Produkte
b Ein Substrat bindet an das aktive Zentrum des Enzyms. Es passt genau zu der Form des aktiven Zentrums. Es entsteht ein Enzym-Substrat-Komplex. Das Enzym katalysiert jetzt die Reaktion und verändert das Substrat. Am Ende setzt das Enzym zwei Produkte frei. Es hat sich bei der Reaktion nicht verändert.

Zelluläre und molekulare Vorgänge der Immunabwehr (Seite 126-127)

1 a Beispiele: 1. Haut: Die Hautzellen liegen eng beieinander, sodass Krankheitserreger nicht durch die Haut in den Körper eindringen können. 2. Säureschutzmantel: Hautdrüsen scheiden Stoffe aus, die einen Säureschutzmantel bilden, der Bakterien abtötet. 3. Schleimhäute: Die Körperöffnungen sind von Schleimhäuten ausgekleidet. Ihre feuchte Schutzschicht enthält Abwehrstoffe gegen Krankheitserreger.
b Die unspezifische Immunabwehr erfolgt durch Phagocyten wie Makrophagen, dendritische Zellen und neutrophile Granulocyten.

2 a In den Körper eindringende Erreger oder fremde Stoffe werden von Leukocyten als fremd erkannt und bekämpft. Phagocyten umfließen Fremdkörper und Krankheitserreger, nehmen sie so auf und zerstören sie. Dabei geben sie Signalstoffe ab, die weitere Phagocyten anlocken.
b Eine Entzündung ist lokal begrenzt und entsteht durch eingedrungene Krankheitserreger, zum Beispiel an einer Wunde. Phagocyten erkennen auch hier die Erreger und geben Signalstoffe ab. Blutgefäße werden erweitert und ihre Wände durchlässiger für Phagocyten, wodurch mehr Phagocyten die Erreger bekämpfen können. Das Gewebe schwillt an, weil auch mehr Flüssigkeit eindringt. Durch abgestorbene Körperzellen und Phagocyten entsteht Eiter.

3 a Antikörper werden jeweils passend zu den Antigenen eines bestimmten Erregers gebildet. Antikörper besitzen Bindungsstellen, die zu den Antigenen wie ein Schlüssel zu seinem Schloss passt. Durch die Bindung der Antigene auf den Erregern können diese unschädlich gemacht werden.
b Plasmazellen erkennen in den Körper eingedrungene Erreger und bilden spezifische Antikörper gegen diese. Die Antikörper haben Bindungsstellen, mit denen sie an die Antigene binden. Wenn viele Antikörper an die Erreger binden, bilden sich Antigen-Antikörper-Komplexe. Diese werden phagocytiert und somit unschädlich gemacht.
c Die Selbsttoleranz beruht darauf, dass die T- und B-Lymphocyten keine körpereigenen Produkte angreifen. Unreife Lymphocyten können zumindest in gewissem Maße auf körpereigene Antigene reagieren und stellen daher eine potenzielle Bedrohung dar. Während der Entwicklung im Thymus werden diese Lymphocyten durch negative klonale Selektion vernichtet oder inaktiviert.

d Antikörper spielen bei der humoralen Immunreaktion eine Rolle.

4 a Die Reaktion einer Person auf eine zweimalige Infektion mit einem Erreger wurde untersucht. Dargestellt ist die Antikörpermenge im Blut in mg pro 100 ml in Abhängigkeit von der Zeit in Tagen. Es handelt sich um eine schematische Darstellung. Die Zählung der Tage (= Zeitpunkt 0) beginnt mit der ersten Ansteckung mit einem Erreger. Die Antikörperkonzentration steigt erst im Laufe des 7. Tages nach der Infektion auf Werte höher als 1 µg pro 100 ml. Sie steigt dann rasch an und erreicht den höchsten Wert etwa 13 Tage nach Infektion. Etwa 5 Tage lang bleibt die Antikörperkonzentration auf dieser Höhe, bevor sie zunächst rasch abfällt. Ab etwa 24 Tage nach der Infektion bleibt die Antikörperkonzentration auf einem relativ niedrigen Wert zwischen 1 und 10 µg pro 100 ml.
Die Messung wurde unterbrochen. Bei der nächsten Messung, etwa 58 Tage nach der ersten Infektion, war die Antikörperkonzentration noch auf demselben Wert. 60 Tage nach der ersten Infektion wurde der untersuchte Patient erneut mit demselben Erreger infiziert. Nach weniger als einem Tag begann die Antikörperkonzentration rasch und immer schneller zu steigen, sodass sie etwa 5 Tage nach der zweiten Infektion einen Maximalwert von 1000 mg pro 100 ml erreichte. Bis zum 12. Tag nach der zweiten Infektion nahm die Antikörpermenge kontinuierlich, aber nur geringfügig ab.
b Beobachtung: Die erste Infektion führt zu einer langsam anlaufenden Antikörperproduktion und die Antikörperkonzentration nimmt wieder ab.
Erklärung: Durch die langwierige Aktivierung und Vermehrung von (zunächst nur wenigen) Plasmazellen braucht es eine gewisse Zeit, bis die Antikörperproduktion anläuft. Die Antikörperkonzentration steigt dann, weil die Plasmazellen ständig neue Antikörper produzieren. Die Lebensdauer der Antikörper ist beschränkt. Vermutlich sind die Erreger so stark dezimiert, dass die Plasmazellen nicht mehr angeregt werden, Antikörper zu produzieren, oder auch die Lebensdauer der Plasmazellen ist abgelaufen.
Beobachtung: Bei der zweiten Infektion sind schon vor Beginn mehr Antikörper im Blut und der Anstieg der Antikörperkonzentration beginnt wesentlich früher. Der Anstieg der Antikörperkonzentration verläuft viel schneller: Bereits zwei Tage nach der zweiten Infektion hat die Antikörperkonzentration den Maximalwert der Erstinfektion erreicht.
Erklärung: Es werden seit der ersten Infektion offenbar dauerhaft Antikörper durch Plasmazellen produziert. Die Aktivierung der Plasmazellen fällt weg, da Gedächtniszellen existieren, die dafür sorgen, dass sofort sehr viele Antikörper produziert werden.

5 a Viren besitzen nicht alle Kennzeichen von Lebewesen. So haben sie keinen eigenen Stoffwechsel und können sich nicht selbstständig vermehren. Sie benötigen Wirtszellen zur Vermehrung.
b Kontakt mit Wirtszelle; Virus bleibt mit seinen Proteinfortsätzen an den Oberflächenstrukturen, den Rezeptoren, der Wirtszelle haften; Aufnahme in Wirtszelle; Freisetzen der Erbsubstanz; Erbsubstanz wird (im Zellkern der Wirtszelle) vervielfacht; Wirtszelle stellt Virusbestandteile her; Viren werden zusammengesetzt; Viren verlassen die Zelle durch Abschnüren oder nach Platzen der Zelle; Viren befallen neue Zellen.
c Influenza-Viren sind sehr wandlungsfähig. Dies liegt daran, dass den Enzymen, die für die Replikation verantwortlich sind, entscheidende Reparaturmechanismen fehlen. Dadurch werden

Fehler während des Vermehrungszyklus nicht behoben, es entstehen Mutationen. Diese können die Eigenschaften des Virus so verändern, dass dieser vom Immunsystem nicht wiedererkannt wird. Daher wird aufgrund von statistischen Werten jedes Jahr die am wahrscheinlichsten auftretenden Varianten gewählt und gegen diese ein neuer Impfstoff entwickelt.

6 a Die Immunreaktion, die Viren abwehrt, wird zelluläre Immunreaktion genannt, da hier vor allem die cytotoxischen T-Zellen eine Rolle spielen.
b Dendritische Zelle phagocytiert Virus – Antigenfragmente werden über MHC-I-Proteine auf der Zelloberfläche der dendritischen Zelle präsentiert – cytotoxische T-Zelle erkennt diese mithilfe des T-Zellrezeptors und CD8 und wird aktiviert – ein costimulatorisches Signal durch eine T-Helferzelle führt zur vollständigen Aktivierung – aktivierte cytotoxische T-Zelle bindet am Infektionsort spezifisch mit ihrem T-Zellrezeptor an die durch Viren infizierte Zelle – cytotoxische T-Zelle leitet Apoptose durch Perforinausschüttung ein – erkrankte Zelle wird perforiert und stirbt – Phagocyten beseitigen die Überreste. Einige cytotoxische T-Zellen differenzieren währenddessen zu T-Gedächtniszellen, die bei erneutem Kontakt mit dem spezifischen Erreger schneller aktiv werden.

7 a Eine Epidemie bezeichnet eine starke zeitliche Häufung einer Infektionskrankheit in einem begrenzten Verbreitungsgebiet, wohingegen die Ausbreitung einer Infektionskrankheit während einer Pandemie nicht räumlich begrenzt ist.

8 a 1 = Eine Person infiziert sich mit Krankheitserregern; 2 = Einem Schaf werden die gleichen, aber abgeschwächten Erreger gespritzt; 3 = Das Schaf bildet Antikörper gegen diese Erreger; 4 = Die Antikörper werden dem Schaf mit einer Spritze entnommen; 5 = Die Antikörper werden der infizierten Person gespritzt; 6 = Die Antikörper verklumpen die Krankheitserreger der infizierten Person; 7 = Die Krankheitserreger sind verschwunden und die Antikörper zerfallen.
b Dieser Prozess wird als passive Immunisierung oder Heilimpfung bezeichnet.

9 a 1 = Abgeschwächte Erreger, 2 = Antikörper, 3 = Gedächtniszellen. A: Impfung, B: Bildung von Antikörpern und Gedächtniszellen, C: Gedächtniszellen bleiben im Körper, D: Immunität
b In der Abbildung ist die aktive Immunisierung zu sehen.
c Bei einer Heilimpfung wird der bereits erkrankte Mensch mit einem Serum geimpft, das die betreffenden Antikörper enthält. So kann eine bereits ausgebrochene Krankheit, wie zum Beispiel die Windpocken, eingedämmt werden, der Mensch wird geheilt. Bei der aktiven Immunisierung bildet das Immunsystem Plasmazellen, die Antikörper gegen die Antigene der Erreger produzieren, und Killerzellen, die infizierte Zellen zerstören. Es werden außerdem Gedächtniszellen gebildet, die bei einer Zweitinfektion sofort spezifische Plasmazellen und Killerzellen bilden. Dadurch ist der geimpfte Mensch gegen diesen Erreger geschützt.

10 a Bei mRNA-Impfstoffen werden mit dem Impfstoff Teile der Erbinformation des Virus als RNA mitgegeben. Der Impfstoff wird durch Zellen aufgenommen und prozessiert. Die Virusproteine, also die Antigene, werden auf den Zellen präsentiert und aktivieren so die spezifische Immunreaktion.
b Vektorimpfstoffe bestehen aus Virushüllen und einem Teil der Viren-DNA, die den Bauplan für das gewünschte Antigen enthält. Dieser wird durch die Virushülle in Körperzellen geschleust und die DNA wird im Zellkern in mRNA übersetzt.

Dann können die Antigene produziert und präsentiert werden. Beim mRNA-Impfstoff wird direkt die mRNA des gewünschten Antigens durch Lipidnanomoleküle in die Zelle geschleust und die Produktion der Antigene kann direkt geschehen.

11 a Bei der Homöopathie sollen Krankheiten durch Mittel geheilt werden, die den Symptomen der zu behandelnden Krankheit ähnlich sind: „Ähnliches möge durch Ähnliches geheilt werden".
b Bevor Medikamente auf dem Markt zugelassen werden, muss eine Medikamentenprüfung stattfinden. Dabei muss nachgewiesen werden, dass das Medikament die gewünschte Wirkung auslöst.
c Medizinische Wirksamkeitsstudien nutzen diese Strategie, um die Erwartungshaltung der Testpersonen als Einflussgröße zu neutralisieren. Die Testpersonen erhalten ein Medikament, von dem sie nicht wissen, ob es sich um einen Placebo oder den realen Wirkstoff handelt.
Um weiterhin Signale, die eine Erwartungshaltung bei den Testpersonen auslösen, von den Verabreichenden der Medikamente zu verhindern, werden auch diese nicht darüber informiert, wer den Wirkstoff erhält. Da somit weder die Patienten noch das medizinische Personal über die Art des Medikaments informiert sind, bezeichnet man das Vorgehen als Doppelblindstudie.

Register

Bildquellenverzeichnis

Cover-Foto: dpa Picture-Alliance/blickwinkel/A. Hartl

Fotos:
akg-images:© Biology Pics/SCIENCE SOURCE: S. 11/mi.li., Science Photo Library: S. 9/2; **Cornelsen:** Andrea Thiele: S. 121/3ob., Volker Minkus: S. 21/ob.li., S. 22/1, S. 56/ob., S. 60/1, S. 61/2(Fotos), S. 63/un.li., S. 70/1A+B, S. 94/mi.; **Division of Biological Sciences, UC San Diego:** S. 55/ob.li.; **dpa Picture-Alliance:** ASSOCIATED PRESS/Rene Macura: S. 55/ob.re., blickwinkel/A. Hartl: S. 3, imageBROKER: S. 78/2A, Klett GmbH: S. 21/ob.re., Klett GmbH/Aribert Jung: S. 67/un.re., Norbert Lange/OKAPIA KG: S. 25/B2; **Ferry Siemensma:** S. 28/1; **Imago Sportfotodienst GmbH:** PanoramiC: S. 36/1; **Imago Stock & People GmbH:** blickwinkel: S. 21/ob.mi., Anka Agency International: S. 68/1, CTK Photo: S. 79/5A, PhotoAlto: S. 86/1, Science Photo Library: S. 21/un.li.; **interfoto e.k.:** ARDEA/Steve Hopkin: S. 78/3A, Granger, NYC: S. 8/1A, Science & Society/Science Museum: S. 8/1B; **Joachim Becker:** S. 77/mi.ob., **Lookphotos:** Greune, Jan: S. 120/1; **mauritius images:** alamy stock photo/Frank Bienewald: S. 104/2, alamy stock photo/Medicshots: S. 32/2, alamy stock photo/Mediscan: S. 44/1B, alamy stock photo/robertharding: S. 67/un.li., alamy stock photo/tbkmedia.de: S. 11/un.li., Biophoto Associates/Science Source: S. 28/4B, S. 44/1C, BSIP/CDC: S. 108/1, S. 104/1, S. 111/3, Hans Reinhard: S. 78/1A, Science Photo Library: S. 10, Science Source: S. 31/A2, S. 39/ob., S. 39/un., S. 46/1+2, Science Source/All mauritius images: S. 34/3A, Science Source/Biophoto Associates: S. 19/4, Science Source/M. I. Walker: S. 26/1, Science Source/Omikron: S. 45/A1, Winton Patnode/Science Source: S. 45/B1; **Panther Media GmbH:** Andriy Popov: S. 123/A1; **picture alliance:** REUTERS: S. 74/1; **R. Schmidt, A. Egner, S.W. Hell, Max-Planck-Institut für biophysikalische Chemie:** S. 31/A3; **Science Photo Library:** S. 34/1; S. 66/1, BIOPHOTO ASSOCIATES: S. 33/6A, Cavallini, James: S. 44/1A, DENNIS KUNKEL MICROSCOPY: S. 100/1, S. 24/1A-D, DR GOPAL MURTI: S. 30/2, DR JEREMY BURGESS: S. 44/1B ob., DR. ROBERT CALENTINE/VISUALS UNLIMITED, INC.: S. 9/4, S. 27/3, DR. TERRY BEVERIDGE, VISUALS UNLIMITED: S. 44/1D, S. 45/A2, EYE OF SCIENCE: S. 109/3, Fawcett, Don: S. 28/4A, S. 32/1, S. 33/3A+4A, Fox, Frank: S. 11/ob.li., GERD GUENTHER: S. 17, S. 4, Kulyk, Mehau: S. 5, S. 98/99, MEDIMAGE: S. 35/ob., Michael Abbey: S. 52/1, MICROSCAPE: S. 35/un., NIBSC: S. 52/2, Porter, K.R.: S. 33/5A, PROF. KENNETH R. MILLER: S. 54/1, R. BICK, B. POINDEXTER, UT MEDICAL SCHOOL: S. 34/2, VISUALS UNLIMITED, INC. /CAROLINA BIOLOGICAL SUPPLY CO: S. 21/un.re.; **Shutterstock.com:** AlessandroZocc: S. 11/un.re., Busara: S. 80/1, Boris Lehner/Henry Schmitt: S. 64/1, Dmitry Naumov: S. 114/1, Erwin Wodicka/Gina Sanders: S. 121/3, fotoduets: S. 79/6A, Klaus Eppele: S. 88/1re., Lebendkulturen.de: S. 48/1, LFRabanedo: S. 67/ob.li., wuestefm: S. 9/3; **StockFood:** Lehmann, Herbert: S. 79/4A; **Wissenschaftliche Bildagentur Karly:** S. 61/3A+B;

Illustrationen:

Cornelsen/Andrea Thiele: S. 103/A2+B1, S. 106/1+2, S. 107/A1, S. 110/1+2, S. 118/119/1, S. 120/2, S. 121/4, S. 122/1+2, S. 123/A2-A4, S. 125/ob.+un., S. 127/5; S. 128/A1+A2; **Cornelsen/Angelika Kramer**: S. 25/A1+A2+B1, S. 48/2; S. 94/ob., S. 116/1, bearbeitet durch Andrea Thiele: S. 108/2; **Cornelsen/Atelier G, Marina Goldberg**: (Gefahrensymbole) S. 25, S. 71, S. 77, S. 84, S. 85, S. 133, S. 137, (Hinweise + Hinweis Brille) S. 25, S. 71, S. 77, S. 84, S. 85, S. 133, S. 137; **Cornelsen/Hannes von Goessel**: S. 18/2A+B, S. 19/5, S. 24/1E, S. 30/1A+B, S. 30/3, S. 31/A1, S. 56/un., S. 77/mi.un., S. 85/mi., S. 87/2, S. 89/alle, S. 94/un., S. 105/4; **Cornelsen/Karin Mall**: S. 62/1, S. 64/2, S. 70/2+3, S. 72/alle, S. 73/4+5, S. 74/2, S. 75/3+4, S. 76/1, S. 77/un., S. 78/1B+2B+3B, S. 79/4B+5B+6B, S. 83/3+4, S. 85/un., S. 91/un.; S. 101/3, S. 102/2, S. 104/3, S. 105/5, S. 125/2.v.ob., S. 127/3, S. 129/B1+B2, bearbeitet durch Andrea Thiele: S. 93/6, S. 126/1, bearbeitet durch Angelika Kramer: S. 66/2, bearbeitet durch newVision! GmbH, Bernhard A. Peter, Pattensen: S. 69/2A+B, S. 71/ob.+un., S. 82/1A+B, S. 84/ob.; **Cornelsen/Matthias Emde**: S. 100/2, S. 103/A1, S. 107/B1, S. 112/A1-A3, S. 113/B1+C1, S. 114/2, S. 115/4, S. 125/2.v.un.; **Cornelsen/newVision! GmbH, Bernhard A. Peter**: S. 12, S. 15/3, S. 26/2, S. 57/mi.li.+mi.re., S. 63/ob.+un.re., S. 81/2-4, S. 88/1li., S. 126/2, bearbeitet durch Matthias Emde: S. 109/4, S. 117/A1; **Cornelsen/Tom Menzel**: S. 19/3, S. 22/2, S. 23/3, S. 29/2+3A+B, S. 33/3B+4B+5B+6B, S. 34/3B, S. 37/3+4, S. 38/1+2, S. 43/2A+2B, S. 49/alle, S. 50/1, S. 51/alle, S. 54/2, S. 55/3+4, S. 57/ob.+un., S. 58/1, S. 61/2(Illu), S. 61/3C+D, S. 65/3, S. 67/ob.re., S. 95, S. 102/1, S. 115/3, S. 125/mi.; bearbeitet durch Angelika Kramer: S. 14, S. 40/1, S. 41/2, bearbeitet durch Andrea Thiele: S. 92/1-3, bearbeitet durch Claudia Hild: S. 15/4+5, bearbeitet durch newVISION GmbH, Bernhard A. Peter: S. 27/4, S. 36/2, S. 47/3, S. 53/alle, S. 91/ob.+mi., S. 93/4+5, S. 127/4; **Sofarobotnik**: (Hinweis Handschuhe) S. 25, S. 133, S. 137;

Montagen:

Cornelsen/Hauptmotiv: mauritius images/Westend61/Zeljko Dangubic, Foto im Bildschirm: Shutterstock.com/Jose Luis Calvo: S. 18/1;

Cornelsen/ Grafiken: Hannes von Goessel, Christrose: mauritius images/alamy stock photo/RBflora , Christrose Querschnitt Blatt: dpa Picture-Alliance/Klett GmbH, Stengel Hahnenfuss: dpa Picture-Alliance/Norbert Lange/OKAPIA KG: S. 20/1A-E;

Cornelsen/Grafik: Tom Menzel, Foto: Science Photo Library/NIBSC: S. 59/alle